Uwe Dankert

Den Stromdieben auf der Spur

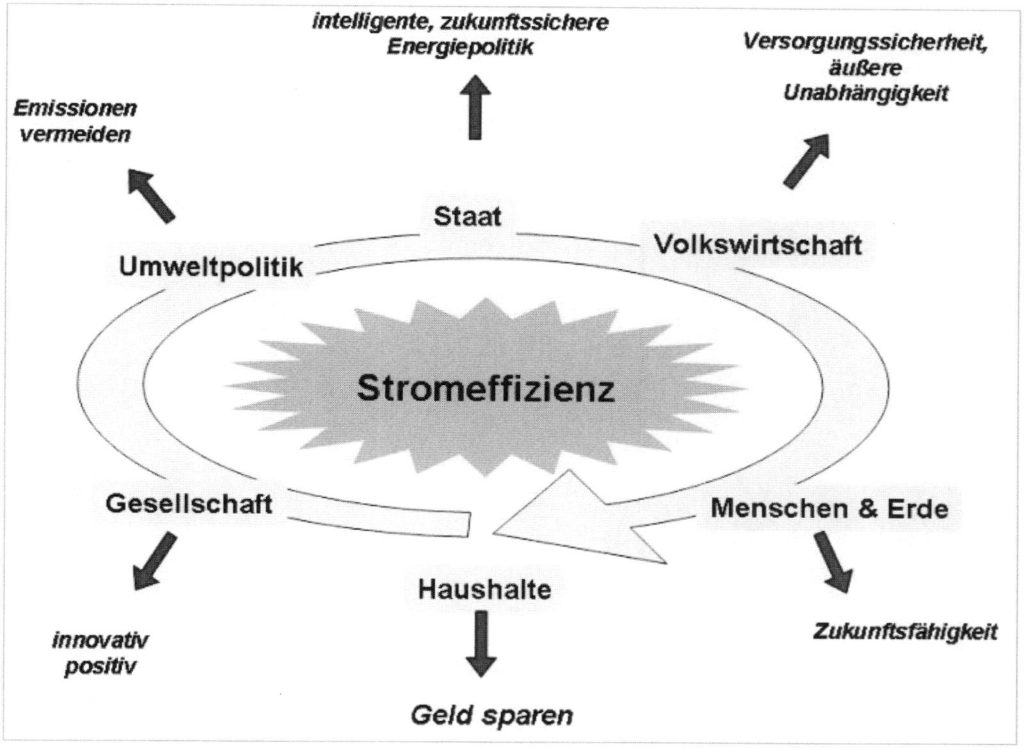

FRANZIS
DO IT YOURSELF
IM HAUS BAND 7

Uwe Dankert

Den Stromdieben auf der Spur

So optimieren Sie Ihren Stromverbrauch richtig

Leicht gemacht, Geld und Ärger gespart!

Mit 59 Abbildungen

Bibliografische Information der Deutschen Bibliothek
Die Deutsche Bibliothek verzeichnet diese Publikation in der Deutschen Nationalbibliografie; detaillierte Daten sind im Internet über **http://dnb.ddb.de** abrufbar.

Wichtiger Hinweis

Alle Angaben in diesem Buch wurden vom Autor mit größter Sorgfalt erarbeitet bzw. zusammengestellt und unter Einschaltung wirksamer Kontrollmaßnahmen reproduziert. Trotzdem sind Fehler nicht ganz auszuschließen. Der Verlag und der Autor sehen sich deshalb gezwungen, darauf hinzuweisen, dass sie weder eine Garantie noch die juristische Verantwortung oder irgendeine Haftung für Folgen, die auf fehlerhafte Angaben zurückgehen, übernehmen können. Für die Mitteilung etwaiger Fehler sind Verlag und Autor jederzeit dankbar.
Internetadressen oder Versionsnummern stellen den bei Redaktionsschluss verfügbaren Informationsstand dar. Verlag und Autor übernehmen keinerlei Verantwortung oder Haftung für Veränderungen, die sich aus nicht von ihnen zu vertretenden Umständen ergeben.
Evtl. beigefügte oder zum Download angebotene Dateien und Informationen dienen ausschließlich der nicht gewerblichen Nutzung. Eine gewerbliche Nutzung ist nur mit Zustimmung des Lizenzinhabers möglich.

Satz: PC-DTP-Satz u. Info. GmbH
art & design: www.ideehoch2.de
Druck: Bercker Graphischer Betrieb, Kevelaer
Printed in Germany

ISBN 3-7723-**4219-1**

Wir träumen alle von einer reinen, sauberen Umwelt.
Wir schätzen saubere Luft und suchen die reinigenden Wälder.
Laßt uns diesen Traum Wirklichkeit werden, damit auch unsere Kinder ihren eigenen Traum träumen können.
Ich widme daher dieses Buch meinen beiden Söhnen und wünsche mir, daß es dazu beiträgt, meinen und ihren Traum zu erleben.

Inhaltsverzeichnis

Inhaltsverzeichnis

Inhaltsverzeichnis

1 Motivation zur persönlichen Stromeffizienz

1 Motivation zur persönlichen Stromeffizienz

Der Wurf mag zuweilen nicht treffen, aber die Absicht verfehlt niemals ihr Ziel.
Jean-Jacques Rousseau, Paris

Wer erinnert sich noch? Global denken – lokal handeln. War das nicht mal eine Parole der ökologischen Bewegung, der jeder von uns leidenschaftlich zugestimmt hat? Dieses Gefühl, wie war das noch: Atomkraft nein danke? Der Marsch durch die Institutionen? Die Grünen ins Parlament?

Grün denken wir doch mittlerweile alle, oder? Einige von uns wählen sogar grün, viele aber sympathisieren durchaus mit grünen Ideen, alle etablierten Parteien, sogar die Freidemokraten, haben zumindest in ihren Programmen grüne Themen aufgenommen, allerdings mit etwas verschobenen Prioritäten. Die Grünen waren jetzt sogar sieben Jahre mit an der Macht, konnten die angepeilten Stellschrauben selbst drehen.

Und plötzlich sind auch die Themen über unsere Energieversorgung wieder da.

- Mehrere populärwissenschaftliche Magazine (Bild der Wissenschaft, Spektrum der Wissenschaft) griffen jüngst das Thema Energie in umfassenden Titelbeiträgen auf.
- Die Börse interessiert sich für Solarfirmen und setzt auf hohe Kursgewinnerwartungen, vor allem gefördert durch das durch die rotgrüne Bundesregierung verabschiedete Gesetz der Erneuerbaren Energien.
- Die visuelle Veränderung des Landschaftsbildes durch Windrotoren wird auf Titelbildern von politischen Magazinen thematisiert und polemisiert. Dies hat man mit Hochspannungsleitungen, Rauchschwaden über Kraftwerksschornsteinen oder Kühltürmen für Kraftwerke bislang nicht getan! Strommasten stoßen nur dann auf das Interesse der Medien und werden instrumentalisiert, wenn sie nach einem Sturm umgefallen sind und zu lokalen Stromausfällen geführt haben.
- Die öffentliche Wahrnehmung der nicht nur mehr drohenden, sondern kommenden Klimaveränderung aufgrund der menschlichen Kohlendioxidemissionen verstärkt sich. Neuere Publikationen (z.B. WETT2006] machen deren Ursachen und Konsequenzen wissenschaftlich umfassend begründet auch einer breiten Öffentlichkeit erschreckend deutlich und fordern umgehende Maßnahmen zu drastischen Reduktionen von Treibhausgasemissionen. Sogar amerikanisch geprägte politische Magazine thematisieren diese Problematik eindringlich (»Be worried. Be very worried« [TIME2006]).
- Auch ist es anscheinend wieder erlaubt, die Kernenergie mittel- bis langfristig als vermeintlich wirtschaftlichste Lösung zur Reduktion klimaverändernder Schadstoffemissionen durch fossil befeuerte Großkraftwerke zu diskutieren, ohne allerdings zu sehr auf die nach wie vor ungelösten Probleme eines nuklearen Rohstoffkreislaufes einzugehen. Auch nach mehr als sechzig Jahren Kernenergieforschung ist zudem noch keine Lösung für die Endlagerung nachhaltig sicher getestet oder gar realisiert.

Es ist so, dass einfache Parolen leichter in der Meinungsbildung verfangen als die Ergebnisse der Diskussion komplexer Sachverhalte. Das ist menschlich. Und schwierig wird die ganze Sache dann, wenn unser *eigenes* Verhalten eigenständig reflektiert und verändert werden müsste. Könnte. Sollte. Das ist auch menschlich, das kennen wir alle.

Global an alle und alles denken – lokal selbst handeln?

Sollen doch erst mal die anderen....

Jüngste Prognosen (Prognos2005, zitiert in [BdW2005]) erwarten bis 2015 weiterhin einen wachsenden Stromverbrauch der Haushalte. Dies wird als »*ein Lehrbeispiel für die Schwierigkeit*« gesehen, »*die von allen akzeptierte Leitidee der Ressourcenschonung im täglichen Leben einer Gesellschaft umzusetzen*« [BdW2005] (wir referenzieren andere interessante Literatur bzw. Datenquellen in diesem Buch in eckigen Klammern und verweisen damit jedesmal auf die Liste in Abschnitt *1 Nützliche* Literatur). Keine Mut machende Schlussfolgerung.

Aber Prognosen über die Zukunft haben eine Schwäche: sie berechnen oder schätzen etwas noch nicht Geschehenes ab. Und menschliches Verhalten ändert sich zuweilen sprungartig und unvorhergesehen, auch wenn im Nachhinein die Erklärungen für die Änderung nachvollziehbar sind. Es besteht also Spielraum für eine andere Zukunft.

Zwei Beispiele sind schnell genannt. Der Atomunfall in Tschernobyl hat schlagartig die Planung neuer Atomkraftwerke beendet, seitdem sind beispielsweise weder in den Vereinigten Staaten – auch dort gab es bereits die Erfahrung eines nuklearen Desasters in Harrisburg – noch in Deutschland neue Reaktoren gebaut worden.

Das schon angesprochene Gesetz für die Erneuerbaren Energien hat zu einem Boom bei der Installation von dezentralen Windenergiekraftwerken und Solaranlagen geführt und die in diesen Segmenten tätigen deutschen Firmen in wenigen Jahren die Weltmarktführerschaft in Zulieferung und Systemintegration erreichen lassen.

Solche Ereignisse sind selten prognostizierbar.

Nachhaltigkeit hat einen Nachhall

Natürlich sind es zwei wesentliche Gründe für die sehr aktuellen Diskussionen um unsere Energieerzeugung:

- der Erdölpreis erreicht im Wochenabstand neue Höchstwerte. Wir alle merken dies an unserem leeren Portemonnaie nach einem Kurzaufenthalt an einer Tankstelle. In Folge steigen auch ständig die Preise der anderen Energieträger wie Strom und Gas. Die nächste Jahresabrechnung für unsere Heizkosten erwarten wir mit Schrecken.
- die jüngsten verheerenden Hurrikans im Mutterland des Energieverbrauchs, den Vereinigten Staaten von Amerika, erhöhen unsere Sensibilität im Hinblick auf die schleichende, aber unausweichliche globale Klimaveränderung durch vergangene und zukünftige Schadstoffemissionen von Industrie, Verkehr und Haushalten.

1 Motivation zur persönlichen Stromeffizienz

Daher macht es Sinn, gerade jetzt über den Aufbau einer ökologisch nachhaltigen Energieversorgung intensiv zu diskutieren und zu handeln. Hermann Scheer beispielsweise hält als einer der Frontmänner einen völligen Umstieg auf erneuerbare Energien für die deutsche Volkswirtschaft für sinnvoll, möglich und machbar [AUT2005].

Entscheidungen über eine nachhaltige Energieversorgung sollten aber auch nachhaltig diskutiert werden. Eine solche rationale Diskussion würde nämlich schnell die Erkenntnis berücksichtigen, die größte Umweltfreundlichkeit der Energieerzeugung in der *intelligenten Vermeidung von Energieverbrauch* zu identifizieren. Jede Kilowattstunde, die nicht produziert werden muss, weil sie nicht verbraucht wird, reduziert Belastungen im Rohstoffabbau, -transport und -verwandlung sehr nachhaltig. Da die Erzeugung der Verbrauchsenergie mit Verlusten gekoppelt ist, wirkt der Hebel einer nicht verbrauchten Energieeinheit bei der Primärerzeugung multiplikativ. Das ist eigentlich ein guter und vielversprechender Ansatzpunkt.

Auch das jüngste Grünbuch der Europäischen Gemeinschaft weist explizit darauf hin, dass zum einen »*ein durchschnittlicher EU-Haushalt je nach Energieverbrauch zwischen 200 und 1.000 EUR pro Jahr an Kosten einsparen könnte*« und zum anderen, dass »*Energiesparen... zweifellos die schnellste, nachhaltigste und kostengünstigste Art (ist), Treibhausgasemissionen zu verringern und, insbesondere in stark besiedelten Gebieten, die Luftqualität zu verbessern*« [GRÜN2005].

Aber wer weiß schon, dass der Bereitschaftsbetrieb oder das Scheinaus diverser Gerätschaften in unseren Haushalten den jährlich erzeugten Strom von zwei 900-MW-Kernkraftwerken verbraucht? Ein Jahr Standby zum Preis von 10.000 Jahren Strahlungsmüll? Wissen Sie, dass allein der Leerlauf solcher Geräte 3 % unseres gesamten produzierten Stromes frisst [ISI2005]? Wir, Deutschland, sind natürlich stolz auf den Ausbau der solaren Energieanlagen in unserem Land, aber in 2004 hat die solare Photovoltaik nur ein knappes 30tel dieses sinnlos verbrauchten Stromes erzeugt.

Zum Visionär werden und handeln

Leider vertritt die Erkenntnis einer intelligenten Stromnutzung nicht die Interessen irgendeiner machtvollen Lobbyistengruppe, und politisch durchsetzungsfähige Visionäre mit einem zukunftsträchtigen Energie-Masterplan für Deutschland sind derzeit nicht spürbar. Es ist offensichtlich leichter, »*Politik für ein paar Energieanbieter zu machen als für Millionen Energiekonsumenten*« [ZEIT2006]. Das sieht man dann auch an der Zusammensetzung von jüngsten Energiegipfeln der neuen Bundesregierung im April 2006.

Es muss also jeder von uns selbst zum Visionär und zum Umsetzer werden. Das erhöht unser Vermögen im Geldbeutel und gleichzeitig die Überlebensfähigkeit unseres Planeten. Also lokal handeln, lokal denken, automatisch global denken und handeln. Das ergibt sich dann nämlich ganz von allein. Wunderbar. Aber keine kleine Herausforderung.

1 Motivation zur persönlichen Stromeffizienz

Dieses Buch soll mit dazu beitragen, Argumente für die Diskussion und Überzeugung anderer und Hilfsmittel zur individuellen Umsetzung für all diejenigen zur Verfügung zu stellen, die an unserer Zukunft interessiert sind.

Sind Sie das nicht?

Denken wir also mal darüber nach, wozu wir Energie benötigen, wir beschränken uns dabei in diesem Buch auf die Luxusenergie Strom, und wofür wir Strom *wirklich* benötigen. Darum geht es in diesem Buch. Wir wollen Ratschläge geben, wie wir unnötigen Stromverbrauch erkennen und beseitigen. Das kann man in vielen Broschüren zwar nachlesen, wird aber offensichtlich nur ungenügend getan. Da besteht also Wissensbedarf und Handlungsbedarf.

Wie kann das gehen?

Wir wollen außerdem auch die energiepolitischen und wissenschaftlichen Hintergründe wenigstens ein bisschen beleuchten, damit die Erleuchtung in dem neu erfahrenen Wissen eine ganz neue Motivation für unseren Umgang mit den Ressourcen unseres Planeten hervorbringt

Ziele – Wissen – Handeln

Ohne Ziele ist das Leben nichts oder zu wenig, und zum Ziel kommt man durch Handeln, dazu braucht man aber Wissen. So lassen sich die Handlungsalternativen vorteilhaft bewerten und Sackgassenhandlungen und dabei Motivationsenergieverluste vermeiden. Schon wieder Energie.

Wir versuchen dabei nicht den großen Wurf, der die Welt mit einem Schlag verbessert. Ideologische Weltverbesserer haben in diesem Land seit fast sechzig Jahren glücklicherweise keinen leichten Stand. Aber wir haben alle ein völlig unideologisches Interesse an einer lebenswerten Welt, für uns und gerade auch für unsere Kinder. Da lohnt es sich schon mal über dies und jenes scheinbar Selbstverständliche nachzudenken und auch in Frage zu stellen. Auch darum geht es in diesem Buch.

Vom Jammern zum Tun

Handeln? Etwas verändern? Verbessern? In Deutschland ist es modern geworden, zu jammern und die derzeitigen Lebensumstände und Zukunftsaussichten mies zu finden und darüber zu philosophieren, dass sich alles verbessern würde, wenn wir anfingen zu handeln, am besten die anderen zuerst (und wir zuletzt).

Wir haben aber Hoffnung, dass das Jammern bald vorbeigeht, denn wir jammern am Anfang von 2006 ja schon zunehmend über das Jammern. Schauen wir doch mal wieder nach Amerika: wie immer sind uns die US-Amerikaner weit voraus. Sie handeln auch nicht, verändern (bei sich) nichts, verbessern nichts. Aber jammern auch nicht, und sind ständig unter Strom (mit Ausnahme der Kraftwerksausfälle wie 2003 in einem Viertel das Landes). Jede Revolution frisst ihre Kinder.

Gegen das »deutsche Jammern« kann jeder leicht was unternehmen: jeden Tag eine gute Tat für sich selbst tun und darüber reden, positive Sachen, die es in

1 Motivation zur persönlichen Stromeffizienz

Deutschland zu einer Vielzahl gibt, aufmerksam wahrnehmen und sehen, nach vorne schauen, sich auf Neues einlassen, und was weiß ich nicht noch alles (zum Beispiel dieses Buch schreiben sic!).

Aber heißt, *die Amerikaner verbrauchen wesentlich mehr Energie als wir*, dass wir *wenig* Energie verbrauchen? Das ist eine gute Frage, und wer kann sie schon beantworten? Schließlich kommt es immer auf die Perspektive an (in der Industrie nennt man das Benchmarking), und die sieht im mittleren Afrika und in Grönland sicherlich anders aus als bei uns oder in den USA oder in China, wo man im Moment für die Erzeugung einer Einheit Bruttosozialprodukt den fünffachen Energieeinsatz benötigt im Vergleich zum »alten« Europa.

Wie sieht es aber bei uns aus? Und wissen *Sie* eigentlich, wieviel Energie *Sie* verbrauchen (das ist die erste Testfrage)? Wofür? Wieviel Sie verbrauchen dürften? Bleiben wir beim Strom (»Strom ist Wärme, ist Luxus«). Wissen Sie, in welcher physikalischen Einheit Stromenergie gemessen wird? Wieviel Sie davon jährlich daheim benötigen? Welches Ihre Stromfresser sind, ohne dass für Sie dabei etwas abfällt? Nein? Dann lesen Sie doch bitte weiter.

Es ist erstaunlich, dass viele bei der Entscheidung über die Abschaltung von Atomkraftwerken innerhalb der nächsten, wieviel waren es noch, 20 Jahre mitredeten. Und die rotgrüne Regierung betonte die Abschaltung der Kernkraftwerke, wie es richtiger heißt, als eines ihrer Haupttagesordnungspunkte im Bundeswahlkampf 1998. Aber so richtig viele Gedanken dazu, wie die dann anders zu produzierende Energie überhaupt aufzubringen ist, werden zumindest in der auch oft genug von Berichtsmodewellen geprägten Wirtschaftspresse nicht oder nur kaum diskutiert. Da steckt wohl viel Nicht-Bewusstsein und Unkenntnis drin. Oder mehr? Hoffen wir es mal nicht.

Was soll also dieses Buch? Wir wollen drei Gewinne erzielen: Erkenntnis, Handlungen und Freiheit. Die Erkenntnis, dass das Erwärmen einer Tasse Tee daheim bei dem derzeitigen Primärenergiemix in der Stromerzeugung etwa 19 g Kohlendioxid (CO_2) verursacht – das sind etwa 10 Liter nicht atembares Gas, zwei tiefe Lungenzüge voll – motiviert uns, über Handlungsalternativen nachzudenken, die keinen CO_2-Fußabdruck in unserer Atmosphäre hinterlassen. Als Ergebnis erfreuen wir uns an der Freiheit, optimistischer unsere Zukunft zu erwarten.

Daher soll dieses Buch

a) *die Augen und das Bewusstsein öffnen*. Welche Dimensionen hat die Energieerzeugung in Deutschland? Wo kommt der Strom her? In welchen Verbrauchssegmenten sind sinnvolle Einsparungen intelligent umzusetzen?
b) *anwendbar und praktikabel sein*. Wir haben dafür eine prinzipielle Dreiteilung des Hauptteiles gewählt: ein kurzes Das-können-Sie-auch-Programm, eine detaillierte Ausführung einiger Spezialthemen für den Interessierten und Lernwilligen und einen ausführlichen »Anhang« mit vielen Details zum Nachschlagen.

Und in den Zeiten von Kosten-Nutzen-Analysen

c) *sich lohnen und rechnen.* Die Zeit, dieses Buch zu lesen und entsprechende Gewinne daraus zu ziehen, sollen im richtigen Verhältnis bleiben.

Die wichtigste Erkenntnis bei dem Thema Energie lautet, dass eine erhöhte Effizienz nicht mit Einbußen in dem heutigen Lebensstandard und aktuellen Lebensgewohnheiten verbunden ist. Im Gegenteil. Sparen bedeutet hier nicht, um in der Zukunft etwas zu haben, dass wir uns heute beschränken müssen. Etwas zurücklegen müssen. Auf anderes verzichten müssen. Sparen bedeutet, dass wir unseren Kindern und uns selbst etwas geben, das Zukunft bedeutet. Sparen bedeutet dabei nicht weniger, sondern intelligent und zukunftsorientiert mehr. Aber ganz ohne Aufwand geht es nicht.

Lesen und verstehen Sie, wie wir unseren Stromverbrauch optimieren können. Geben Sie die Erkenntnisse weiter, damit unser Energieverbrauch runter geht und nicht weiter steigt und spätestens unsere Kinder positiv und stolz nach vorne und zurück schauen können und ebenfalls die Annehmlichkeiten erfahren dürfen, die unser heutiges Leben schon auszeichnen. Auf diese Reise möchten wir Sie mit diesem Buch mitnehmen.

Von der Theorie in die Praxis ohne Probleme? Welcher Student möchte das nicht erreicht haben, wenn er nach dem Studium in die Industrie und Wirtschaft eintaucht, wo gerne Nutzenrechnungen betriebswirtschaftlich begründet werden.

Keine Angst vor Zahlen – Sie zahlen weniger

Fangen wir vielleicht damit an. Das ist dann auch gleich der Test, ob dieses Buch für Sie etwas ist, denn rechnen, also überlegen und rational vorgehen, müssen Sie schon ein wenig, denn es geht ja um Strom sparen, warum und wie und wieviel.

Ein Haushalt verbraucht heute monatlich Strom für zwischen 40 und etwa 100 Euro, abhängig von der Größe der Familie und ihrer Ausstattung und Gewohnheiten. Rechnen wir also mit einem mittleren Wert von 70 Euro und verlangen wir, dass sich der Aufwand, um Strom zu sparen, sich innerhalb eines Jahres amortisiert haben muss – das setzen wir uns mal als Ziel für dieses Buch und die Schritte, die durchzuführen sind.

Eine Stunde – was ist die wert? In Deutschland beträgt das durchschnittliche Netto-Monatseinkommen in 2004 ca. 2.300 Euro bei monatlich 165 Stunden, ergibt also pro Stunde bar auf die Hand etwa 14 € im Durchschnitt. Wenn Sie also lieber arbeiten gehen (6 Stunden), als dieses Buch zu lesen und mit der Umsetzung von Vorschlägen zu beginnen, dann müssen wir Ihnen aufzeigen, dass Sie durch dieses Buch genauso viel verdienen können, wie durch Ihre 6 Stunden Arbeit, Sie also innerhalb eines Jahres netto 84 € einsparen können. Das passiert in den nächsten 10 Jahren natürlich auch noch, aber so weit wollen wir in den Zeiten der kurzfristigen Optimierung des »Shareholder Values« nicht greifen. Verhaltensänderung muss sich möglichst kurzfristig auszahlen, dann wird und wirkt sie nachhaltig.

1 Motivation zur persönlichen Stromeffizienz

Bei einem durchschnittlichen Verbrauch von (in Euro) ca. 70 pro Monat sind das 840 Euro pro Jahr, der geforderten Einsparung von 84 Euro entsprechen also zufällig genau 10 %, dem üblichen Optimierungsansatz von Unternehmensberatungen, wie man so sagt.

Wir rechnen das zum Spaß mal auf ganz Deutschland hoch. Also, das Ziel lautet, im Jahr 84 Euro einzusparen, das sind (bei 18 Cent pro Kilowattstunde) 467 kWh pro Haushalt und Jahr, bei 40 Millionen Haushalten in Deutschland kämen 18.670.000.000 kWh zustande, in einer anderen Einheit 18,67 TWh (Terawattstunden). Zur Erzeugung dieser Endenergie benötigen wir Kraftwerke mit einer Netto-Leistung von zusammen ewa 4.740 MW auf der Primärenergieseite. Ooops.

Die Leistung von Kernkraftwerken wird auch in Megawatt gemessen, zwei Beispiele: KBR Brokdorf 1.440 MW mit einer Arbeitsverfügbarkeit von 81 % in 2004 und KKI-2 Isar (Ohu) 1.475 MW und einer Arbeitsverfügbarkeit von 81 %. Wenn wir also von einer Bruttoleistung 1.400 MW und einer Nettoleistung von 1.120 MW im Mittel ausgehen, dann können durch die ausgerechneten Einsparungen in Deutschland 4-5 Kernkraftwerke ersatzlos abgeschaltet werden. Und eigentlich schätzen viele seriöse Studien das Einsparpotential für den Stromverbrauch in Haushalten auf bis zu 30 %. Also, das ist doch was, ran ans Werk und an den Bundesumweltminister.

2 Wie Sie dieses Buch lesen können

2 Wie Sie dieses Buch lesen können

Spar Energie – sei nicht apathisch!

abgewandeltes Graffitti, gesehen in München

Zum Thema Stromsparen sind schon eine Vielzahl von Broschüren, Informationsblättern, Internetauftritten und auch Bücher formuliert worden. Besteht also überhaupt Bedarf für ein neues Buch?

Bedauerlicherweise ist es sehr mühsam für einen Normalverbraucher, sich die Informationen zum Thema Strom und Verbrauch zu besorgen. Broschüren blättert man gerne durch, das war es dann aber auch, Internetseiten mit mehr als einer Bildschirmseite werden üblicherweise weggeklickt, und Bücher haben eine begrenzte Lebensdauer und einen endlichen Aktualisierungsgrad und in der Regel auch begrenzt erreichbare Zielgruppen.

Auch Suchmaschinen wie Google, Yahoo oder web.de helfen dem versierten Internetbenutzer nur bedingt weiter, weil die Informationen und Tipps sehr unterschiedlich gestreut sind und vor allem weder eine ordentliche Gewichtung nach Hebelwirkung und Umsetzungswahrscheinlichkeit aufweisen noch mit realen Vorgehensweisen versehen sind, damit auch wir Normalbürger damit umgehen können.

Dies haben wir als Manko wahrgenommen und war Motivation, mit diesem Buch einen etwas anderen Weg zu beschreiten. Daher möchten wir zur Benutzung einige Hinweise abladen, damit Ihr Gewinn möglichst groß ist.

Gewinn durch gezielte und strukturierte Information

In Abbildung 2.0–1 ist der logische Aufbau dieses Buches dargestellt.

Der Abschnitt 3 *Schnell zum Erfolg – Die Checkliste für jedermann* sammelt die wichtigsten Tipps zum Stromsparen ein und gibt Hinweise, wie aus diesen Tipps die richtigen und wichtigen ausgewählt werden, damit Sie möglichst schnell Erfolge einfahren können. Für viele Leser reicht die Benutzung einiger dieser Tipps sicherlich aus, um wenigstens die Stromkosten um 10 % zu reduzieren oder zumindest nicht länger ansteigen zu lassen.

Abschnitt 4 *Das Das-können-auch-Sie-Programm* erklärt ein 10-Schritte-Programm, wie ein wenig systematischer der genaue Verbrauch ermittelt und die Schwachstellen identifiziert werden können. Natürlich folgen dann ebenfalls einige Tipps aus dem Fundus, wie gespart werden kann, ohne auf Annehmlichkeiten zu verzichten.

2 Wie Sie dieses Buch lesen können

Abschnitt 5 *Hintergründe zum Verständnis unseres Stromwirtschaftens* schließlich gibt ein wenig Hintergrundwissen dazu, das sich fallweise und je nach Interessenlage erschließen lässt. Wir starten mit einem allgemeinen Überblick über die Energieversorgung in Deutschland, bevor wir näher auf das Thema Energieeffizienz eingehen. Der Prozess zur Reduzierung des Stromverbrauchs erfährt im Abschnitt 5.3 *Energieberatung – Wege zum Ziel* seinen methodischen Hintergrund. Anschließend vertiefen wir das Thema des Gesamtenergieverbrauchs. Eines der größten Einsparpotentiale ist in der Reduzierung des gedankenlosen Stand-by-Betriebes vieler Geräte zu sehen (Abschnitt 5.5 *Da sein, aber nichts tun – Das Stand-by-Fiasko*). Und obwohl für jeden von uns die Verbrauchsoptimierung einen vergleichsweise kleinen Effekt bewirkt, entstehen durch die Summe aller Verbraucher große Hebelmöglichkeiten (Abschnitt 5.6 *Energie und Verbraucherkraft*). Leider scheint sich die Richtung eines zukünftig größeren Stromverbrauchs in unseren Haushal-

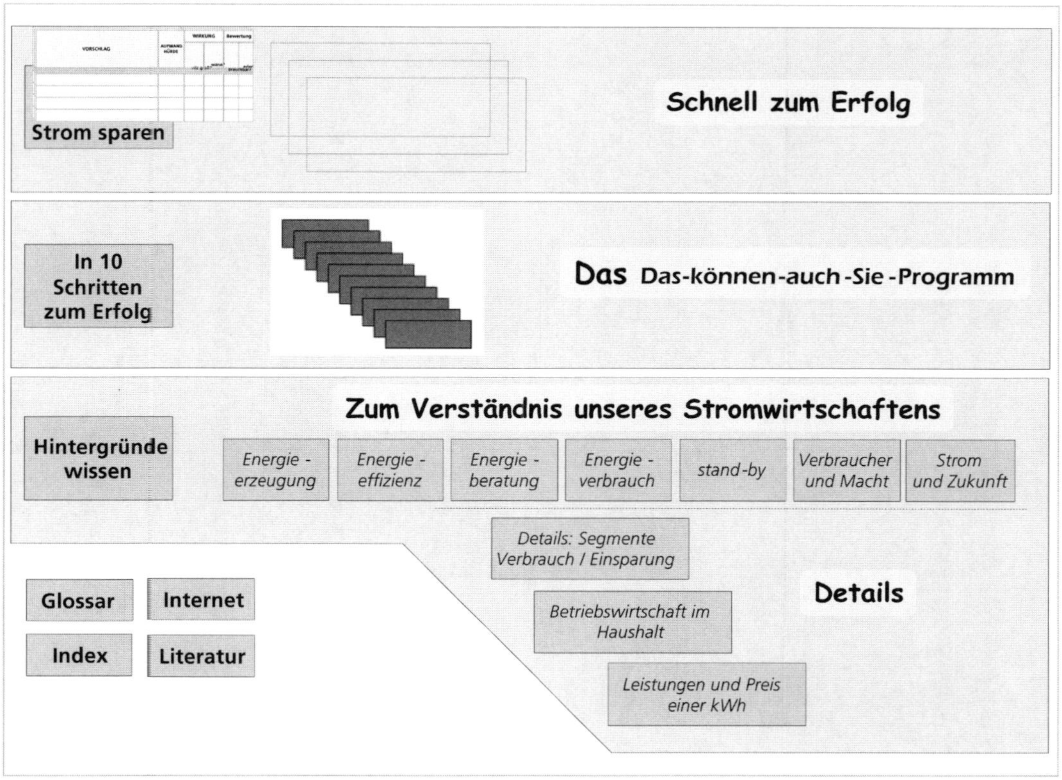

Abbildung 2.0–1: Struktur und Aufbau des vorliegenden Buches

ten zu manifestieren, und um das zu verhindern, ist wenigstens die Kenntnis davon ein wesentliches Hilfsmittel (Abschnitt 5.7 *Energie und Zukunft – Neuere Beobachtungen)*.

Die einzelnen Kapitel in diesem Abschnitt müssen nicht in Folge gelesen werden, wenigstens aber den wesentlichen Fakten aus den einzelnen Abschnitten wünschen wir eine möglichst weite Verbreitung.

Die Abschnitte im Kapitel *6 Details zum Stromverbrauch* können als Anhang und Nachschlagemedium für weitere Details verstanden werden. Wir gehen auf Details im Stromverbrauch bei Licht, Waschen, Spülen, Kochen und Computer ein. Wirtschaftlichkeitsberechnungen haben in der Industrie einen großen Stellenwert. Daher führen wir exemplarisch einige Beispiele vor, wie diese Methodik auch für die Optimierung des eigenen Stromverbrauches sinnvoll und pragmatisch eingesetzt werden kann. Einige weitere Abschnitte befassen sich mit den Kosten und dem Dienstleistungspotential einer Kilowattstunde.

Das Buch wird brauchbarer und vollständig durch die Erklärung der wichtigsten verwendeten Begriffe (Glossar) sowie durch Verweise auf sinnvolle oder benutzte Literatur und einige wertvolle Links im Internet. Ein Stichwortindex zum schnellen Finden komplettiert dieses Kompendium.

3 Schnell zum Erfolg – Die Checkliste für jedermann

3 Schnell zum Erfolg – Die Checkliste für jedermann

Do what you can, with what you have, where you are.

Theodore Roosevelt, Washington

Mit kleinen Schritten lässt sich das Leben nicht ändern? Nicht sofort jedenfalls. Aber es lässt sich ein Umdenkungsprozess einleiten, der in einer späteren Phase doch die Hebelwirkung entfalten kann, die gewünscht ist. Denken Sie an die Stalagmiten und Stalaktiten. Kleine Tropfen über einen großen Zeitraum haben uns herrliche Tropfsteinhöhlen beschert. So lange wollen wir natürlich mit einer Wirkung nicht warten! Aber erfolgreiche kleine Schritte können der Feldversuch sein, die großen Schritte vorzubereiten. Und jede Weltreise beginnt mit einem ersten Schritt!

Mit Zehn auf Hundert

Stufe 1: lesen Sie sich die nachfolgenden, nach Energiedienstleistungen (Waschen, Kühlen, Kochen, Beleuchten, Unterhalten) gruppierten 100 Tipps durch und entscheiden Sie, welche für Ihre persönliche Situation zutreffen könnten (Spalte *brauchbar?*). Markieren Sie diese durch ein Kreuz.

Machen Sie einen Anfang: Suchen Sie sich von den brauchbaren Tipps 10 heraus, die Sie dieses Jahr umsetzen werden. Darunter sollte wenigstens einer sein, der eine große Hürde bedeutet, aber gleichzeitig eine wenigstens mittlere Wirkung sofort entfalten kann.

Stufe 2: Schreiben Sie sich diese Tipps auf einen Zettel und kontrollieren Sie sich selbst monatlich, ob Sie die Schritte umgesetzt haben. So lernt man, Verhalten zu ändern!

Stufe 3: Suchen Sie sich alle anderen Tipps, die eine kleine Hürde bedeuten und sofort eine Wirkung zeigen. Arbeiten Sie alle ab.

Stufe 4: Wiederholen Sie das Ganze in einem Jahr, suchen Sie sich zehn neue Tipps.

Machen Sie vor sich selber nicht halt

Stufe 5: Glauben Sie mir nicht. Suchen Sie sich *alle* brauchbaren und für Sie sinnvollen Tipps heraus und arbeiten Sie alle ab. Entscheiden Sie selbst! Wenn Sie weitere Hintergründe kennen lernen wollen, dann lesen Sie die Abschnitte 5 *Hintergründe zum Verständnis unseres Stromwirtschaftens* und 6.1 *Verbrauch und Einsparpotentiale*.

Im Folgenden also hundert Tipps, die Strom sparen helfen.

3 Schnell zum Erfolg – Die Checkliste für jedermann

Tabelle 3.0–1: 100 Tipps zum Strom Sparen

Tipp Nr.	VORSCHLAG	Aufwand Hürde	WIRKUNG wie groß?	WIRKUNG bis wann?	Bewertung für mich brauchbar?	Bewertung erledigt?
	Generell					
1	Engagieren Sie sich zuerst selbst. Warten Sie nicht auf andere.	mittel	groß	sofort		
2	Kaufen Sie bei Neuanschaffungen nur Geräte der Effizienzklasse A, auch wenn diese 10 % teurer sind. Die 10 % verdienen Sie sich innerhalb von drei Jahren schnell wieder, danach sprudelt Ihr Gewinn.	klein	groß	5 Jahre		
3	Beachten Sie, dass neue Elektrogeräte bis zu einem Drittel weniger Strom brauchen als ältere Haushaltsgeräte. Rechnen Sie sich aus, wann die Anschaffung eines neuen Gerätes Ihre Kosten mittelfristig senken kann.	mittel	mittel	5 Jahre		
4	Nutzen Sie Sparprogramme nicht nur bei Ihrer Bank, sondern bei allen Großgeräten (Geschirrspüler, Waschmaschine, Trockner), so gut es geht.	klein	groß	sofort		
5	Entfernen Sie alle Ladegeräte aus den Steckdosen, sobald die zu ladenden Geräte geladen sind.	klein	mittel	sofort		
6	Vermeiden Sie beim Betreiben von stromfressenden Geräten die Hauptzeiten (z.B. abends). Dies reduziert zwar nicht Ihren Stromverbrauch, sorgt aber für eine gleichmäßigere Auslastung der Stromkapazität der Erzeuger und kann helfen, die Zahl der notwendigen Kraftwerke zu reduzieren. **Am besten meiden:** (1) Montagmorgen! (2) wochentags 9-13 Uhr! (3) wochentags 17-20 Uhr! **unkritisch:** Wochenende!	mittel	spürbar	5 Jahre		
7	Lernen Sie rechnen. Die Multiplikation von zwei Zahlen sollte für niemanden ein Problem sein. Watt mal Stunden ergibt Wattstunden. Dividiert durch 1.000 ergibt Kilowattstunden. Mal 18 Cent ergibt die Kosten für den Stromverbrauch in Cent. Dividiert durch 100 ergibt die Stromkosten in Euro. Zu banal?	klein	spürbar	sofort		
8	Setzen Sie ein Zeichen. Bauen Sie sich eine alternative Energieerzeugungsanlage auf Ihr Dach, reden Sie in einer Hausgemeinschaft darüber, stellen Sie einen Antrag: Solarzellen für die Stromerzeugung, eine solarthermische Anlage für die Warmwassererzeugung. Seien Sie nicht nur alternativ, sondern handeln Sie alternativ. Dann liegen Sie voll im Trend. Vor allen anderen.	hoch	groß	5 Jahre		
9	Tragen Sie sich wiederkehrende, aber im Jahr eher seltene Vorhaben (wie zum Beispiel das Abstauben der Wärmetauscher an der Rückseite Ihres Kühlschranks), am Anfang eines Jahres in einen Familienkalender ein. Hängen Sie diesen ans schwarze Brett, so denkt die ganze Familie automatisch an diese Vorhaben und Sie belasten Ihren Kopf nicht damit.	klein	spürbar	sofort		
10	Wenn Sie sich einheizen, dann machen Sie das auf keinen Fall elektrisch. Heizen mit Strom verbraucht dreimal soviel Primärenergie wie Heizen mit Gas, Öl oder Kohle.	mittel	groß	2 Jahre		

3 Schnell zum Erfolg – Die Checkliste für jedermann

Tipp Nr.	VORSCHLAG	Aufwand Hürde	WIRKUNG wie groß?	WIRKUNG bis wann?	Bewertung für mich brauchbar?	Bewertung erledigt?
	Kochen					
	Anschaffungen					
11	Bedenken Sie den Einsatz eines Gasherdes. Erkundigen Sie sich nach den Möglichkeiten in Ihrem Ort oder Ortsteil.	hoch	groß	5 Jahre		
12	Wenn Sie sich für einen Elektroherd entscheiden, dann nehmen Sie einen mit einem Glaskeramikkochfeld. Diese sind energiesparender als die Gusseisenkochfelder und schöner im Design. Andere Prinzipien (Induktionsherd, Halogenkochfelder) haben Vorteile, sind aber in der Anschaffung wesentlich teurer.	klein	mittel	5 Jahre		
13	Von einer pyrolytischen Selbstreinigung raten wir dringend ab. Diese mag zwar bequem sein, verbraucht aber erheblichen Strom.	klein	mittel	5 Jahre		
14	Kaufen Sie sich Glasdeckel für Ihre Töpfe. Lassen Sie die Deckel zu, auch ein nur Fingerbreit geöffneter Deckel (damit die Nudeln nicht überkochen) hat fast die gleiche negative Wirkung wie kochen ohne Deckel, der Energieverbrauch kann um bis zu 30 % steigen!	klein	mittel	sofort		
15	Kaufen Sie sich eine Thermoskanne (5-10 Euro) und füllen Sie einen gekochten Kaffee in diese Kanne und benutzen Sie nicht die Warmhalteplatte der Kaffeemaschine.	klein	mittel	sofort		
16	Wenn Sie gerne Toast essen, kaufen Sie sich einen Toaster (50 €) und backen Sie die Toasts nicht im Backofen. In einem Toaster geht es schneller und verbraucht wesentlich weniger Energie.	mittel	mittel	sofort		
17	Schaffen Sie sich gut geeignetes Kochgeschirr mit ebenem Boden und gut sitzendem Deckel an. Topf- und Pfannenböden mit einer Stärke von drei bis fünf mm sind ideal, um eine gute Wärmeübertragung ohne große Wärmeverluste zu gewährleisten. Beim Kochen spielt das Gewicht des Topfes zur Wassermenge eine eher untergeordnete Rolle.	klein	mittel	3 Jahre		
18	Gegebenenfalls besorgen Sie sich einen separaten Wasserkocher (40 €), der zum Tee-Zubereiten und Wassererwärmen hergenommen werden sollte.	mittel	mittel	sofort		
19	Wenn Sie eine neue Kaffeemaschine anschaffen, dann besorgen Sie sich eine mit einer Thermoskanne, die direkt den frisch gebrühten Kaffee aufnimmt. So sparen Sie sich den Strom einer Warmhalteplatte. Außerdem behält der Kaffee sein Aroma besser.	klein	mittel	5 Jahre		
20	Besorgen Sie sich zwei elektronische Eieruhren für zusammen etwa 10 Euro, die die eingestellte Zeit rückwärts zählen und bei Erreichen der Null anfangen zu piepsen. Mit Hilfe der Uhren können Sie sich leicht antrainieren, die Herdplatten zwei bis vier Minuten vor Ablauf der Kochzeit abzuschalten.	klein	groß	sofort		

Tipp Nr.	VORSCHLAG	Aufwand Hürde	WIRKUNG wie groß?	WIRKUNG bis wann?	Bewertung für mich brauchbar?	Bewertung erledigt?
	Verhaltensweisen					
21	Kochen Sie nur so viel Teewasser, wie Sie benötigen. Füllen Sie das Wasser zum Abmessen erst in die Teekanne und dann von dort in den Kocher.	mittel	mittel	sofort		
22	Seien Sie wählerisch mit der Plattengröße, immer nur Töpfe einsetzen, deren Größe zur Plattengröße passt. Weder zu große Töpfe (Kochzeit!) oder zu kleine Töpfe sollten zum Einsatz kommen. Notfalls spülen Sie einen geeigneten, aber verschmutzten Topf von Hand vorher schnell noch ab.	mittel	groß	sofort		
23	Schalten Sie die Herdplatte erst ein, wenn der Topf drauf steht.	klein	mittel	sofort		
24	Nutzen Sie die Nachwärme Ihrer elektrischen Herdplatten. Zwei bis fünf Minuten vor Ablauf der vorgesehenen Kochzeit können die Platten komplett ausgeschaltet werden. Das Kochgut köchelt weiter. Trainieren Sie sich das mit Hilfe der elektronischen Eieruhren an. Stellen Sie die eine auf die Kochzeit ein, die andere auf eine Zeit 2-5 Minuten kürzer. Nach vier Wochen machen Sie das dann von alleine, wie im Schlaf.	mittel	groß	sofort		
25	Gewöhnen Sie sich beim Kochen während der Zubereitung an Handarbeit. Reiben Sie Kartoffeln und Gemüse mit einer Handreibe. Verzichten Sie auf den Kauf von elektrisch betriebenen Reiben. Der Verbrauch spielt beim Gesamtverbrauch zwar kaum eine Rolle, aber die Geräte müssen energiezehrend hergestellt werden! Das nennt man graue Energie.	mittel	mittel	2 Jahre		
26	Lassen Sie Teigwaren und Reis nach 1 bis 2 min Kochen bei geschlossenem Topf noch 20 bis 30 min garen. Die Nudeln werden auch bei abgeschalteter Herdplatte fertig, und Sie können eine Menge Strom sparen. Reis, Bohnen, Linsen und Getreide vorquellen lassen, damit verkürzen sich die Garzeiten erheblich!	mittel	mittel	sofort		
27	Werden Sie zu einem Deckelkocher. Glasdeckel erlauben Ihnen den Blick auf das Kochgut, ohne den Deckel anheben zu müssen. Kochen Sie grundsätzlich nur mit Deckel, vor allem während der Zeit, in der das Kochgut auf Kochtemperatur gehalten werden muss.	klein	groß	sofort		
28	Seien Sie sparsam mit dem Sieden. Das Essen (Wasser) sollte nur eben so sieden, auf keinen Fall aber wild brodeln. Die Energie wird dann im Wesentlichen zur Erzeugung des Wasserdampfes eingesetzt, nicht zum Ausgleich von Wärmeverlusten. Regeln Sie also die Leistung der Platte entsprechend zurückhaltend.	klein	groß	sofort		
29	Verwenden Sie Wasser so sparsam wie möglich. Vor allem Gemüse und Kartoffeln müssen nicht im Wasser schwimmen. Das hat auch Einfluss auf den Geschmack und die Auslaugung der Vitamine. Ein bis zwei Zentimeter Wassertiefe reichen in der Regel.	mittel	groß	sofort		
30	Den Backofen kann man in der Regel bestücken, ohne ihn vorzuheizen (alle Gebäcke, Braten, Pizza). Verzichten Sie daher auf das Vorheizen, verlängern Sie die Backzeit um ein paar Minuten. Heizen Sie den Backofen nur vor, wenn es unbedingt erforderlich ist (z.B. bei empfindlichen Teigen). Backen ohne Vorheizen spart bis zu 20 % Energie.	klein	mittel	sofort		
31	Schalten Sie den Ofen wenigstens 5-10 Minuten vor Ende der Backzeit ab, nutzen Sie die vorhandene Restwärme. Zwei Eieruhren (siehe oben) helfen Ihnen beim Timing. Stellen Sie eine Eieruhr auf die Backzeit ein, die zweite auf die Backzeit minus 5-10 Minuten. Starten Sie beide gleichzeitig. Wenn die erste piepst, schalten Sie den Ofen aus, wenn die zweite piepst, ist das Backgut fertig und kann entnommen werden.	mittel	groß	sofort		

3 Schnell zum Erfolg – Die Checkliste für jedermann

Tipp Nr.	VORSCHLAG	Aufwand Hürde	WIRKUNG wie groß?	WIRKUNG bis wann?	Bewertung für mich brauchbar?	Bewertung erledigt?
	Verhaltensweisen					
32	Öffnen Sie die Backofentür während des Backens nie, sondern frühestens, wenn Sie das Backgut herausnehmen wollen.	klein	mittel	sofort		
33	Reinigen Sie das Fenster des Backofens regelmäßig und verzichten Sie auf das Öffnen der Backofentür. Sie können bei sauberer Tür dann nämlich von außen das Backgut anschauen!	klein	groß	sofort		
	Kühlen					
34	Bei einem Neukauf ist die Überlegung wichtig, ob es ein ***-Fach in einem Kühlschrank oder ein eigenes Gefriergerät sein soll. Können Sie ein Gerät immer füllen? Frieren Sie viel ein? Halten Sie Gefriergut eher nur gefroren, dann reicht ein ***-Fach. Beachten Sie, dass solche Geräte nur ein Kühlaggregat besitzen. Möchte man etwas einfrieren, dann muss dieses stärker kühlen. Das wirkt sich dann auch auf den Kühlraum selbst aus, dieser wird auch verstärkt gekühlt.	mittel	groß	5 Jahre		
35	Ermitteln Sie die Größe eines benötigten Kühlschranks nach Ihrem tatsächlichen Bedarf, nicht nach den Argumenten eines Verkäufers. Pro Nase benötigen Sie etwa 50 Liter Kühlvolumen. Eine vierköpfige Familie kommt also mit einem 200-l-Kühlschrank gut aus.	klein	mittel	5 Jahre		
36	Tauen Sie die Gefriersachen im Kühlschrank auf. Starten Sie damit am Abend vor dem Kochen (also am Freitag Abend, bevor Sie ins Bett gehen, den Braten für Samstag auf einem Teller in den Kühlschrank). Der Braten kühlt den Kühlschrank während des Auftauens und nicht das Elektrizitätswerk.	mittel	spürbar	sofort		
37	Platzieren Sie Ihren Kühlschrank nicht direkt neben dem Herd. Eine 1 Grad Celsius geringere Umgebungstemperatur reduziert den Strombedarf des Kühlschranks um ca. 6 %.	klein	spürbar	5 Jahre		
38	In Gefriergeräten (Gefrierschrank, Gefriertruhe) genügt eine Lagertemperatur von -18 Grad. Messen Sie das mit einem Thermometer nach und lassen Sie sich gegebenenfalls das Gerät von einem Fachmann neu einstellen.	klein	mittel	sofort		
39	Stellen Sie Gefriergeräte, die nicht mit dem Kühlschrank integriert sind, in den Keller. Die Energieersparnis kann bis zu 30 % ertragen. Grund: niedrigere Umgebungstemperatur.	mittel	groß	sofort		
40	Verzichten Sie weitgehend auf Tiefkühlkost. Essen Sie nur frische Sachen.	mittel	groß	sofort		
41	Hat Ihr Kühlschrank nur ein Aggregat, dann frieren Sie keine Sachen in Ihrem Tiefkühlfach (z.B. ***) ein, sondern lagern Sie nur tiefgefrorene Sachen. Das Tiefkühlfach kann nicht unabhängig geregelt werden, einfrieren bedeutet, dass auch der restliche Kühlschrank stärker gekühlt wird.	klein	mittel	sofort		
42	Prüfen Sie wenigstens jährlich einmal die Dichtheit der Türen Ihrer Kühlgeräte. Eis nahe der Dichtung kann diese beschädigen. Legen Sie einfach eine eingeschaltete Taschenlampe in das Kühl- bzw. Gefriergerät und überprüfen Sie bei Dunkelheit, ob Licht aus dem Gerät dringt. Gummidichtung eventuell auswechseln lassen (Kundendienst) oder es selbst tun (30 Minuten Arbeit).	mittel	mittel	1 Jahr		
43	Bei den Gummidichtungen in den Kühl-/Gefriergeräten ist eine jährliche Reinigung empfehlenswert. Danach die Gummidichtung der Tür mit Talkumpuder einreiben, damit der Gummi geschmeidig bleibt und die Tür gut schließt.	klein	mittel	1 Jahr		

Tipp Nr.	VORSCHLAG	Aufwand Hürde	WIRKUNG wie groß?	WIRKUNG bis wann?	Bewertung für mich brauchbar?	Bewertung erledigt?
	Kühlen					
44	Tauen Sie Ihr Eisfach/Gefrierfach immer ab, wenn die Eisschicht 1 cm Dicke erreicht hat. Sorgen Sie dafür, dass möglichst wenig Eis entsteht, verpacken Sie das Gefriergut luftdicht und äußerlich trocken. Lassen Sie die Tür zum Gefrierfach immer nur kurz offenstehen, sonst dringt zuviel feuchte (warme) Luft ein.	klein	spürbar	sofort		
45	Öffnen Sie den Kühlschrank nur möglichst kurz, damit die Kälte nicht ständig »herausfällt«.	klein	spürbar	sofort		
46	Halten Sie Ordnung in Ihrem Kühlschrank, das erspart das Suchen von Lebensmitteln und reduziert die Zeit, die ein Kühlschrank geöffnet sein muss.	mittel	mittel	1 Jahr		
47	Warme Speisen sollen auf keinen Fall im Kühlschrank abkühlen. Also, erst immer auf Zimmertemperatur auskühlen lassen, dann ins richtig Kühle stellen.	klein	mittel	sofort		
48	Decken Sie Speisen, bevor Sie sie in den Kühlschrank stellen oder einfrieren, immer gut ab. Dann bleibt der Wasserdampf in der Verpackung und verteilt sich nicht im Kühlraum. Das hilft, zu häufiges Abtauen zu vermeiden.	klein	mittel	sofort		
49	Kontrollieren Sie regelmäßig die Eisschicht im Gefrierfach. Wenn diese zu dick wird, dann muss abgetaut werden. Eine 2 mm dicke Eisschicht erhöht den Stromverbrauch um bis zu 15 % (Umweltbundesamt).	mittel	groß	1 Jahr		
50	Tauen Sie das Gefrierfach vor einem längeren Urlaub ab und schalten Sie den gesamten Kühlschrank über den Urlaub aus. Oder drehen Sie wenigstens den Motor auf die kleinste Stufe. Lassen Sie Ihren Kühlschrank auch Urlaub machen!	mittel	mittel	1 Jahr		
51	Geben Sie Ihrem Kühlschrank Raum zum Atmen (mindestens 5 cm Abstand nach hinten zur Wand). Die Lüftungsschlitze müssen frei sein, damit die Luft frei zirkulieren kann und keine tropischen Temperaturen hinter dem Kühlschrank entstehen.	klein	mittel	sofort		
52	Den Wärmetauscher an der Rückseite des Kühlschrankes (schwarzes Blechgitter oder Rohr-schlangen) ca. 2 mal im Jahr entstauben, am besten mit einem Staubsauger. Der Staub wirkt nämlich wie eine Isolierschicht (dabei Stecker vom Kühlgerät besser ziehen).	klein	mittel	1 Jahr		
	Licht					
	Zimmer-Design					
53	Stellen Sie die Sitzmöbel, auf denen Sie die meiste Zeit sitzen, in die Nähe der Fenster.	mittel	mittel	sofort		
54	Bevorzugen Sie helle Farben für Vorhänge, Wände und Bilder. Vermeiden Sie möglichst lichtschluckende Materialien	mittel	spürbar	2 Jahre		
55	Arbeiten Sie mit gezielter Beleuchtung, z.B. in der Küche mit Licht direkt über der Arbeitsfläche. Dadurch vermeiden Sie es, unnötig helle Lampen anzubringen.	klein	mittel	sofort		
	Wahl der Beleuchtungsmittel					
56	Wo immer es vom Design her möglich ist, setzen Sie Leuchtstoffröhren ein. Auf jeden Fall aber in den Arbeitsräumen wie Küche und Keller. Achten Sie aber auf die Lichtfarbe. Warmweiße 3-Bandenlampen vermeiden den kalten Neon-Effekt.	klein	mittel	1 Jahr		

3 Schnell zum Erfolg – Die Checkliste für jedermann

Tipp Nr.	VORSCHLAG	Aufwand Hürde	WIRKUNG wie groß?	bis wann?	Bewertung für mich brauchbar?	erledigt?
	Wahl der Beleuchtungsmittel					
57	Bauen Sie in alle Lampen, bei denen das Design keine große Rolle spielt, eine Energiesparbirne ein. 10 oder 15 Watt statt 60, z.B. im Kinderzimmer, erzeugen die gleiche Helligkeit zu einem Sechstel der Betriebskosten. Außerdem halten Energiesparlampen wesentlich länger!	klein	spürbar	1 Jahr		
58	Ideal für Energiesparlampen ist der Einsatz in Kinderzimmern, im Schlafzimmer und im Flur/Trep-penhaus. Kinder vergessen oft und gerne, das Licht auszuschalten, und stören sich aber auch nicht daran, wenn die maximale Helligkeit der Lampe erst nach einer Minute erreicht ist. Zum Einschlafen benötigen sie oft auch Licht (z.B. im Flur).	klein	mittel	sofort		
59	Auch eine Schreibtischlampe kann mit einer Energiesparlampe betrieben werden. Gerade diese Lampe ist bei häufigerem zu-Hause-Arbeiten oft sehr lange an.	klein	spürbar	sofort		
60	Sparen Sie beim Kauf von Energiesparlampen nicht zu sehr. Oftmals sind Billigangebote Lampen mit keiner sehr guten Lichtfarbe. Dadurch vermiesen Sie sich Ihre eigene Einstellung zu diesen modernen Leuchtmitteln sehr schnell und nachhaltig.	mittel	mittel	sofort		
61	Sparen Sie Quecksilber. Energiesparlampen zählen zwar aufgrund ihres inhärenten Quecksilbergehaltes zum Sondermüll. Dennoch wird bei der Benutzung von normalen Glühbirnen mehr Quecksilber erzeugt, allerdings im Kohlekraftwerk und aufgrund des höheren Stromverbrauchs.	klein	mittel	sofort		
62	Halten Sie Abstand von Halogenlampen, nicht nur mit der Hand, sondern schon beim Kauf. Designerlampen mit Halogenglühmitteln sollten Sie höchstens in Wohnräumen einsetzen. Strahler sehen zwar gut aus, verteilen aber das Licht schlecht, also setzt man zu viele Strahler ein, jeder mit 35 Watt, da kommt schnell eine hohe elektrische Leistung zusammen.	klein	mittel	2 Jahre		
63	Halogenlampen sind keine energiesparenden Lampen. Die Lichtausbeute ist zwar höher als bei Glühlampen. Aber auch der Trafo benötigt etwa 10 % der Energie fürs Transformieren, nicht fürs Leuchten!	klein	spürbar	sofort		
64	Wenn Sie Halogensysteme kaufen, dann achten Sie darauf, dass der Schalter auf der Netzspannungsseite sitzt. Oft wird er aus Kostengründen auf die Niedervoltseite gelegt, dann fließt durch den Trafo immer ein Strom, ob die Lampe an ist oder nicht.	mittel	spürbar	sofort		
65	Beim Einsatz von 12-V-Halogenlampen auf kurze Kabellängen zwischen Trafo und Lampe achten. Die Leitungsverluste sind sonst zu hoch.	mittel	spürbar	sofort		
66	Setzen Sie die klassische Glühlampe nur in extremen Ausnahmefällen ein, z.B. in Räumen, die selten betreten werden und in denen das Licht schnell wieder ausgeschaltet wird.	mittel	groß	2 Jahre		
67	Verzichten Sie auf die in letzter Zeit so beliebt gewordenen Lichterketten zur Adventszeit. Auch wenn jede Birne nur 2 bis 5 Watt benötigt, verbraucht eine 50-birnige Lampe bis zu 250 Watt, so viel wie ein Deckenfluter im Wohnzimmer. Das bedeutet: bei 60 Tagen (November, Dezember) Leuchten, jeweils abends 4 Stunden, verbrauchen Sie 60 kWh!	klein	mittel	sofort		
68	Installieren Sie sich für die Außenbeleuchtung einen Bewegungsmelder. So geht das Licht nur dann an, wenn man es wirklich braucht. Außerdem schreckt das nächtliche unliebsame »Gäste« ab.	mittel	spürbar	sofort		

Tipp Nr.	VORSCHLAG	Aufwand Hürde	WIRKUNG wie groß?	bis wann?	Bewertung für mich brauchbar?	erledigt?
	Lichtbetrieb					
69	Üben Sie mit Ihren Kindern das Lichtausmachen, wenn sie einen Raum verlassen.	mittel	spürbar	1 Jahr		
70	Leuchtstoffröhren mögen es nicht besonders, wenn sie zu häufig aus- und wieder eingeschaltet werden. U.U. bei nur kurzen Pausen die Lampe einfach an lassen (bei Pausen von mehr als 10 Minuten aber die Lampe immer ausschalten).	mittel	spürbar	1 Jahr		
71	Bei den neueren Energiesparlampen ist ein häufiger Schaltvorgang kein Problem mehr.	klein	mittel	sofort		
72	Was vergessen? Klar, Licht aus, wenn Sie es nicht mehr brauchen!	hoch	groß	2 Jahre		
	Spülen					
73	Füllen Sie den Geschirrspüler so voll wie es geht. Schalten Sie das Gerät erst an, wenn es voll ist.	klein	groß	sofort		
74	Wenn notwendig, spülen Sie Geschirr vorab nur mit kaltem Wasser ab. Nehmen Sie statt warmen Wassers lieber eine Bürste, um beispielsweise Eierreste von Tellern abzuwaschen, bevor Sie die Teller in die Spülmaschine stellen.	mittel	spürbar	sofort		
75	Spülen Sie Töpfe von Hand. Das geht relativ schnell und lässt in Ihrer Spülmaschine Platz für viele Kleinteile wie Teller, Gläser, Tassen. Dadurch kann die Spülmaschine seltener laufen, ohne dass Ihre Bequemlichkeit zu sehr leidet.	mittel	mittel	sofort		
76	Setzen Sie die Spülprogramme intelligent ein. Leicht verschmutztes Geschirr benötigt nur ein (Bio-) Sparprogramm. Wegen eines Topfes müssen Sie nicht das ganze Geschirr heiß duschen. Waschen Sie den Topf lieber mit der Hand ab. Dann reicht für den Rest eine niedrigere Temperatur. 50 °C statt 65 °C spart 25 % Strom!	klein	groß	sofort		
77	Einen Trockengang in der Spülmaschine können Sie eigentlich umgehen. Öffnen Sie nach dem Spülvorgang die Spülertür einen Spalt (Kochlöffel eventuell einlegen). Das warme Geschirr sorgt selbst dafür, dass es trocknet. Die Feuchtigkeit entweicht durch den Spalt.	mittel	spürbar	sofort		
78	Prüfen Sie, ob sich ein Warmwasseranschluss für Ihre Spülmaschine lohnt. Der Weg zur Warmwasserquelle muss möglichst kurz sein, das warme Wasser sollte natürlich auf keinen Fall elektrisch erzeugt werden.	mittel	mittel	2 Jahre		
	Vergnügen					
79	Schaffen Sie sich schaltbare Steckerleisten an. Stecken Sie dort die Geräte hinein, die den Stand-by-Modus aus Kostengründen des Herstellers haben und nicht für die Bequemlichkeit des Benutzers (z.B. Fernseher, Computer). Schalten Sie die Steckerleiste nach Benutzung der Geräte wieder aus.	klein	groß	sofort		
80	Fragen Sie beim Kauf von HiFi-Geräten nicht nur nach der Musik-Sinusleistung, sondern auch nach dem Stand-by-Verbrauch. Kaufen Sie nur Geräte, deren Stand-by-Verbrauch maximal 5 % vom normalen Verbrauch ist.	klein	groß	5-10 Jahre		
81	Achten Sie bei der Anschaffung eines Computers auf den Stromverbrauch, so banal es klingt. Leistung um jeden Preis muss nicht sein. Oft reicht auch ein PC vom Discounter oder sogar ein Notebook. Diese verbrauchen oft nur halb so viel Strom wie ein Power PC.	klein	mittel	3 Jahre		

3 Schnell zum Erfolg – Die Checkliste für jedermann

Tipp Nr.	VORSCHLAG	Aufwand Hürde	WIRKUNG wie groß?	WIRKUNG bis wann?	Bewertung für mich brauchbar?	Bewertung erledigt?
	Vergnügen					
82	Für die Dauerverbindung zum Internet können leistungsschwache Maschinen Verwendung finden, oft in ebay zu einem günstigen Preis erhältlich. Deren elektrischer Verbrauch kann bis nur zu einem Zehntel des Power PC-Verbrauchs betragen. Dann freuen Sie sich nicht nur über die günstige DSL-Rate, sondern auch den geringen Stromverbrauch.	mittel	groß	sofort		
83	Wenn Sie sich einen neuen Monitor zulegen möchten, dann machen Sie Nägel mit Köpfen: gönnen Sie sich einen Flachbildschirm. Der ist nicht nur schicker, sondern verbraucht 50 bis 75 % weniger Strom!	mittel	mittel	3 Jahre		
84	Optimieren Sie den Stromverbrauch Ihres PCs durch die Aktivierung der Stromsparfunktion/modi im Bios Ihres Rechners (zu finden im power management setup).	klein	spürbar	sofort		
85	USB ist zwar ein universelles und bequemes Interface zu externen Geräten. Wenn Sie diese aber nicht benötigen, dann ziehen Sie den Verbindungsstecker. Sonst beziehen die Geräte über USB unnötigerweise Strom und verbrauchen so Energie.	klein	spürbar	sofort		
86	Periphere Geräte, wie Scanner, Drucker, Boxen usw. werden in der Regel nicht immer benötigt. Trennen Sie diese grundsätzlich vom Netz, weil sie sonst oft genug automatisch im Standby-Modus laufen, was unnötige Energie frisst.	klein	mittel	sofort		
87	Am besten betreiben Sie Ihr gesamtes PC-System über eine schaltbare Steckerleiste, über die Sie zentral alle angeschlossenen Geräte ausschalten können.	klein	groß	sofort		
88	Sie sollten beim Kauf neuer Geräte grundsätzlich auch den Stromverbrauch als ein wichtiges Kaufkriterium heranziehen.	mittel	groß	2 Jahre		
89	Fahren Sie den Rechner bei Pausen über 30 Minuten grundsätzlich komplett herunter. Ansonsten versetzen Sie ihn in kurzen Pausen (WC) in den Standby-Modus.	klein	mittel	sofort		
	Waschen					
90	Benutzen Sie wenigstens im Sommer keinen Trockner, sondern gönnen Sie sich fünfzehn Minuten pro Waschmaschine an der frischen Luft, um die Wäsche auf einen Ständer aufzuhängen. Trocknen Sie an der Wäscheleine.	mittel	groß	0,5 Jahre		
91	Waschen Sie nur mit vollen Maschinen. 30 % weniger Beladung bedeutet 43 % mehr Strom (der meiste Strom wird zum Aufheizen des Wassers benötigt.	klein	groß	sofort		
92	Waschen Sie bei Temperaturen so niedrig wie möglich. Machen Sie die Waschtemperatur und die Waschdauer vom Verschmutzungsgrad und der Art der Verschmutzung abhängig. In der Regel reichen 30 bis maximal 60 Grad Celsius. Kochwäsche ist out (außer bei Haushalten mit kleinen Kindern oder Kranken!). Alle relevanten Bakterien werden bereits bei 60 Grad Celsius getötet.	klein	groß	sofort		
93	Wenn Sie waschen, benutzen Sie keine Koch- und Vorwaschprogramme.	klein	mittel	sofort		

Tipp Nr.	VORSCHLAG	Aufwand Hürde	WIRKUNG wie groß?	WIRKUNG bis wann?	Bewertung für mich brauchbar?	Bewertung erledigt?
	Waschen					
94	Machen Sie sich klar, was 4,5-5 kg Wäsche bedeuten (= Füllmenge einer Waschmaschine): 7 Frotteehandtücher (Standardgröße) etwa 1,5 kg 1 Bettbezug und 1 Kopfkissen und ein Leintuch (Baumwolle) knapp 2 kg ein halbes Dutzend Geschirrtücher rund 300 g 7 Paar Baumwollsocken ca. 300 g 8 Slips und 3 Herrenunterhemden gut 500 g. Waschen Sie immer mit voller Maschine!	klein	groß	sofort		
95	Schleudern Sie Ihre Wäsche mit möglichst hoher Drehzahl, bevor Sie sie trocknen. Dann tut sich Ihr Trockner leichter und Ihr Geldbeutel bleibt dick.	klein	spürbar	sofort		
96	Überlegen Sie, ob Sie die Waschmaschine mit einem Warmwasseranschluss versehen können. Dieser ist dann lohnenswert, wenn die Warmwasserbereitung mittels einer Solaranlage erfolgt. Auch im Falle, dass das warme Wasser über die Heizungsanlage oder durch einen Gasdurchlauferhitzer erzeugt wird, kann sich ein Warmwasseranschluss lohnen. Sie benötigen aber kurze Leitungswege und gut isolierte Leitungen.	hoch	mittel	2 Jahre		
97	Kontrollieren und reinigen Sie den Luftfilter Ihres Wäschetrockners am Ende des Betriebs. Am besten nach jedem Trocknergebrauch, so erhalten Sie die Trocknerleistung.	klein	spürbar	sofort		
98	Beladen Sie Ihren Trockner immer vollständig. Eine halbe Ladung verbraucht nicht die Hälfte des Stromes, sondern mehr als Zwei Drittel einer vollen Ladung.	klein	mittel	sofort		
99	Kaufen Sie sich keine Geräte mit eingebauter Uhr. Diese läuft, elektrisch versorgt, auch weiter, wenn die Geräte ausgeschaltet sind. Waschmaschinen benötigen für ihre Aufgabe kein Wissen um die aktuelle Uhrzeit.	klein	spürbar	5 Jahre		
100	Bügeln Sie nur Sachen, die unbedingt notwendig sind (z.B. Hemden, Blusen, T-Shirts).	klein	spürbar	sofort		

3 Schnell zum Erfolg – Die Checkliste für jedermann

Unsere Erläuterung zum besseren Verständis:

- mit *Aufwand/Hürde* versuchen wir die Schwierigkeiten bei der Umsetzung zu bewerten: klein – sollte jedem leicht gelingen, mittel – erfordert etwas Disziplin und Konsequenz, hoch – damit sind entweder große Investitionen verbunden oder das persönliche Verhalten muss sich maßgeblich ändern.
- *Wirkung – wie groß?* charakterisiert den relativen Effekt eines Tipps, und zwar relativ zu den anderen innerhalb einer Energiedienstleistungsgruppe, puuh. Also: bei Lichtmaßnahmen bringen die Tipps mit einer großen Wirkung am meisten, mittel ist eben mittel und klein bedeutet einen relativ kleinen Effekt. Klein heißt aber nicht, dass das vernachlässigbar ist. Wenn das so wäre, dann wäre der Tipp gar keiner und damit auch nicht in der Liste vorhanden.
- *Wirkung – bis wann?* soll helfen, den Zeitraum einzuordnen, bis eine Maßnahme wirklich wirkt. Einen neuen Kühlschrank kaufen wir uns natürlich nur alle 15 Jahre, also wirkt diese Maßnahme erst im Mittel nach 5 bis 7 Jahren. Eine abschaltbare Steckerleiste kann sofort wirken, wenn wir sie abschalten, nachdem wir sie angeschafft haben. Das Anschaffen geht eigentlich schnell, die Benutzung muss sich erst noch in unser Verhalten einbrennen.
- *Bewertung – für mich brauchbar?* Ist ein Tipp für Sie zutreffend oder geeignet oder trauen Sie sich die Befolgung zu? Dann ist dieser Tipp für Sie brauchbar, wenn nicht, dann eben nicht. Hinterfragen Sie sich selber aber kritisch!
- *Bewertung – erledigt?* Überprüfen Sie sich selbst, machen Sie nach einem Jahr hinter den Tipps, die Sie sich ausgewählt haben, einen Haken. Das ist die eigene Erfolgskontrolle und motiviert zusätzlich!

Und jetzt los.

4 Das *Das-können-auch-Sie*-Programm

4 Das *Das-können-auch-Sie*-Programm

Das große Ziel des Lebens ist nicht Wissen, sondern Handeln.
T.H. Huxley, London

Jeder von uns weiß, wie schwer es ist, aus Erkenntnissen Schlussfolgerungen zu ziehen und in einem nachfolgenden Schritt in konkrete Handlungen umzuwandeln. Der allgemeinen Erfahrung nach ist der zweite Teil sogar noch schwerer, da wir im Privatleben ja selbst anleiten müssen und nicht auf Anweisungen/Wünsche eines Vorgesetzten oder Kunden reagieren können.

Daher haben wir ein kleines Zehn-Punkte-Programm konstruiert, mit dessen Hilfe wenigstens dem Schnellleser und heutigem Nichthandler ein kleines Anweisungsprogramm an die Hand gegeben werden kann, mit Hilfe dessen ein Einspareffekt auf jeden Fall zu erzielen ist. Es wäre natürlich schön, wenn darüber hinaus noch mehr umgesetzt würde. Da aber viele der entscheidenden Maßnahmen erst langfristig in Angriff zu nehmen sind und daher auch erst langfristig greifen können, sollten wir so realistisch bleiben, mit der Befolgung dieses Das-können-Sie-auch-Programms wenigstens den wichtigen ersten Schritt bewirkt zu haben.

Die langfristigen Schritte – vor allem bei Neuanschaffungen von Großgeräten – können außerdem durch politische Neuformulierungen der derzeitigen Rahmenbedingungen stärker energieverbrauchsorientiert ausgerichtet werden. Dadurch würden in nachhaltig wirkenden Entscheidungen die Verbraucher ordnungspolitisch mehr oder weniger von alleine in die richtige, bevorzugte Richtung bewegt werden. Aber niemand ist gezwungen erst auf die Politik zu warten. Den eigenen Hintern zu bewegen steht jedem von uns heute schon frei.

Zu den Zahlen in diesem Kapitel: alle quantitativen Angaben werden ausschließlich zur besseren Verdeutlichung gemacht. Wir haben auch in diesem Abschnitt uns auf die Durchschnittsausstattung eines Vier-Personen-Haushaltes beschränkt. Bei anderen Haushaltsgrößen und Geräteausstattungen können natürlich andere Zahlen zum Tragen kommen.

4.1 Strom – da stelle mer uns mal janz dumm

Es ist besser, dumm wie alle zu sein, als klug wie keiner.
Anatole France, Paris

Was ist Strom? Stecken wir ein elektrisches Gerät an eine Steckdose an und schalten es ein, fängt sofort ein Motor an zu laufen, die Musik zu spielen, Bilder erscheinen auf einem Bildschirm und der Topf erhitzt sich langsam und dann immer schneller. Das ist doch phantastisch. Wir brauchen keinen Gedanken daran zu verlieren, ob wir erst noch in den Keller gehen müssen, um Kohle zu holen, damit ein Ofen angeheizt werden kann, der das Kochwasser erwärmen soll. Wir müssen auch kein Geld in einen Zähler stecken (wie lange Zeit in England üblich), damit die elektrische Energie für unsere Benutzung zur Verfügung steht.

Er scheint ja auch nichts zu kosten, weil die Rechnung des Elektrizitätswerkes meistens elektronisch einmal im Monat abgebucht wird. Oft entdecken wir sie nur bei genauem Hinsehen auf dem Kontoauszug. Und eine ausführliche Rechnung wird nur einmal im Jahr zugestellt, höchstens mit ein paar meistens nichtssagenden Tabellen versehen. Interessant ist doch höchstens die Gesamtsumme, die im Jahr zu zahlen ist beziehungsweise die neue monatliche Rate, die automatisch abgebucht wird. Alles so leise und sauber wie der Strom selbst.

Der Strom ist immer da, zu jeder Tages- und Nachtzeit. Wie ein unendliches, unerschöpfliches Reservoir. Oder haben Sie schon einmal erlebt, dass nicht genügend Saft aus der Dose kam? Dass das Licht geflackert hat oder sogar ganz ausgegangen ist? Klar, bei einem Gewitter kommt dies manchmal schon vor, aber das ist selten genug.

Wie nehmen wir also den Strom oder besser, die elektrische Energie wahr?

Strom ist gebrauchsfertig
Alle notwendigen Umwandlungen wurden im Kraftwerk und in den Übertragungsinstallationen bereits vorgenommen, viele Geräte können die angebotene Spannung sofort verarbeiten, sollte eine weitere Transformation in den Niedervoltbereich nötig sein, führen das die Geräte unsichtbar für uns selbst durch. Wir hören höchstens mal ein leises Schnurren oder Brummen, wenn die Transformation nicht ganz reibungslos klappt.

Strom ist da
Jeder Raum besitzt mehrere Steckdosen. In ganz Deutschland normiert, jedes Gerät, das bei uns verkauft wird, passt in jede Steckdose. Nur im Falle von Starkstrom gibt es Spezialleitungen und Spezialanschlüsse. Aber das besorgt uns ein Elektriker, und diese Spezialanschlüsse, wie beispielsweise für den Herd, spielen in unserem Leben ansonsten keine weitere Rolle.

Strom ist Leben
Mit Hilfe der elektrischen Energie können wir Wasser stark und bequem erhitzen, so dass Krankheitskeime abgetötet werden können und die Nahrung bekömmlicher zubereitet werden kann.

Strom ist Gesundheit
Der Betrieb eines Inhalationsapparates, einer Infrarotlampe und einer elektrischen Zahnbürste erfolgt mit Strom.

Strom ist Luxus
Bequem zapfen wir die elektrische Energie aus der Steckdose, um uns unterhalten zu lassen. Audio-Video-Geräte können nur mit Strom betrieben werden – nur in Afrika werden Radios verkauft, die eine kleine Kurbel besitzen, mit dessen Hilfe ein Akku aufgeladen werden kann, der dann die elektrische Energie speichert. Bei uns ist das viel bequemer. Lautloser. Unmittelbarer.

4.1 Strom – da stelle mer uns mal janz dumm

Strom ist selbstverständlich

Er gehört zu unserem Leben wie schon immer da. Die Kraftwerke produzieren rund um die Uhr, Reserven sind ausreichend vorhanden. Blackouts kennen wir nur aus der Zeitung, wenn in stromtechnisch gesehenen Dritte-Welt-Ländern wie den Vereinigten Staaten von Amerika oder Italien es zu lokalen Kraftwerks- oder Leitungsausfällen kommt, die vom Netz nicht sofort aufgefangen werden können.

Strom ist sauber

Naja, sauber kommt er aus der Wand, die elektrischen Geräte erzeugen auch keine Abgase. Aber wir wohlinformierten Zeitungsleser haben sicherlich auch schon mal davon gehört, dass fast zwei Drittel unseres Stromes fossil erzeugt werden. Also durch die Verbrennung fossiler Primärenergieträger wie Öl, Gas und Kohle. Dass ein Drittel in Kernkraftwerken in nuklearen Spaltprozessen mit anschließender thermischer Umwandlung hervorgebracht wird. Und beides hat natürlich Emissionen zur Folge. Diese sind aber weit weg, zumindest aus der Sicht der Großstadt.

Strom ist eine Edelenergie.

Tja, das ist die Conclusio. Vieles kann mit Strom vorangetrieben und getan werden, er ist unsichtbar, wirkt sauber und absolut zuverlässig. Ja, er ist ein bisschen gefährlich, wenn man mit elektrischen Drähten direkt mit einer Stromquelle in Berührung kommt. Aber normalerweise ist alles sicher.

Ooops. Was soll das jetzt? Geht es nicht um Strom sparen? Um Optimierung? Verhaltensänderungen?

Klar, aber um Erfolg zu haben, darf das Wesentliche nicht beeinflusst werden. Niemand will die offene Feuerstelle in die Küchen zurück. Die Selbstverständlichkeiten, die sich im Umfeld des Stromes herausgebildet haben, sind ein wesentlicher Aspekt unseres heutigen Wohlstandes und Wohlstandsgefühls. Dies beseitigen zu wollen ist sicherlich kontraproduktiv und führt daher zu nichts. Aber die Bewusstmachung von Selbstverständlichkeiten kann auch zum Hinterfragen einiger Punkte führen. Luxus muss nicht identisch sein mit Verschwendung. Unsichtbarkeit nicht mit Gedankenlosigkeit. Leben und Gesundheit sind unsere höchsten Güter. Das soll sich durch kein Sparprogramm ändern.

Überhaupt hat Sparen viel mit sich Zurückhalten und Zurücknehmen zu tun. Das ist natürlich genau der verkehrte Ansatz. Wir wollen uns ja gar nicht zurückhalten, sondern wir wollen uns offensiv, innovativ und intelligent bewegen, um das gleiche mit weniger zu erreichen. Da sind aktive Änderungen gefragt, kein Zurücknehmen. Kreativität, kein Achselzucken.

4.2 Strom und Werte

Heutzutage kennen die Leute von allem den Preis und nicht den Wert.

Oscar Wilde, Dublin

Der Wert von Dingen stellt üblicherweise etwas ganz Persönliches dar. Jeder Mensch hat seine eigenen Schwerpunkte, nach denen er sein Leben ausrichtet. Und Entscheidungen und Handlungen, die einen Menschen dazu bringen, seine Werte zu leben und seine Zielvorstellungen zu verfolgen, sind grundsätzlich aus einer subjektiven Perspektive zu werten.

Natürlich kann das zu einem Konflikt mit den Werten anderer Individuen eskalieren, wenn sich die Interessen unterschiedlicher Personen nicht decken und sogar gegenseitig ausschließen.

Um diese Konflikte zu beherrschen hat der Mensch die Gemeinschaft erfunden, die allgemein gültige Regeln aufstellt und ihre Befolgung durchzusetzen vermag. Dies derart, dass im Mittel alle in der Gemeinschaft davon profitieren.

Beim elektrischen Energieverbrauch sind die gemeinschaftlichen Werte eine möglichst geringe Schadstoffemission, was prinzipiell durch zwei Ansätze zu realisieren ist: durch den Einsatz regenerativer Primärenergien, die entweder überhaupt keine Emissionen erzeugen oder maximal soviel, wie bei der Bereitstellung der Primärenergieträger durch diese aus der Umwelt gebunden wurde (Beispiele sind die Bioenergie aus nachwachsenden Rohstoffen wie Raps für Öl oder Holzpellets für Heizöl). Oder durch die Optimierung des Verbrauchs, indem effiziente Technologien und Verhaltensweisen eingeführt werden. Das ist Thema dieses Buches.

»Glücklicherweise« haben Emissionen von Schadstoffen Auswirkungen auf jedermann, niemand ist immun dagegen, niemand kann sich durch Geld von den Wirkungen entkoppeln. Dies ist deswegen ein Glück, weil dadurch alle ein natürliches Interesse haben, diese Emissionen weitgehend zu vermeiden. Oder besser gesagt: haben sollten.

Leider ist dieser Wert der Schadstoffvermeidung den wenigsten bewusst, die Daumen-Kennzahlen den wenigsten vertraut. Da helfen nur die Information und deren Wiederholung.

Millionen oder Tausende von Tonnen sind mathematisch korrekt, aber leider durch unser Alltagsverständnis nicht zu fassen. Da helfen oft Analogien, wieviel davon pro Kopf und Jahr erzeugt werden. Ein Auto kann sich jedermann vorstellen. Wir beziehen das auch noch auf eine Grundeinheit, die Kilowattstunde siehe Tabelle 4.2-2.

Da wird sofort klar, welcher Negativwert (600 Gramm CO_2) durch eine Kilowattstunde Strom und andere Energieträger erzeugt wird.

Was ist noch einmal eine Kilowattstunde? Die Energie 1 kWh entspricht einer Leistung von 1.000 Watt (z.B. ein Fön), die eine Stunde lang mittels Strom als Dienstleistung (Haare trocknen) bereitgestellt wird.

Tabelle 4.2-1: Jährliche Mengen an Schadstoffemissionen in Deutschland durch die Erzeugung von Strom für die Haushalte (!), das entspricht einem Anteil von 26 % der gesamten erzeugten Strommenge

Gas	chem.	Jährliche Menge	pro Kopf	Pendant
Kohlendioxid	CO_2	75,000,000 Tonnen	904 kg	1 Auto
Stickoxide	NO_x	26,000 Tonnen	0,3 kg	3 Tafeln Schokolade
Schwefeloxide	SO_x	54,000 Tonnen	0,7 kg	7 Tafeln Schokolade

4.2 Strom und Werte

Tabelle 4.2–2: Kohlendioxid-Schadstoffmengen, die durch unterschiedliche Nutzenergieträger verstehbarer Größenordnung erzeugt werden

Verbrauch durch	Einheit	Wert	Gasvolumen [Liter]
Strom	pro kWh	600 g CO_2	320
Gas	pro kWh	200 g CO_2	110
Öl	pro kWh	260 g CO_2	140
Steinkohle	pro kWh	330 g CO_2	180
Braunkohle	pro kWh	400 g CO_2	210
Autoverkehr	pro Personen-km	200 g CO_2	110
Bus/Bahnverkehr	pro Personen-km	60 g CO_2	30
Motorrad	pro Personen-km	100 g CO_2	50

In Abbildung 4.2–1 fassen wir die Negativwerte (Schadstoffemissionen) und Positivwerte (nutzbare Dienstleistungen für eine Kilowattstunde) in einem Diagramm zusammen.

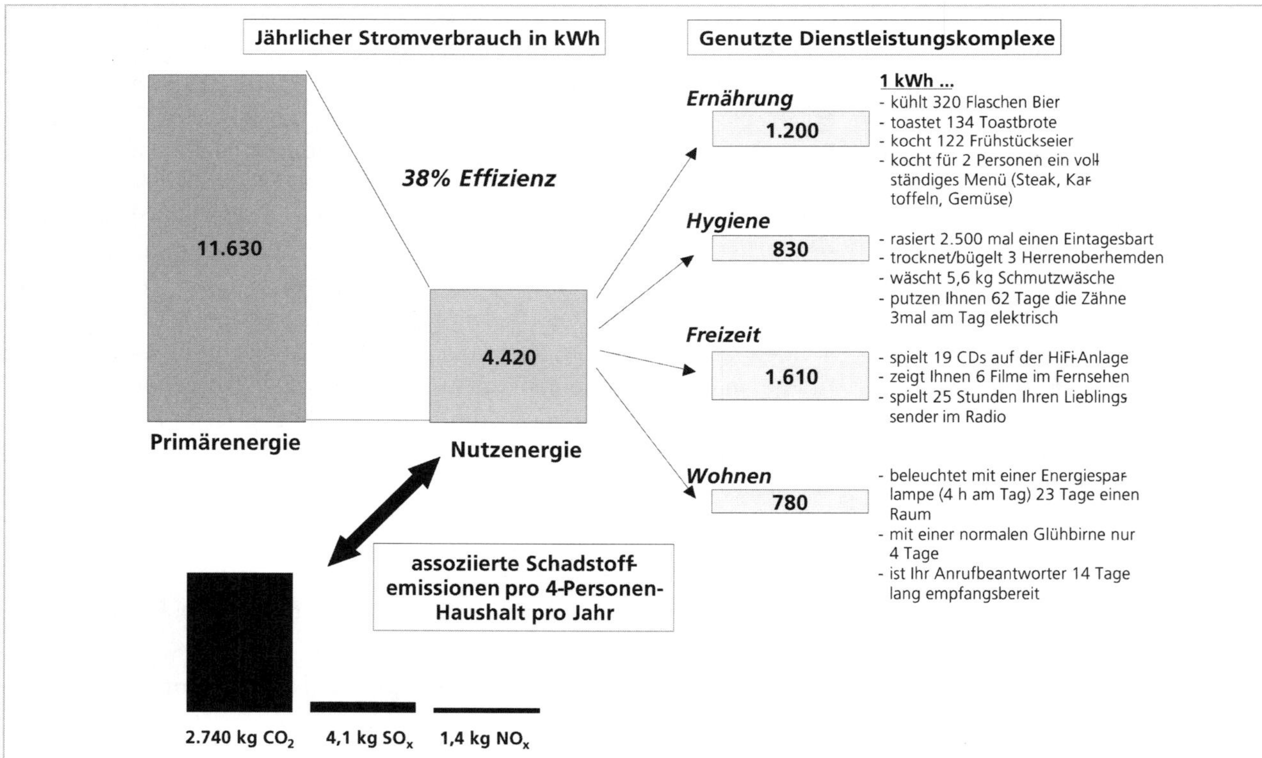

Abbildung 4.2–1: Darstellung eines typischen Nutzenergieverbrauchs im Verhältnis zur benötigten Primärenergie, aufgeschlüsselt nach den »Sekundäreffekten« der erzeugten Schadstoffemissionen und nach den Nutzsegmenten in einem Haushalt. Erläuternd dazu einige Beispiele, wieviel eine Kilowattstunde an nutzbaren Dienstleistungen ermöglicht.

4.3 Die Liste aller Verbraucher

Es gibt zwei Arten für Licht zu sorgen: Man kann die Kerze sein oder der Spiegel, der sie reflektiert.
Edith Wharton, New York

Der dritte Schritt ist ganz einfach und benötigt nur wenig mehr als eine halbe Stunde Zeit. Nehmen Sie sich die folgende Checkliste vor (Tabelle 4.3–1) und kreuzen Sie an, welche Geräte in Ihrem Haushalt vorhanden sind und Verwendung finden. In der dritten Spalte finden Sie für einen Ein-Personen-Haushalt einen typischen Jahresverbrauch an Stromenergie. Diese Werte sind auf Basis von modellhaften Annahmen ermittelt worden und spiegeln daher die Realität nicht genau, aber in der Regel gut angenähert wider.

Berücksichtigen Sie eventuell Korrekturwerte, indem Sie die in der vierten Spalte beschriebenen Werte zu den Basiswerten addieren, falls eine Korrektur notwendig ist.

Alle Verbrauchswerte, vor allem für die Unterhaltungskomponenten sowie den Computer sind unter Berücksichtigung des nachlässigen,

Tabelle 4.3–1: Checkliste zur Ermittlung der Verbraucher im Haushalt

Checkliste	trifft zu	Grund-verbrauch pro Jahr [kWh]	Skalierungsfaktoren	Jahres-verbrauch (Summe) [kWh]	Cluster	Spar-potenzial
Anrufbeantworter	☐	30	pro weiteren Anrufbeantworter 30 kWh addieren		S	10 %
Bügeln	☐	40	pro weitere Person 10 kWh ad dieren		G	5 %
Computer (inkl. Zubehör)	☐	210	pro weitere Person 50 kWh addieren		C	30 %
Digitalempfänger	☐	50	in der Regel nur einmal pro Haushalt vorhanden		U	20 %
Durchlauferhitzer	☐	500	pro weitere Person 500 kWh addieren		S	40 %
Espressomaschine	☐	40	pro weitere kaffetrinkende Person im Haushalt 40 kWh addiere		K	30 %
Fernseher	☐	110	pro weitere Person 50 kWh addieren		U	30 %
Geschirrspüler	☐	120	pro weitere Person 90 kWh addieren		G	20 %
Heizstrahler	☐	170	pro weitere Person 60 kWhaddieren		S	40 %
Heizungspumpe	☐	260	nur einmal pro Haushalt vorhanden (bei eigener Heizung)		S	50 %
Hifi-Anlage	☐	290	pro weitere Person 120 kWh addieren		U	30 %
Kaffemaschine	☐	40	pro weitere kaffetrinkende Person im Haushalt 40 kWh addieren		K	20 %
Kochen	☐	140	pro weitere Person ca. 40 kWh addieren		K	30 %
Kühlschrank	☐	270	pro weitere Person 80 kWh addieren		Kü	20 %
Ladegeräte (z.B. Handy)	☐	30	pro permanent am Netz hängende Ladegerät 30 kWh addieren		S	50 %
Licht	☐	270	pro weitere Person 110 kWh addieren		L	30 %
Mikrowelle	☐	10	pro weitere Person 10 kWh addieren		K	10 %
Satellitenempfänger	☐	50	in der Regel nur einmal pro Haushalt vorhanden		U	25 %
Staubsaugen	☐	20	pro weitere Person 20 kWh addieren		S	20 %
Telephon (schnurlos.ISDN)	☐	20	pro Telefon weitere 20 kWh addieren		S	10 %
Videorekorder	☐	50	in der Regel nur einmal pro Haushalt vorhanden		U	30 %
Wäschetrockner	☐	200	pro weitere Person 80 kWh addieren		W	30 %
Waschmaschine	☐	90	pro weitere Person 50 kWhaddieren		W	30 %
Wasserboiler	☐	500	pro weitere Person im Haushalt 500 kWh addieren		S	40 %

Beispiel:

Computer- ein typischer Verbrauchswert bei durchschnittlicher Benutzung des Computers beträgt (inklusive unnützer Stand-by-Verbrauchswerte) etwa 210 kWh pro Jahr. Wenn mehr als eine Person im Haushalt leben und den Computer benutzen (bzw. eigene Computer haben), dann muss der Grundwert um weitere 90 kWh pro Person korrigiert werden. Also bei einem Drei-Personen-Haushalt ergibt sich damit ein ungefährer Jahresverbrauch für den Computer von 390 kWh (= 210 kWh + 90 kWh + 90 kWh).

4.3 Die Liste aller Verbraucher

oftmals üblichen Stand-by-Betriebes ermittelt. Falls Sie da schon besser sind und zum Beispiel schaltbare Steckerleisten besitzen und benutzen, dann treffen diese Werte natürlich nicht mehr zu. Dann müssen Sie, falls gewünscht, genauer analysieren.

Tragen Sie den ermittelten Jahresverbrauch pro Verbraucher in die vorletzte Spalte ein und addieren Sie alle Werte. Das Ergebnis müsste Ihrem wirklichen Stromverbrauch auf etwa 10 bis 15 % entsprechen. Viel genauer wird es mit dieser groben Annäherung nicht gehen.

Malen Sie Ihren eigenen Kuchen

Wenn Sie die Verteilung Ihres Stromverbrauches entsprechend den Verbrauchsgruppen interessiert, dann können Sie die Werte der vorletzten Spalte addieren, die zur gleichen Verbrauchsgruppe gehören. Anschließend ermitteln Sie den prozentualen Anteil durch Division dieser Summe durch den Gesamtverbrauch.

Wir haben die zugehörigen Verbrauchsgruppen abgekürzt:

- L : Licht
- U : Unterhaltung
- C : Computer
- K : Kochen
- W : Waschen
- Kü : Kühlschrank
- G : Geschirr spülen
- S : Sonstiges

Zur Vereinfachung können Sie die ermittelten Ergebnisse in die nachstehende Grafik eintragen, so haben Sie Ihren Verbrauch und Ihre Verbrauchsverteilung dokumentiert. Falls Sie die Dokumente abheften wollen, damit Sie im nächsten Jahr den Verbrauch vergleichen können, empfiehlt es sich, diese Seite und die Seite zuvor zu kopieren.

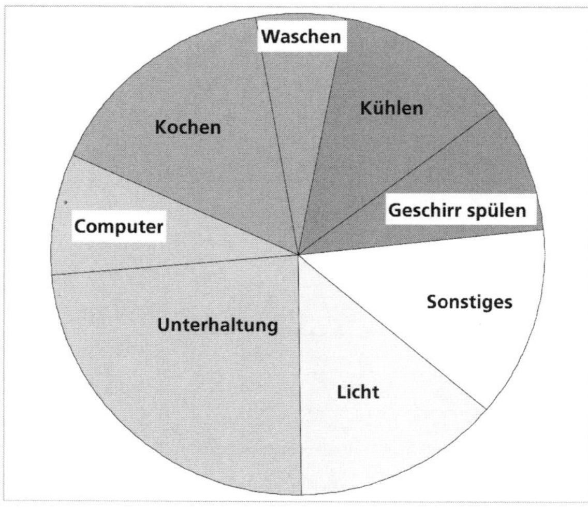

Abbildung 4.3–1: Vorbereitetes Kuchendiagramm für Ihren Verbrauch

Wenn Sie Tabelle 4.3–1 genau studiert haben, dann wird Ihnen auch die letzte Spalte aufgefallen sein, in der wir ein Einsparpotential quantifiziert haben. Für die meisten Verbraucher erklären wir Ihnen in diesem Buch, welche Einsparungen wie zu erzielen sind. Wir gehen allerdings nicht auf die Herstellung von heißem Wasser oder Heizenergie durch Strom ein. Nach wie vor ist in vielen Gebäuden in Deutschland, die in den Sechzigern des vergangenen Jahrhunderts gebaut wurden, die Herstellung von warmen Wasser für die Körperpflege nur über Wasserboiler oder Durchlauferhitzer möglich. Zum Teil wird auch die Raumwärme durch Nachtspeicherheizungen fast fahrlässig elektrisch produziert. Diese Verbraucher lassen sich nur durch einen kompletten Austausch optimieren. Dieser Austausch ist natürlich bautechnisch und auch finanziell oft nicht in einer Erwägung des Wohnungsbesitzers. Die Einsparung im Strom wäre dann aber 100 %, würde aber andere Endenergie benötigen. Wir haben daher aus Gründen der energetischen Fairness die Einsparung in Tabelle 4.3–1 für diese Verbraucher mit 40 % angegeben. Dies entspricht in etwa der Einsparung in der Primärenergie, da Strom mit etwa 40 % Wirkungsgrad, Wärme aber bis zu 70 % Wirkungsgrad aus Primärenergieträgern erzeugt wird (für nähere Informationen verweisen wir auf Kapitel 5.1 *Energieherstellung und Strom – die Zusammenhänge*).

4.4 Verstehen und Verhalten

Nicht spotten, nicht klagen, nicht verfluchen, sondern begreifen.

Baruch de Spinoza, Amsterdam

Natürlich hängt es von der Ausstattung eines Haushaltes in Bezug auf die elektrischen Helfer und Unterhalter, der Größe der Familie und des Wohnraumes und vom Verhalten der einzelnen Familienmitglieder ab, wie groß ein aktueller Stromverbrauch ist und welche Einsparmöglichkeiten sich daraus ableiten. Es ist nicht möglich, ohne eine genaue Analyse der haushaltsindividuellen Situation konkret all die Maßnahmen vorzuschlagen, die zur Optimierung sinnvoll und notwendig sind.

Wir können aber gewisse Stereotypen charakterisieren, in denen sich vermutlich viele wiederfinden werden. In Abbildung 4.4–1 stellen wir dar, wie sich der übliche Stromverbrauch pro Haushaltsgröße verteilt, Sie finden sich bestimmt wieder. Markieren Sie Ihren jährlichen Verbrauch, den Sie aus der letzten Jahresendabrechnung Ihres Versorgungsunternehmens ablesen können (in kWh) durch einen einfachen Strich in dem für Ihre Haushaltsgröße zutreffenden Verbrauchsband. Damit haben Sie auch sofort festgelegt, in welchem Optimierungssegment Ihr Verbrauch einsortiert wird (schon gut optimiert, Durchschnitt mit Potential, An der Grenze zur Verschwendung, Nicht-Nachdenker).

Da die Bandbreite des persönlichen Stromverbrauchs sehr groß ist, müssen wir einige Worte über die potentiellen Ursachen loswerden, die nichts mit Verschwendung zu tun haben müssen. Wir leben in Deutschland in einer sehr bunten, heterogenen Gesellschaft. Niemand schreibt uns in vielen Dingen vor, wie wir unser Leben und das unserer Miteinwohner zu gestalten haben. Daher wird die Versorgung von Wohnungen mit Energie (Heizwärme, warmes Wasser, Kochenergie Gas oder Strom, Strom) sehr unterschiedlich gehandhabt. Beispielsweise gibt es Häuser, in denen nach wie vor das warme Wasser ganzjährig durch Durchlauferhitzer erzeugt wird, was natürlich die Stromrechnung und den Stromverbrauch nach oben treibt (und auch Verschwendung bedeutet, die aber nicht so leicht abgestellt werden kann). Andere kochen direkt mit Gas, überaus empfehlenswert, aber nicht selbstverständlich. Diese Unterschiede können bei der Bewertung der nachfolgenden Typisierungen nicht berücksichtigt werden, dazu ist sie zu ungenau. In diesem Sinne bitten wir Sie also, die Anmerkungen gegebenenfalls zu relativieren.

Übrigens bleibt uns die Hoffnung, dass bei weitergehender Verteuerung der Energien alle neue Haushalte wenigstens zu ähnlichen Optimierungsschritten neigen werden. Politische Rahmenbedingungen alleine werden nicht den möglichen Erfolg hervorrufen, da muss jeder selbst auch ein wenig ran.

Der nächste Schritt ist jetzt, sich die Beschreibung jeder Kategorie anzuschauen und festzustellen, welche der Charakterisierungen auf jeden individuell zutreffen.

Kategorie A: Sie sind bereits mit den Möglichkeiten der Verbrauchsoptimierung vertraut. Dieses Buch gibt Ihnen daher auch höchstens noch einen Erkenntnisgewinn und Argumentationshilfen, wenn Sie Freunde, Verwandte und Nachbarn ebenso überzeugen wollen, ein wenig bewusster zu leben und zu genießen. Schenken Sie doch mal zu einem Geburtstag eine schaltbare Steckerleiste oder einige Energiesparlampen, ansonsten hat ja jeder schon alles. Oder sind Sie ein Asket? Dann verbrauchen Sie natürlich auch wenig.

Kategorie B: Ihr Verhalten kommt dem Durchschnitt schon sehr nahe. Wir vermuten allerdings, dass vor allem in Ihrem Freizeitverhalten ungeschöpfte Reser-

4.4 Verstehen und Verhalten

ven zur Stromverbrauchsoptimierung liegen. Reichen Ihre Fremdsprachenkenntnisse bis zum stand-by? Überlegen Sie einmal, ob die komplette Unterhaltungsanlage in Ihrem Haus (auch die Ihrer Kinder, falls Sie welche haben) ständig unter Strom steht, ohne dass Sie es merken. Leise Brummgeräusche nach Mitternacht offenbaren untrüglich, dass die Elektromagneten in den HiFi-Komponenten permanent gewärmt werden. Das kann man leicht abschalten (schaltbare Steckerleiste).

Kategorie C: Bei Ihnen tut sich ein weites Feld an Optimierungsmöglichkeiten auf, viele mit geringem Aufwand. Geld spielt doch wohl doch eine Rolle, oder? Oder wenigstens die Zukunft unserer Kinder, indem wir Abgase vermeiden helfen, wo es nur geht? Für Sie ist das komplette Optimierungsprogramm (Abschnitt 3) sinnvoll, suchen Sie sich die ersten wichtigen und richtigen Schritte heraus und setzen Sie sich klare Ziele.

Kategorie D: Wir sind sprachlos. Wenn Sie nicht Ihr gesamtes Haus über Strom heizen, kann es nur daran liegen, dass Sie es nicht nötig haben, über Ihr Leben und das Leben Ihrer (oder anderer) Kinder nachzudenken. Vielleicht arbeiten Sie zu Hause und haben ständig zwei PCs, eine Kaffeemaschine, zwei Drucker (Laser, Farbplotter) laufen, surfen ständig über DSL im

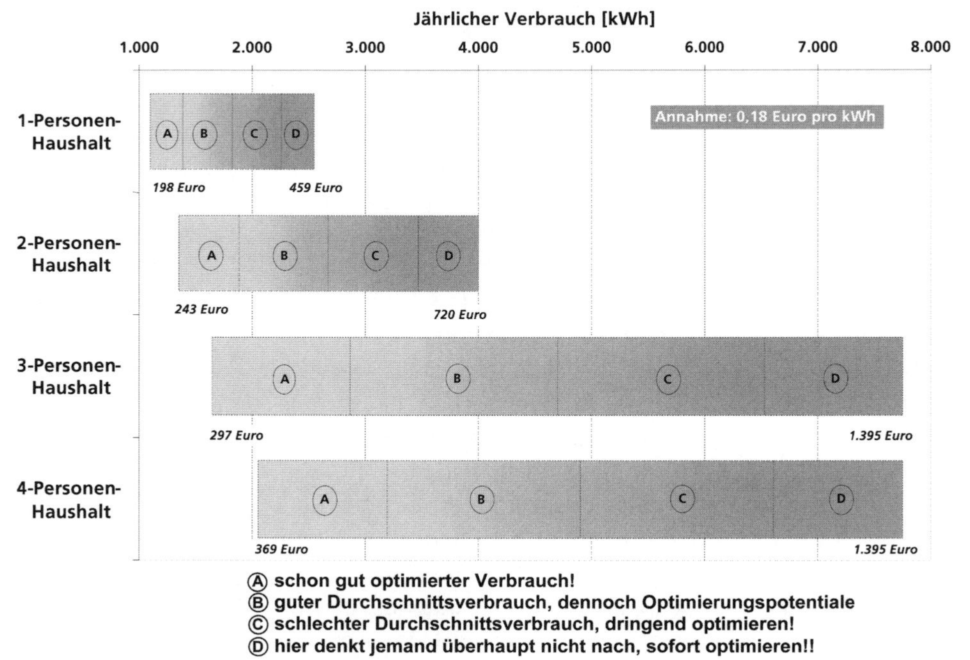

Abbildung 4.4–1: Verbrauchsbänder bei verschiedenen Haushaltsgrößen

4.4 Verstehen und Verhalten

Internet und lassen im Hintergrund einen Farbfernseher mitlaufen. Und das machen Ihre Kinder in der ersten Etage auch. Aber einen Vorteil hat diese Kategorie: Erfolge sind sehr schnell erreicht und sichtbar :-)

Die etwas humoristisch gehaltenen Erläuterungen zu den Kategorien fassen wir noch einmal nüchtern in Tabelle 4.4–1 zusammen.

Optimieren kann man natürlich immer, das ist allerdings immer eine Frage des Aufwands. Wir können aber davon ausgehen, wir sind ja alles Menschen und fehlbar, d.h. nicht perfekt, dass Stromverbrauch, der wesentlich durch unser Verhalten beeinflusst wird (beispielsweise Kochen mit/ohne Deckel, richtige Wassermengen, Licht immer schön ausschalten usw.) niemand roboterhaft alle Vorschläge immer beachtet, alle Möglichkeiten ausnutzt.

Wenn aber jeder Haushalt schon in Kategorie A (oder wenigstens B) angekommen ist, dann bedeutet das schon einen wesentlichen Fortschritt in eine nachhaltige Energieausnutzung für unsere Gesellschaft. Da sollte es auch nicht mehr so schwer fallen, die wirklich notwendigen Strommengen irgendwann wirklich nachhaltig durch regenerative Energiequellen zu erzeugen.

Tabelle 4.4–1: Typisierungen von vier Verbraucherklassen

Strom wird gebraucht für:		ungefährer Anteil in Kategorie B-C	Kategorie A	Kategorie B	Kategorie C	Kategorie D
Ernährung	Kühlen, Kochen, Mikrowelle	29 %	+	+	- -	- -
Hygiene	Waschen, Spülen, Rasieren, Fönen	19 %	+ +	+	-	- -
Freizeit	Fernsehen, HiFi, Computer	35 %	+ +	-	- -	- -
Wohnen	Licht, Telefon, Anrufbeantworter	18 %	+	+	-	- -

<u>Legende:</u>

+ +	wenige Optimierungsmöglichkeiten
+	guter Durchschnitt, gezielte Optimierungen möglich
-	schlechter Durchschnitt, prinzipielle Optimierungen möglich
- -	verschwenderisch, alle Optimierungspotentiale offen

4.5 Neue Werte durch Einsparen

Ein jeder gibt den Wert sich selbst.

Friedrich von Schiller, Weimar

Der eigene Stromverbrauch in unseren Haushalten hängt von unterschiedlichen Faktoren ab. Auf der einen Seite sind es energieverzehrende Großgeräte, die unser alltägliches Leben einfacher und bequemer gestalten: Kühlschrank, Geschirrspüler, Waschmaschine, Herd. Dazu kommen noch Kleinverbraucher oder vermeintliche Kleinverbraucher, die zum Luxus (permanent verfügbare Kaffeemaschine) oder zur Unterhaltung (Fernseher, HiFi-Anlage) oder zum modernen Leben (schnurloses Telefon mit integriertem Anrufbeantworter) gehören.

Auf der anderen Seite bedingt unser manchmal recht nachlässiges, gedankenloses Verhalten einen nicht optimalen Stromverbrauch: Machen wir immer das Licht aus, wenn wir einen Raum verlassen? Wird die Kühlschranktür immer sofort geschlossen? Kochen wir immer nur soviel Wasser, wie wirklich benötigt wird? Wird die Waschmaschine auch wirklich immer zur maximal sinnvollen und erlaubten Befüllungsgrenze mit Schmutzwäsche gefüllt? Usw.

Mittel, unseren Stromverbrauch zu senken ohne unseren Lebensstandard einzuschränken, können sinnvollerweise in folgende vier Einsparkategorien aufgegliedert werden. Diese Strukturierung macht deshalb Sinn, weil sie den Sinn schärft, geeignete Maßnahmen zur Optimierung zu bewerten und zu priorisieren.

a) Singuläre, aber unter Umständen regelmäßig wiederkehrende Aktionen

Eine solche Aktion ist natürlich beispielsweise die Befolgung des vorgeschlagenen Planes in Abschnitt 3 *Schnell zum Erfolg*, aber es geht auch noch konkreter: die Säuberung der Kühlschrankspiralen zweimal jährlich erfordert fast keinen Aufwand, nur das regelmäßige daran denken und anschließend sofort umsetzen; der Austausch einer undichten Kühlschrankdichtung, vermutlich einmal pro Kühlschrankleben, ist in 30 Minuten durchgeführt. Die Effekte solcher Aktionen sind unmittelbar nach Abschluss wirksam, das macht sie so effizient.

Der Eintrag regelmäßig durchzuführender Maßnahmen in einen Jahreskalender für die Familie hilft, die gedankliche Belastung zu reduzieren und dennoch rechtzeitig an die Durchführung zu erinnern.

b) Durchgreifende, von Dauer gezeichnete Verhaltensänderungen

Also: bewusst nur soviel Wasser in den Wasserkocher, wie wirklich benötigt wird, einfach durch Bestimmen der notwendigen Wassermenge durch Füllen des Zieltopfes. Herd rechtzeitig ausschalten oder wenigstens runterschalten, Topf unter den Deckel usw.

Dies ist für uns Disziplinschwache der schwierigste Teil. Das ist wie mit der Kindererziehung: Manche Dinge (wie »jetzt räum doch endlich mal auf«) muss man einfach immer wieder sagen, bis es dann wirkt. Hier hilft vielleicht nur die Konzentration auf ein paar wichtige wenige Verhaltungsänderungen zum Beispiel pro Monat (vgl. Abschnitt 3 *Schnell zum Erfolg*). Eine erfolgreiche Verhaltensänderung hat aber natürlich einen nachhaltigen Erfolg und Effekt. Das macht sie attraktiv im Hinblick auf einen mittel- bis langfristigen Spareffekt.

c) Kleine Investitionen für mittelfristigen Erfolg

Es macht wenig Sinn, eine funktionsfähige Stereoanlage oder einen Fernseher durch ein energieärmeres Gerät unmittelbar nach der Lektüre dieses Buches auszutauschen, wenn nicht sowieso die Neuanschaffung anstand. Aber es macht Sinn, eine schaltbare Steckerleiste (5-10 Euro) zu besorgen, mit Hilfe derer der Scheinauszustand der teuren HiFi-Geräte leicht durch einen zentralen Wirklichganzauszustand zu ersetzen ist. Oder die elektronische Eieruhr, die die Stromzuführzeit von der Kochzeit intelligent entkoppeln hilft, indem sie uns rechtzeitig daran erinnert, den Herd auszuschalten. Oder Energiesparleuchtmittel in die Lampen einbauen, die lange an sind und viel verbrauchen.

d) Große Investitionen für mittel- bis langfristigen Erfolg

Natürlich achten wir beim Kauf von neuen Geräten (Kühlschrank, Mikrowelle, Stereoanlage), wenn sie denn nötig sind, auf möglichst energiesparende Typen, auch wenn diese in der Anschaffung etwas teurer sind. Wir überschlagen kurz, wie hoch die Gesamtkosten eines Gerätes über die Lebensdauer des Gerätes sind und kapieren augenblicklich, dass ein Mehrinvest zu Beginn uns bereits in der Mitte der Lebensdauer billiger kommt als das Hereinfallen auf ein vermeintliches Sonderangebot.

Die folgenden drei Abbildungen geben exemplarisch einen typischen jährlichen Stromverbrauch eines Vier-Personen-Haushalts wieder, sortiert nach den Verbrauchssegmenten, dem potentiellen Einsparpotential pro Verbrauchssegment und dem zugeordneten Einsparpotential pro vorgestellte Einsparkategorie.

Zum Verstehen der Grafiken betrachten Sie die folgenden Beispiele: ein typischer Haushalt mit vier Personen verbraucht pro Jahr etwa 4.570 kWh Strom, dabei wird für die Unterhaltung etwa 23 % (das sind etwa 1.028 kWh) aufgewendet. Durch geeignete Maßnahmen (Reduktion des Stand-by-Verbrauchs) können etwa 650 (!) kWh eingespart werden. Das sind übrigens 63 %! Dies wird im Wesentlichen durch ein kleines In-

4.5 Neue Werte durch Einsparen

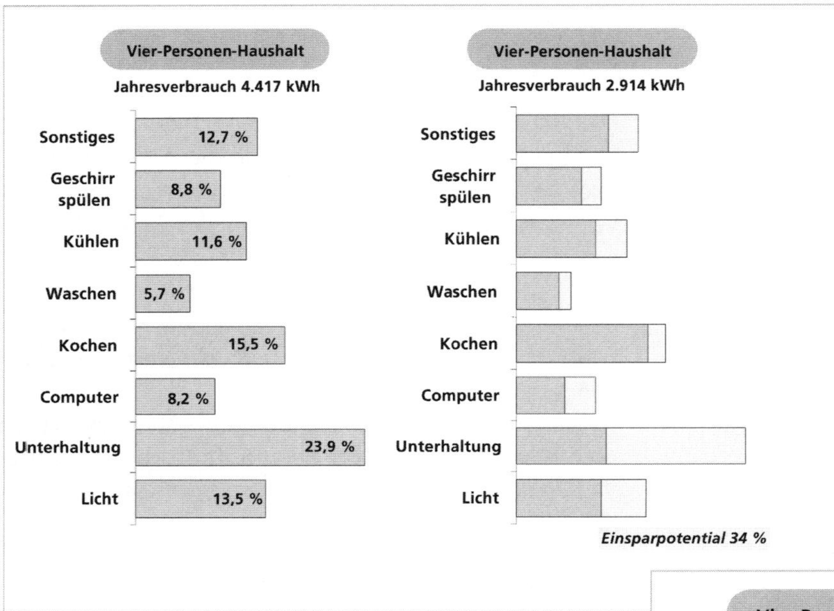

Abbildung 4.5–1: Exemplarische Verbrauchsverteilung des Haushaltsstromes in einem Vier-Personen-Haushalt mit üblicher Ausstattung an Geräten und Darstellung der potentiellen Einspargrößen pro Verbrauchsgruppe

vestment (Kauf einer schaltbaren Steckerleiste) und eine Verhaltensänderung (Ausschalten der Steckerleiste bei Nichtgebrauch) realisiert. Langfristig können weitere Einsparpotentiale durch die Anschaffung verbrauchsärmerer Geräte ausgeschöpft werden.

Zum Verständnis möchten wir an dieser Stelle auch noch einmal betonen, dass diese Modellrechnungen natürlich exemplarisch zu verstehen sind. Es kommt immer auf die individuelle Ausstattung und das individuelle Verhalten in einem Haushalt an, wie eine genaue Verbrauchsverteilung aussieht und welche Einsparpotentiale, ohne Einbußen an Lebensqualität wohlgemerkt, möglich sind.

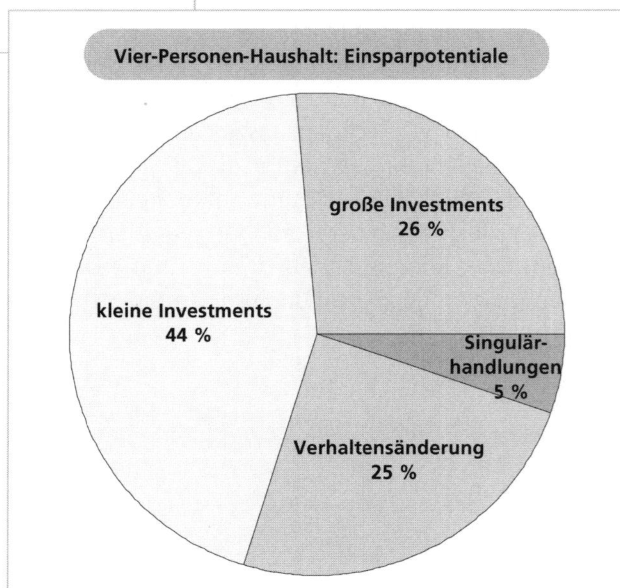

Abbildung 4.5–2: Einsparhebel eines Vier-Personen-Haushaltes, aufgeschlüsselt auf die unterschiedlichen Hebeltypen Verhalten und Investment

4.6 Eine kleine Geschichte um das Messen

Was man nicht gut beschreiben kann, kann man auch nicht messen.

René Descartes, La Haye (Frankreich)

Eigentlich haben wir durch die ersten fünf Abschnitte im Kapitel 4 alle Bausteine schon zusammen, um unser Optimierungsprogramm erfolgreich starten und durchführen zu können. Aber vielleicht sind Sie darauf erpicht, Ihr Verbrauchsverhalten wirklich intensiv zu verstehen? Dann versuchen Sie doch einmal, Ihren Verbrauch nicht nur als Summe zu sehen, sondern in Abhängigkeit von Ihren Gewohnheiten und von Ihrem Tagesablauf.

Starten Sie am Morgen, der Wecker klingelt (elektrisch?), eine Lampe wird eingeschaltet (auch wieder aus?), das Radio läuft los (wie lange? Schaltet es sich wieder automatisch ab? Bleibt es danach im Stand-by-Betriebsmodus?), Sie gehen ins Bad (Licht) oder in die Küche (Kaffee kochen), das Teewasser wird aufgesetzt, zweites Radio an (oder sogar Fernseher?), und überall Licht. Die Kinder werden geweckt (Radio?), der Brotzeitbeutel gepackt, frische Sachen aus dem Schrank geholt (ach, die haben Sie erst gestern gewaschen, also noch schnell eine Unterhose in den Wäschetrockner), Kakao gekocht, Autsch, das war zuviel Milch, es muss schnell gehen, die Herdplatte glüht weiter, während wir den Kakao mischen, kann man ja auch hinterher ausschalten...

Und Mittags? Die Kinder kommen heim, natürlich machen Sie erst mal im Flur Licht (auch im Sommer, das ist halt die Gewohnheit), schnell den Computer an, vielleicht hat Bernd von nebenan schon eine E-Mail geschrieben. Das Essen wird gekocht, Mist, die kleinen Töpfe sind alle in der Spülmaschine, also die Soße im großen Topf zubereitet, der Deckel ist auch wieder mal nicht da. Kinder, essen ist fertig. Ach, den Computer lassen wir laufen.

Abends? Ab sechs wird Fernsehen geschaut. Beziehungsweise er läuft. Unterhalten tun Sie sich ja auch. Kurz ausschalten während des Essens, die rote Bereitschaftsleuchte bleibt aber an (wie die ganze Nacht). Vom oben dudelt das Radio, im Bad brennt Licht, obwohl das Händewaschen auch schon zwei Stunden her ist. Dann geht es aber endlich ins Bett, noch eine Geschichte vorlesen (der Fernseher läuft auch ohne Zuschauer).

So oder so ähnlich könnte es ablaufen, einiges habe ich aus meinem Familienumfeld übernommen.

Machen Sie sich mal den Spaß, Ihren Tagesablauf einmal derartig stichwortartig zu notieren, dauert höchstens 30 Minuten. Sie können so relativ leicht Fehlverhalten identifizieren und darüber nachdenken, wie es abzustellen ist.

Besser sind natürlich die harten Fakten aus der Stromrechnung Ihres Versorgungsunternehmens. Leider gibt diese Rechnung heutzutage überhaupt keinen Hinweis darauf, ob der Verbrauch eher hoch oder eher niedrig ist. Das Energieversorgungsunternehmen lebt ja vom Verkauf des Stroms, also von Ihrem Verbrauch. Was soll also der Hinweis auf die relative Verbrauchshöhe im Vergleich zu anderen und im Vergleich zum Nötigen und Möglichen? Allerdings haben die Angestellten dieser Unternehmen in der Regel auch Familie, mit Kindern, schauen in die Zukunft...

Es muss also jeder selbst ran. Entweder durch kritisches Durchgehen der Vorschläge (schauen Sie in Abschnitt 3 nach) und durch Bewusstmachen des eigenen Geräteparks (Abschnitt 4.3) und des eigenen Verhaltens.

4.7 Der schwierigste Schritt ist der erste?

Der Weisheit erster Schritt ist: alles anzuklagen, der letzte: sich mit allem zu vertragen.
G.C. Lichtenberg, Berlin

In Produktivitätssteigerungsprogrammen in der Industrie wird von den beauftragten Projektteams grundsätzlich auch die Identifizierung von »low-hanging fruits« (niedrig hängenden Früchten, die ohne große Anstrengungen zu ernten sind) erwartet, um »quick wins«, also schnelle Gewinne, zu realisieren. Dann sind die erbrachten Anstrengungen für die Ausarbeitung von Einsparungsvorschlägen schnell mit zählbaren Erfolgen verknüpfbar. Außerdem dienen Quickwins auch als Test für die Projektteams, sich mit realisierbaren Vorschlägen auseinanderzusetzen, da deren Realisierbarkeit schnell (quick!) überprüfbar ist. Die Ziele hängen dabei nicht überaus hoch, sollen aber schnell erreichbar sein.

Wir gehen tabellarisch vor, um die quickwins bei der Optimierung unseres Stromverbrauchs aufzuzählen

Tabelle 4.7–1: Quickwins bei der Stromverbrauchsoptimierung und ihr Potenzial

Quickwin	VORSCHLAG	Aufwand Hürde	Priorität
Q1	Nutzen Sie Sparprogramme nicht nur bei Ihrer Bank, sondern bei allen Großgeräten (Geschirrspüler, Waschmaschine, Trockner), so gut es geht.	klein	groß
Q2	Entfernen Sie alle Ladegeräte (z.B. für Handys oder andere Akkus) aus den Steckdosen, sobald die zu ladenden Geräte geladen sind.	klein	mittel
Q3	Tragen Sie sich wiederkehrende, aber im Jahr eher seltene Vorhaben (wie zum Beispiel das Abstauben der Wärmetauscher an der Rückseite Ihres Kühlschranks) am Anfang eines Jahres in einen Familienkalender ein. Hängen Sie diesen ans schwarze Brett, so denkt die ganze Familie automatisch an diese Vorhaben und Sie belasten Ihren Kopf nicht damit.	klein	spürbar
Q4	Kaufen Sie sich Glasdeckel für Ihre Töpfe. Lassen Sie die Deckel zu, auch ein nur Fingerbreit geöffneter Deckel (damit die Nudeln nicht überkochen) hat fast die gleiche negative Wirkung wie kochen ohne Deckel, der Energieverbrauch kann um bis zu 30 % steigen!	klein	mittel
Q5	Kaufen Sie sich eine Thermoskanne (5-10 Euro) und füllen Sie einen gekochten Kaffee in diese Kanne und benutzen Sie nicht die Warmhalteplatte der Kaffeemaschine.	klein	mittel
Q6	Besorgen Sie sich zwei elektronische Eieruhren für zusammen etwa 10 Euro, die die eingestellte Zeit rückwärts zählen und bei Erreichen der Null anfangen zu piepsen. Mit Hilfe der Uhren können Sie sich leicht antrainieren, die Herdplatten zwei bis vier Minuten vor Ablauf der Kochzeit abzuschalten.	klein	groß
Q7	Werden Sie zu einem Deckel-Kocher. Glasdeckel erlauben Ihnen den Blick auf das Kochgut, ohne den Deckel anheben zu müssen. Kochen Sie grundsätzlich nur mit Deckel, vor allem während der Zeit, in der das Kochgut auf Kochtemperatur gehalten werden muss.	klein	groß
Q8	Seien Sie sparsam mit dem Sieden. Das Essen (Wasser) sollte nur eben so sieden, auf keinen Fall aber wild brodeln. Die Energie wird dann im Wesentlichen zur Erzeugung des Wasserdampfes eingesetzt, nicht zum Ausgleich von Wärmeverlusten. Regeln Sie also die Leistung der Platte entsprechend zurückhaltend.	klein	groß

und ihr Gewinnpotential zu bewerten. Im Prinzip sollte jeder von uns alle diese Quick-Wins ernten, das hilft uns (Geld gespart) und damit auch allen anderen (Abgase reduziert) und damit auch wieder uns.

Wenn Sie sich Tabelle 4.7–1 anschauen, werden Sie feststellen, dass bei allen Quickwins der Aufwand klein, das Potential mittel bis groß oder aber der Aufwand mittel und das Potential groß ist. Als einzige Ausnahme haben wir die Einführung von Energiesparlampen gelassen, weil das etwas ist, das wirklich einen minimalen Aufwand bedeutet und ein wenigstens spürbares Potential an Stromeinsparung realisiert. Es ist aber ein schnelles Erfolgserlebnis. Sie kaufen etwas, bauen es ein und denken nicht weiter nach. Was wollen wir mehr? Verhalten zu ändern ist ungleich schwerer, wenn auch der Aufwand dazu gering erscheint.

Quickwin	VORSCHLAG	Aufwand Hürde	Priorität
Q9	Verwenden Sie Wasser so sparsam wie möglich. Vor allem Gemüse und Kartoffeln müssen nicht im Wasser schwimmen. Das hat auch Einfluss auf den Geschmack und die Auslaugung der Vitamine. Ein bis zwei Zentimeter Wassertiefe reichen in der Regel.	mittel	groß
Q10	Bauen Sie in alle Lampen, bei denen das Design keine große Rolle spielt, eine Energiesparbirne ein. 10 oder 15 Watt statt 60, z.B. im Kinderzimmer, erzeugen die gleiche Helligkeit zu einem Sechstel der Betriebskosten. Außerdem halten Energiesparlampen wesentlich länger!	klein	spürbar
Q11	Verzichten Sie auf die in letzter Zeit so beliebt gewordenen Lichterketten zur Adventszeit. Auch wenn jede Birne nur 2 bis 5 Watt benötigt, verbraucht eine 50-birnige Lampe bis zu 250 Watt, so viel wie ein Deckenfluter im Wohnzimmer. Das bedeutet: bei 60 Tagen (November, Dezember) Leuchten, jeweils abends 4 Stunden, verbrauchen Sie 60 kWh!	klein	mittel
Q12	Üben Sie mit Ihren Kindern das Lichtausmachen, wenn sie einen Raum verlassen.	mittel	spürbar
Q13	Füllen Sie den Geschirrspüler so voll wie es geht. Schalten Sie das Gerät erst an, wenn es voll ist.	klein	groß
Q14	Spülen Sie Töpfe von Hand. Das geht relativ schnell und lässt in Ihrer Spülmaschine Platz für viele Kleinteile wie Teller, Gläser, Tassen. Dadurch kann die Spülmaschine seltener laufen, ohne dass Ihre Bequemlichkeit zu sehr leidet.	mittel	mittel
Q15	Schaffen Sie sich schaltbare Steckerleisten an. Stecken Sie dort die Geräte hinein, die den Stand-by-Modus aus Kostengründen des Herstellers haben und nicht für die Bequemlichkeit des Benutzers (z.B. Fernseher, Computer). Schalten Sie die Steckerleiste nach Benutzung der Geräte wieder aus.	klein	groß
Q16	Periphere PC-Geräte, wie Scanner, Drucker, Boxen usw. werden in der Regel nicht immer benötigt. Trennen Sie diese grundsätzlich vom Netz, weil sie sonst oft genug automatisch im Stand-by-Modus laufen, was unnötige Energie frisst.	klein	mittel
Q17	Waschen Sie nur mit vollen Maschinen und bei möglichst geringer Temperatur (30 °C oder 40 °C. 30 % weniger Beladung bedeutet 43 % mehr Strom (der meiste Strom wird zum Aufheizen des Wassers benötigt. Machen Sie sich klar, was 4,5-5 kg Wäsche bedeuten (= Füllmenge einer Waschmaschine).	klein	groß

4.8 Verhalten lässt sich üben und lernen

Wenn du in einem Loch sitzt, musst du zuerst mit dem Graben aufhören.
Aus Tibet

In Abbildung 4.5–2 haben wir dargestellt, welche vier prinzipiellen Hebel für die Optimierung existieren: kurzfristige und auch eher kleine Investitionen, mittel- bis langfristige und daher auch eher große Investitionen, singuläre Handlungen und nachhaltige Verhaltensänderungen.

Für Verhaltensänderungen, die für etwa ein Viertel möglicher Einsparungen zwingend sind, gibt es nicht den einen goldenen Weg. Dazu haben wir Menschen zwar viele Gemeinsamkeiten, aber noch viel mehr Unterschiede, die unsere Individualität betonen und Gleichmacherei erschweren. Die Methodik aber, das eigene Verhalten zu erkennen, zu verstehen und dann zu reagieren, kann in prinzipiell vier Phasen gegliedert werden.

Phase 1: Willenserklärung

Jeder, der sich dieses Buch gekauft oder ausgeliehen oder es geschenkt bekommen hat und jetzt liest, hat im Prinzip schon dadurch seinen Willen erklärt, etwas zu lernen und daraus positive Veränderungsansätze für das eigene Verhalten ableiten zu können. Diese Phase war also schon erfolgreich. Schön.

Phase 2: Bewusstwerden

Zuerst muss eine klare Faktenbasis her, dann können wir das eigene Verhalten und unsere Gewohnheiten besser verstehen und einordnen. Wir benutzen dazu so genannte Kennzahlen – im Managerdeutsch *Key Performance Indikatoren* (KPIs) – mit deren Hilfe unsere eigene Positionierung bewertet werden kann. Diese Positionierung weckt die Geister, etwas zu erkennen und etwas bewegen zu wollen.

Tabelle 4.8–1: Kennzahlen für den privaten Stromverbrauch

Persönlicher Energieverbrauch	
Persönlicher Stromverbrauch pro Bewohner	1.680 kWh
Stromverbrauch pro Haushalt	3.590 kWh
Haushalts-Stromverbrauch pro m² Wohnfläche	42 kWh
Persönlicher Energieverbrauch pro Bewohner	9.260 kWh
Energieverbrauch pro Haushalt	19.800 kWh
Haushalts-Energieverbrauch pro m² Wohnfläche	230 kWh

jährlicher Stromverbrauch (2000)		
Haushaltsgröße	pro Haushalt [kWh]	pro Person im Haushalt [kWh]
1 Person	1.790	1.790
2 Personen	3.030	1.515
3 Personen	3.880	1.290
4 Personen	4.430	1.110

Quelle: *VDEW, Jan 2005, http://www.strom.de Verbrauch ohne Heizstrom (Warmwasser)*

Kohlendioxid-Emissionen pro Nutzenergie/-Bewegung			
Energieträger / Dienstleistung	Einheit	Wert	Gasvolumen [Liter]
Strom	pro kWh	600 g CO_2	320
Gas	pro kWh	200 g CO_2	110
Öl	pro kWh	260 g CO_2	140
Steinkohle	pro kWh	330 g CO_2	180
Braunkohle	pro kWh	400 g CO_2	210
Autoverkehr	pro Personen-km	200 g CO_2	110
Bus/Bahnverkehr	pro Personen-km	60 g CO_2	30
Motorrad	pro Personen-km	100 g CO_2	50

Wenn wir nicht wissen, wo wir stehen, dann wissen wir auch nicht, wo wir hinwollen und wie wir dahin kommen.

In Tabelle 4.8–1 fassen wir die wichtigen Kennzahlen für den privaten Stromverbrauch zusammen. Diese Kennzahlen sollten wünschenswerterweise zur Allgemeinbildung in Deutschland gehören. Jeder sollte sie kennen und verstehen lernen, was sie bedeuten.

Phase 3: Zielsetzung

Wer sich keine Ziele setzt, wird das erreichen, was er sich vorgenommen hat, nämlich nichts. Erfolg haben wird derjenige, der sich ein erreichbares Ziel setzt, die Handlungen festlegt, wie dieses Ziel erreicht werden soll und kann, und sich rechtzeitig Feedback einholt, wie weit die Zielerreichung schon gediehen ist. Dann kann er feststellen, ob die Vorgehensweise korrigiert werden kann.

Das klingt ja alles sehr theoretisch und akademisch.

Also: wir kennen unsere Kennzahlen, wir wissen, wo wir stehen, zumindest im Verhältnis zu den Kennzahlen. Erstes mögliches Ziel: die Kennzahl erreichen, zweites mögliches Ziel: Verbesserung um wenigstens 10 %, damit wenigstens die in Geld umgerechnete Zeit, dieses Buch zu lesen und nachzuvollziehen, wieder pekuniär zurückgeholt wird. Und das in einem Jahr.

Wir empfehlen grundsätzlich wenigstens eine Verbesserung von 10 % zu erreichen, diese ist immer drin und stellt auch nicht die absolute Herausforderung an den Menschen dar. Also ran ans Werk.

Phase 4: Zielkontrolle, Feedback, Belohnung

In der letzten Phase schließlich muss der eigene Erfolg wahrgenommen werden und messbar sein. Setzen Sie sich auch eine Belohnung (ein Essen zu zweit?) oder klopfen Sie sich wenigstens laut auf die Schenkel und jubilieren Sie, weil Ihr Erfolg die Abgasemissionen reduziert hat.

Wie in Abschnitt 3 beschrieben, könnte es hilfreich sein, nicht gleich das große Ziel anzustreben, sondern sich monatlich auf wenige Änderungen zu konzentrieren und zu trainieren. Dann sitzen diese leichter, wie beim Vokabellernen, bei dem die Schüler auch nicht gleich ein komplettes Lexikon auswendig lernen.

Werden Sie bewusst. Werden Sie bewusster. Trainieren Sie sich an, sich komisch zu fühlen, wenn Sie feststellen,

- dass Ihr Wasserkocher immer noch siedend heißes Wasser enthält, obwohl die Teekanne doch schon längst aufgegossen ist;
- dass Ihre Dunstabzugshaube total feucht geworden ist, weil sich das verdampfte Wasser aus den Kochtöpfen nicht im Innendeckel des Topfes verfangen konnte, weil der Deckel gefehlt hat;
- dass in Ihrem Haus alle Lichter brennen, wenn Sie nach der Arbeit nach Hause kommen, obwohl Ihre Familie im Wohnzimmer spielt;
- dass in drei Zimmern Radios laufen, obwohl die Kinder alle draußen Fahrrad fahren;
- dass Ihr Fernseher leise brummt, wenn Sie nachts aufstehen müssen um einen Schluck Wasser zu trinken und er doch eigentlich ausgeschaltet wurde;
- dass Sie Ihr Bier erst immer noch ein bisschen stehen lassen müssen, da es direkt aus dem Kühlschrank zu kalt ist und Ihrem Magen nicht bekommt;
- dass das tiefgefrorene Hackfleisch zum Auftauen in warmes Wasser gelegt wird, weil niemand es rechtzeitig am späten Abend in den Kühlschrank zum Auftauen gelegt hat;
- usw.

4.9 Langfristig geht alles immer besser

Wer das erste Knopfloch verfehlt, kommt mit dem Zuknöpfen nicht zu Rande.

Johann Wolfgang von Goethe, Frankfurt

Kraftwerke werden für die Stromerzeugung vor allem im Modus »Groß«-kraftwerke gebaut. Dazu sind Investitionen notwendig, die in die Milliarden Euro gehen und von Abschreibungszeiträumen (und Abschöpfungszeiträumen) ausgehen, die 30 Jahre überschreiten. Dies erfordert eine gute Planung der voraussichtlichen Verbräuche in den kommenden Jahren und damit eine gewisse betriebswirtschaftliche Grundbetrachtung. Der Gesetzgeber gibt allenfalls politische Rahmenbedingungen vor.

Im Privatumfeld täte uns eine gewisse betriebswirtschaftliche Grundbetrachtung auch gut. Dann würden wir uns nämlich bei der Anschaffung von größeren Geräten stärker mit den Gesamtkosten eines Gerätes auseinander setzen, die sich aus den Anschaffungskosten und den jährlichen Betriebskosten mal der gesamten Betriebszeit zusammensetzen. Die Rechnungen sind eigentlich ganz einfach und belegen grundsätzlich immer, dass die etwas teurer ausfallende Anschaffung eines Neugerätes allerhöchster Effizienzklasse sich grundsätzlich schneller über die Betriebsdauer amortisiert als gedacht.

Daher hat der Gesetzgeber zum schnelleren Beurteilen Energielabel definiert und diese bei gewissen Haushaltsgroßgeräten (Kühlschrank, Waschmaschine, Spülmaschine) vorgeschrieben. Halten Sie sich bei der Auswahl daran.

Aber seien Sie sich auch bewusst, dass Energieeffizienzklasse A bei Gerät 1 und Energieeffizienzklasse A bei Gerät 2 für den Gesamtverbrauch durchaus sehr unterschiedlich ausfallen können. Zur Definition, welcher Verbrauch eigentlich der Klasse A entspricht, werden jährlich Durchschnittsverbrauchswerte ermittelt, die natürlich von manchen Geräten deutlich unterschritten werden können.

Außerdem wird in diesem Label überhaupt nichts über den Stand-by-Verbrauch mitgeteilt. Und für Computer und HiFi-Unterhaltungskomponenten gibt es kein Pendant, da hilft nur der manchmal recht mühsame Blick in die Bedienungsanleitung. Die Verkäufer sind oftmals nicht daran interessiert, einen genaueren Blick in den Energieverbrauch zu gestatten, zumal sie es oft selbst nicht wissen. Klären Sie sich also vor dem Kauf erst mal auf. Keine Geräte mit Stand-by-Verbrauch größer als 2-5 % des Betriebsverbrauches. Oder nur solche, die einen Wirklich-Aus-Schalter besitzen. Und sorgen Sie doch dafür, dass Ihr Energieversorger ein wenig mehr Informationen über den durchschnittlichen Strombedarf im Versorgungsgebiet herausrückt, schreiben Sie Ihn direkt an und erbitten Sie Informationen.

Adressieren Sie an Ihren Landtags- und Bundestagsabgeordneten direkt, dass er für die stärker an Effizienzanforderungen ausgelegten politischen Rahmenbedingungen für die vorgeschriebene Kennzeichnung von Geräten eintreten soll. Wenn das genügend Leute tun, dann bewegen sich auch Interessenvertreter.

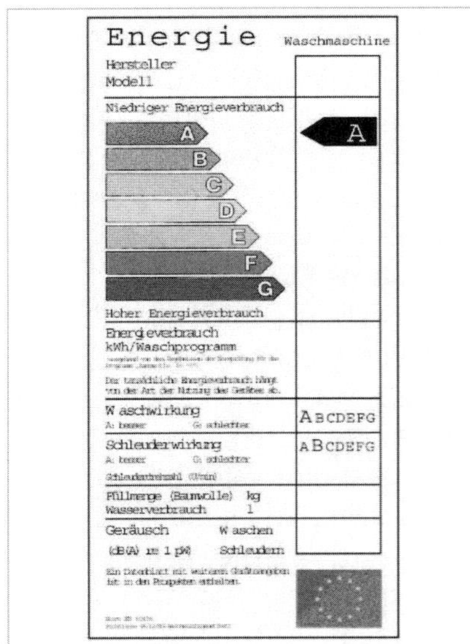

Abbildung 4.9–1: Beispielhaftes Energielabel für eine Waschmaschine

4.10 Geht noch mehr?

Wir ernten beständig, was wir nicht gesät haben; wir sollen auch säen, was wir nicht ernten können.

Gustav von Bunge, Zürich

Die Optimierung des Stromverbrauches in den eigenen vier Wänden ist ein wichtiger Schritt zur einer ökologisch unbedenklicheren Lebensweise, als ihr viele von uns heutzutage nachgehen, oft auch nur gedankenlos und damit in den Folgen eigentlich auch gar nicht bewusst gewollt. Man muss nicht erst durch die Existenz von Kindern in der eigenen Familie dazu getrieben werden, über manche Selbstverständlichkeiten nachzudenken und diese fallweise in Frage zu stellen.

Grün zu leben und nicht nur zu wählen muss nicht bedeuten, dass wir wieder alle in eine Höhle ziehen oder uns auf Pferden fortbewegen. Und wenn uns kalt wird, gehen wir Holz sammeln, lernen das Feuer machen und heizen uns ein.

Das haben sogar schon unsere Vorfahren hinter sich gebracht, und was wollte uns dazu animieren dorthin zurückzukehren? Nur polemische Schreihälse werfen das der ökologischen Bewegung zuweilen noch vor, und zwar immer dann, wenn die fachlichen und sachlichen Gegenargumente ausgehen und nur noch die Polemik hilft.

Strom ist eine Edelenergie, weil sie für viele verschiedene Dinge verwendet werden kann, ohne dass wir als Endverbraucher darüber nachdenken müssen. Das erkaufen wir uns allerdings mit einer gewissen Ineffizienz, weil Spezialenergieformen für spezielle Dienstleistungen wesentlich effizienter einzusetzen sind. Zum Beispiel für das Heizen ist es sinnvoller, Öl zu verbrennen und die Abwärme zu nutzen, als Öl zu verbrennen, mit dem heißen Gas eine Turbine anzutreiben, dadurch Strom zu erzeugen, diesen in unsere Haushalte zu transformieren und transportieren und damit einen Heizstrahler zu betreiben.

Auch Autos fahren nach wie vor effizienter mit Benzin oder Diesel als mit einem Elektroantrieb, dessen Batterie durch das Verbrennen von Benzin zentral geladen wird. Mittlerweile gibt es aber serienreife Ansätze (Hybridantrieb), die Vorteile beider Welten effizient und intelligent vereinen.

Aber sinnvoller und effizienter muss nicht automatisch heißen sinnvoll und effizient. Sowohl beim Heizen als auch beim Autofahren können Unmengen an nutzlos vergeudeter Energie eingespart werden. Diese gilt es ebenfalls immer wieder zu adressieren, damit nicht die langfristigen Investitionen in unser Energieversorgungssystem aus Unkenntnis in die falsche Richtung laufen und damit unsere zukünftigen Entscheidungs-

4.10 Geht noch mehr?

freiheitsgrade schmerzhaft begrenzen. Und damit nicht unser Klima so weit verändert wird, dass es unsere zukünftigen Lebensfreiheitsgrade und den unserer Kinder noch schmerzhafter einschränkt.

Und: Sie persönlich können dabei viel Geld sparen. Vergleichen Sie (Abbildung 4.10–1): Sparen Sie bei Strom 10 %, bei Verkehr und Heizung jeweils 20 %. Ihr Geldbeutel füllt sich jährlich (!) um mehr als 500 Euro. Nur ein bisschen bewusster mit dem eigenen Verhalten umgehen, nicht alle Räume überhitzen, den Bleifuß zu Hause lassen und den Strom effizient nutzen. Die Umwelt, Ihre Kinder, Sie selbst werden es Ihnen danken!

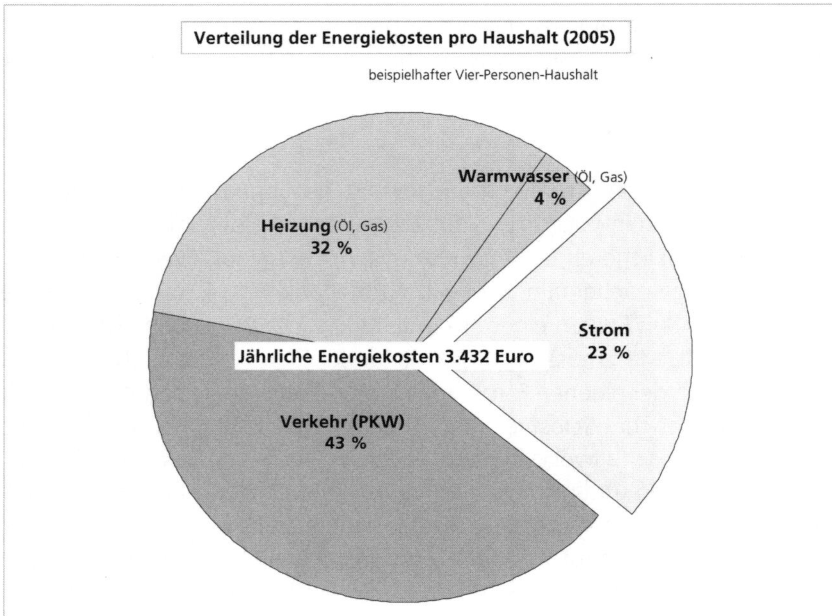

Abbildung 4.10–1: Jährliche Energiekosten in einem 4-Personen-Haushalt

5 Hintergründe zum Verständnis unseres Stromwirtschaftens

5 Hintergründe zum Verständnis unseres Stromwirtschaftens

Handle so, als ob die Maxime deiner Handlung durch deinen Willen zum allgemeinen Naturgesetze werden sollte.

Immanuel Kant, Königsberg

Im diesem Kapitel präsentieren und diskutieren wir wichtige und interessante Informationen, die das Verstehen der Stromwirtschaft und des Stromwirtschaftens erleichtern sollen. Daraus möchten wir das Potential für eine Motivation ableiten, ein bisschen mehr über das eigene Verhalten nachzudenken und zu eigenen Schlussfolgerungen zu gelangen.

Wir fangen mit wichtigen Fakten zum Thema *Energieerzeugung* an und stellen anschließend das Wichtigste zur *Energieeffizienz* dar. Die Umsetzung von Erkenntnissen in praktisches Handeln ist bei einer komplexen Thematik wie Energie eine nicht zu unterschätzende Herausforderung. Wie es praktisch gehen kann, beschreibt der Abschnitt *Energieberatung*.

Nach diesen mehr prinzipiellen Diskussionen und Darstellungen geht der Abschnitt *Energieverbrauch* auf die Höhe und Zusammensetzung unserer Konsumgewohnheiten in Bezug auf Energie und natürlich auch speziell elektrische Energie ein.

Die Themen Stand-by (Abschnitt 5.5 *Da sein, aber nichts tun – Das Stand-by-Fiasko*) und Macht der Verbraucher (Abschnitt 5.6 *Energie und Verbraucherkraft*) verdienen eine besondere Aufmerksamkeit, da sie sowohl Nicht-Verhalten wie bewusstes Verhalten diskutieren, das jeweilige mit erheblichen Auswirkungen auf die Energiewirtschaft. Daher haben wir beschlossen, diese Themen in eigenen Abschnitten zu diskutieren. Wir schließen das Kapitel mit einem Blick auf neuere Tendenzen und Entwicklungen (Abschnitt 5.7 *Energie und Zukunft – Neuere Beobachtungen*)

Da Energie und Strom prinzipiell sehr technische und naturwissenschaftliche Themen sind, das Thema Wohlfühlen aber für uns alle lebensbedeutend ist, bleibt die Herausforderung, die Darstellung mit nicht zu vielen mathematischen Rechnungen zu »verschmutzen«, was viele Leser sicherlich abschreckt. Daher dieser gewählte Aufbau des Abschnittes.

Dieses Kapitel ist übrigens so geschrieben, dass die einzelnen Abschnitte unabhängig voneinander und auch zeitlich versetzt gelesen werden können. Sie erfüllen damit die Forderung nach einem Kompendium von hilfreichen Hintergrundinformationen.

5.1 Energieherstellung und Strom – die Zusammenhänge

Um die Dinge ganz zu kennen, muss man um ihre Einzelheiten wissen.

François VI. Duc de La Rochefoucauld, Paris

Bei dem Thema Energieerzeugung oder -herstellung sprechen Physiker schnell mal ein paar Worte mit und halten eine Gegenrede. Energie wurde in der Geschichte der Welt ein einziges Mal »erzeugt«, und das war beim Urknall, was uns in diesem Buch aber leider nicht interessieren soll. Ansonsten wird allenfalls eine Energie*art* erzeugt, Energie von einer Form also in eine andere umgewandelt. Energie bleibt nämlich in der Summe immer erhalten, eines der fundamentalen Theoreme der Physik (Energieerhaltungssatz). Dies gilt aber nicht für Energiearten. Bei den Umwandlungen entstehen auch immer »nicht gewünschte« Energiearten (z.B. Verlustwärme) in dem Sinne, dass der Mensch sie aus physikalischen, technischen oder wirtschaftlichen Gründen nicht weiter ausnutzen kann.

Das ist eigentlich das ganze Grundprinzip der Energiewirtschaft, oftmals verborgen durch ungewohnte Grafiken und Tabellen mit ungewöhnlichen Einheiten wie Pentajoule (PJ) oder Terawattstunden (TWh). Auch wir werden diese in späteren Abschnitten benutzen, denn sie sind, obwohl für viele Leser ungewohnt, doch sehr praktisch, weil sie Größenordnungen verkörpern, ohne die Zahlen durch zu viele Nullen unhandlich zu machen.

Vom Rohstoff zum Nutzen

Um wenigstens die wichtigsten Grundsätze und Prinzipien unserer Energiewirtschaft verstehen zu können, müssen wir uns klar machen, was zwischen einem Rohstoff wie Kohle oder Uran und dem Einschalten einer Halogenlampe oder Glühbirne zum Lesen vorgeht. Dazu hilft es, die Begriffe Primärenergie, Sekundärenergie, Endenergie und Nutzenergie einzuführen und zu verstehen (Abbildung 5.1–1). Diese bezeichnen jeweils einen bestimmten Energieträger in der Prozesskette von einem Energierohstoff bis zu einer für uns nutzbaren Energiedienstleistung.

Die Primärenergie entziehen wir aus den natürlichen Ressourcen, die uns entweder die Erde oder die Sonne zur Verfügung stellen. Je nach Reichhaltigkeit und Umwandlungseffizienz müssen wir diese Ressourcen aufwändig gewinnen – Hochtechnik zum Abbauen von Kohle und Uran in zum Teil über 1000 m tiefen Bergwerken, oder uns in Geduld üben, bis ein Wind naht oder die Sonne endlich durch die Wolken bricht. Natürlich kann durch eine intelligente Standortplanung die notwendige Geduld in Maßen gehalten werden.

	fossil	**nuklear**	**solar**	**solar**
Primärenergie	**Braunkohle**	**Uran**	**Wind (Sonne)**	**Sonne (Sonne)**
⇩	*Kohlekraftwerk*	*Kernkraftwerk*	*Windturbine*	*Solarzellen*
Sekundärenergie	**elektrischer Strom**	**elektrischer Strom**	**elektrischer Strom**	**elektrischer Strom**
⇩	*Überlandleitung*	*Überlandleitung*	*Überlandleitung*	*Hausleitung*
Endenergie	**elektrischer Strom**	**elektrischer Strom**	**elektrischer Strom**	**elektrischer Strom**
⇩	*Glühdraht*	*Herdplatte*	*Wärmetauscher*	*HiFi-Anlage*
Nutzenergie	**Licht**	**Wärme**	**»Wärme« (Kühlschrank)**	**Schall (Musik)**

⇩ *Energieumwandlung oder Energietransport*

Abbildung 5.1–1: Stromenergiekette von Herstellung bis Verbrauch

5.1 Energieherstellung und Strom – die Zusammenhänge

Kraftwerke besorgen die erste Umwandlungsstufe, damit die Energie in eine für uns verträgliche und nutzbare Form transformiert wird. Es ist viel einfacher und sicherer, zu uns Endverbrauchern einen Strom zu transportieren als beispielsweise die Kohle selbst. Und eine zentrale Umwandlung hat eindeutig Skaleneffekte, die in einer dezentralen Umwandlung (Kohleöfen in jedem Haushalt mit Mini-Turbinenantrieb zur Stromgewinnung) nicht auszuschöpfen sind. Dies mag sich durch die vermutlich sinnvolle und höchst innovative Einführung von dezentralen Brennstoffzellenkraftwerkchen in vielen Häusern oder privaten Solaranlagen auf unseren Hausdächern wieder drehen, aber das ist noch Zukunftsmusik.

Umwandlungsprozesse drehen Turbinen

Umgewandelt wird im Prinzip ganz simpel: Kohle oder auch Gas wird verbrannt, die heißen Gase, über einen Wärmetauscher geleitet, treiben eine Turbine mechanisch an, diese dreht einen Elektromotor und erzeugt in den angeschlossenen Leitungen aufgrund der Faradayschen Induktionsprozesse in bewegten magnetischen und elektrischen Feldern einen Wechselstrom.

Kernbrennstoffe werden nicht verbrannt, sondern sie zerfallen bzw. werden gezielt gespalten und erzeugen dabei einen Teilchenstrom, der in einem Kühlmittel abgebremst wird und dieses dabei erwärmt. Hier handelt es sich also um eine Umwandlung von nuklearer Bindungsenergie im Atomkern in eine kinetische Energie von Kernteilchen und den anschließenden Transfer dieser kinetischen Energie in eine kinetische Energie einer Flüssigkeit. Das »Kühlmittel« sorgt dann wiederum, heiß und über einen Wärmetauscher geleitet, für den Antrieb einer mechanischen Turbine in einem Elektromotor.

Wind dreht einen Rotor, der eine Turbine dreht, in einem Elektromotor... Hatten wir schon.

Solarzellen arbeiten etwas eleganter, weil sie die Sonnenstrahlung direkt in elektrischen Strom umwandeln. Dazu werden Halbleiterprozesse innerhalb der Solarzellen benutzt, leider bislang mit einem niedrigeren Wirkungsgrad als in den anderen Prozessen. Positive Effekte gibt es natürlich, weil Solaranlagen sehr effizient und leicht dezentral auf Hausdächern installiert werden können, was natürlich Transportverluste vermeidet und eine potentielle Verletzbarkeit einer zentralisierten Stromerzeugung reduzieren hilft.

Der Transport des Stromes von einem Großkraftwerk zu den Endverbrauchern erfolgt über Hochspannungsleitungen. Das ist eigentlich auch wieder eine Energieumwandlung, allerdings jetzt von elektrischer Energie zu elektrischer Energie, um die Transportverluste zu minimieren. Je kleiner die Stromstärke auf einer Leitung, desto geringer fallen auch die Ohmschen Verluste aus (Umwandlung der elektrischen Energie in unerwünschte, nicht weiter nutzbare Wärme). Die elektrische Leistung setzt sich aber aus den beiden Anteilen Stromstärke und Spannung zusammen. Wenn also die Potentialdifferenz eines Leiters zur Erde massiv erhöht wird, reduziert sich bei gleichbleibender elektrischer Energie die Stromstärke. Durch diesen Trick gelingt es, im Wesentlichen die gleiche elektrische Energie von einem Ort zum anderen zu transportieren, weil die Wegverluste aufgrund der kleineren Stromstärken minimal bleiben.

Hier haben dezentrale Solarzellen auch wieder eine höhere Eleganz inne, weil sie dezentral installiert sind und damit sehr nah an den Verbrauchern platziert sein können.

Diese Prozessschritte ein bisschen zu kennen und zu verstehen ist nicht nur akademisch, sondern hilft auch den Wirkungsgrad bei der Herstellung von Energiearten

5.1 Energieherstellung und Strom – die Zusammenhänge

zu verstehen, also bei der Umwandlung von einer Energieart in eine andere. Das beleuchten wir im nächsten Kapitel.

Darüber hinaus sind sie aber auch für das Gesamtverständnis der Energiewirtschaft von Bedeutung. Außerdem fallen dazu noch einige andere Fragen ein, deren Beantwortung uns etwas tiefer in die Zahlenarithmetik der Energiewirtschaft eintauchen lassen.

1) Wo kommt unsere Energie her und wieviel benötigen wir?
Dies ist die Frage nach der Primärenergie und ihrer Aufteilung auf die Rohstoffe. Damit legt sich sofort offen, wie groß unsere Abhängigkeit nach wie vor noch von fossilen Energiequellen und wie gering bislang der Beitrag regenerativer Energie zu unserer Gesamtversorgung ist.

2) Wieviel Energie kommt bei uns an und wo bleibt die Energie, die nicht ankommt?
Energie sparen meint ökologisch eigentlich, den Verbrauch der Pri-

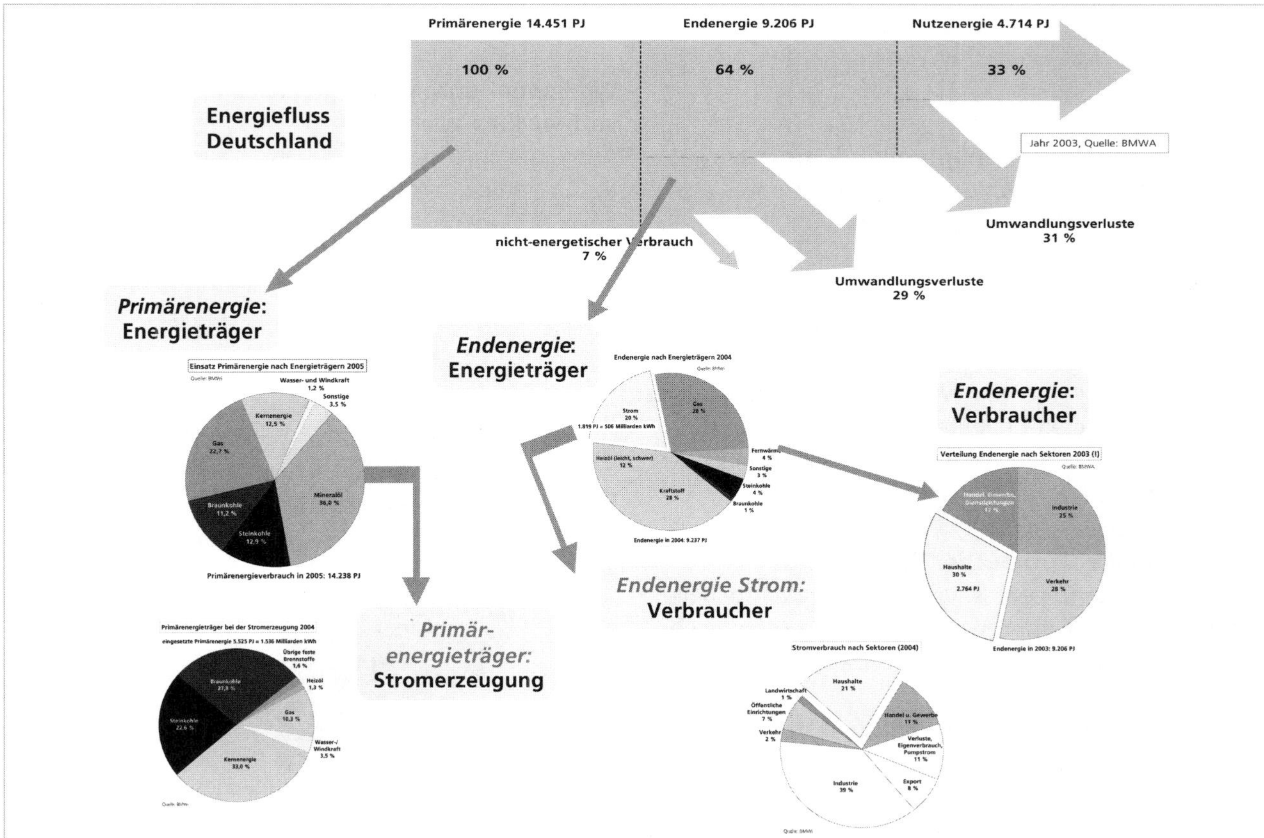

Abbildung 5.1–2: Übersicht über die in diesem Abschnitt erläuterten Grafiken und ihr Zusammenhang

märenergie zu reduzieren. Prinzipiell geht das über zwei Wege: den Verbrauch der Endenergie zu vermindern, oder die Effizienz der Energiebereitstellung zu erhöhen (vgl. auch Abschnitt 5.2 *Energieeffizienz – Suche nach mehr*).

3) Wer in Deutschland verbraucht wieviel Energie?
Maßnahmen der Umweltpolitik müssen zielgruppengerecht adressiert werden. Das setzt natürlich die Kenntnis um die Zielgruppen voraus. Für die Zielgruppen selbst ist die Kenntnis um die Zielgruppen ebenfalls wichtig, weil so verstanden werden kann, welche Macht und damit Hebel für Veränderungen die Zielgruppen selbst haben.

4) Aus welchen Energieträgern wird Strom hergestellt und wie hoch ist der Anteil des Stromes an der Gesamtenergie in Deutschland?
Die bisherigen Fragen haben sich mit Energie allgemein beschäftigt, zwei weitere Fragen zeigen quantitativ und qualitativ das Thema Strom im Gesamtenergiezusammenhang. Stromverbrauch vermindern bedeutet Schadstoffemissionen zu vermindern, regenerative Quellen aufzubauen bedeutet Zukunftssicherheit, Unabhängigkeit und Reduktion von für alle schädlichen Emissionen.

5) Wer sind die Verbraucher des Stromes?
Das Thema Zielgruppe lässt uns nicht los, weil auch hier schnell deutlich werden kann, wo in den öffentlichen Diskussionen und Entscheidungen Defizite vorhanden sind.

Umfangreiches Zahlenmaterial zu all diesen Fragen wird in Deutschland von unterschiedlichen Quellen bereitgestellt, zum Teil leider nicht synchron in Bezug auf den Erfassungszeitraum. Eine gute Zusammenstellung der wichtigsten Kenndaten wird regelmäßig vom Bundesministerium für Wirtschaft und Arbeit (BMWA) veröffentlicht. Wir beziehen die nachfolgenden Grafiken und Zahlen auf das Jahr 2004 und manche auch schon auf 2005 und diese Quelle für die Rohdaten in Tabellenform. Gegebenenfalls merken wir an, wenn die Datenquelle eine andere ist. Leider waren zum Zeitpunkt, als dieses Buch entstanden ist, noch nicht alle Zahlen für 2005 verfügbar. Wir haben daher zwar die jeweils aktuellsten Zahlen genommen, um möglichst gegenwartsnah zu bleiben. Allerdings ist dies etwas durch den Preis einer leichten Inkonsistenz erkauft. Bei den Diagrammen sind die Zeiträume jeweils notiert.

Wo kommt unsere Energie her und wieviel verbrauchen wir?
Ausgangspunkt der Energiewirtschaft sind die Rohstoffe, aus denen wir unsere Primärenergie beziehen. In

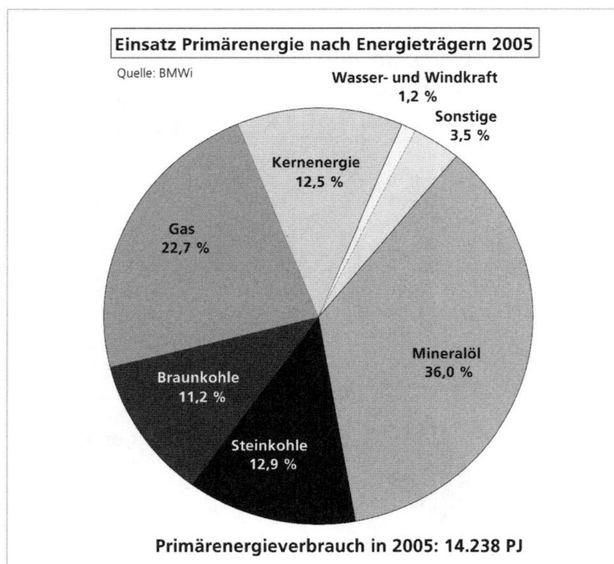

Abbildung 5.1–3: Aufteilung der Primärenergie in Deutschland nach Energieträgern (2005)

2005 waren das in Summe 14.238 PJ, und allen Diskussionen über begrenzte Ressourcen und steigende Öl- und Erdgaspreise zum Trotz wurden fast 84 % aus den fossilen Rohstoffen Gas, Kohle und Öl erzeugt (Abbildung 5.1–3). Die Kernenergie, die zum Gesamtenergieverbrauch etwa 12,5 % beiträgt, wird ja nur für die Stromerzeugung hergenommen. Fossile Primärenergieträger tragen zu ganz unterschiedlichen Sekundär- und Endenergieträgern bei (z.B. Strom, Wärme, Kraftstoffe). Leider ist der Anteil der regenerativen Energiequellen am Primärenergiebedarf in Deutschland nach wie vor recht gering (1,2 %), und da im Wesentlichen bei der Stromerzeugung bemerkbar.

Etwas mehr als 14.000 PJ, wieviel sind denn das? Eine 14 mit anschließend 18 Nullen Joule (also 14.000.000.000.000.000.000 Joule). 1 Gramm Wasser von 15 °C auf 100 °C zu erwärmen benötigt etwa 360 Joule. Mit der in Deutschland benötigten Primärenergie könnte man also theoretisch etwa 40 Milliarden Tonnen Wasser zum Kochen bringen. Das ginge natürlich nur, wenn die gesamte Primärenergie ins Kochwasser gesteckt werden könnte, also ohne Umwandlungsverluste.

Wir werden übrigens an mehreren Stellen in diesem Buch versuchen, mit fassbareren Analogien die unheimlichen Größenordnungen anschaulicher zu machen. Allerdings sind 40 Milliarden Tonnen Wasser auch nicht gerade anschaulich, oder? Aber: der Bodensee enthält ungefähr eine Wassermenge von 48,5 km^3 (http://de.wikipedia.org/wiki/Bodensee), das entspricht auch ungefähr 48,5 Milliarden Tonnen Gewicht. Also, mit der Primärenergie pro Jahr kann ein etwas kleinerer Bodensee jedes Jahr zum Kochen gebracht werden.

Wieviel Energie kommt bei uns an?

Dass das aber nicht geht, zeigt der Energiefluss in Deutschland (Abbildung 5.1–4). Von der Primärenergie können 64 % als Endenergie den Nutzern zur Verfügung gestellt werden, 29 % gehen als Umwandlungsverluste verloren (vgl. Abschnitt 5.2), oder werden nicht für Energiezwecke gebraucht (7 %, zum Beispiel durch die Herstellung von Asphalt aus Öl und Kohle). Auch diese Endenergie kann nur zum Teil genutzt werden, 33 % der Primärenergie kommen bei den Verbrauchern als Nutzenergie an.

Wenn wir bei dem Bild des Wassers blei-

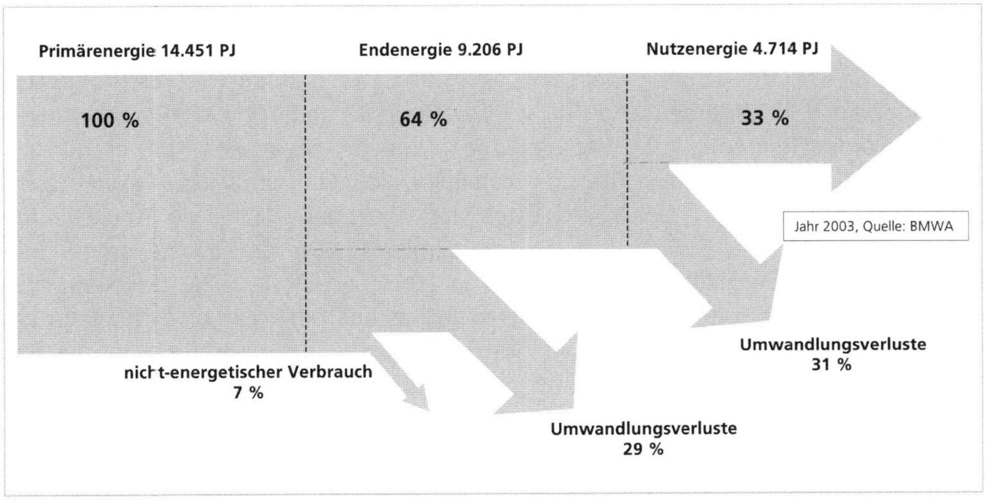

Abbildung 5.1–4: Vereinfachtes Energieflussdiagramm für Deutschland 2003

5.1 Energieherstellung und Strom – die Zusammenhänge

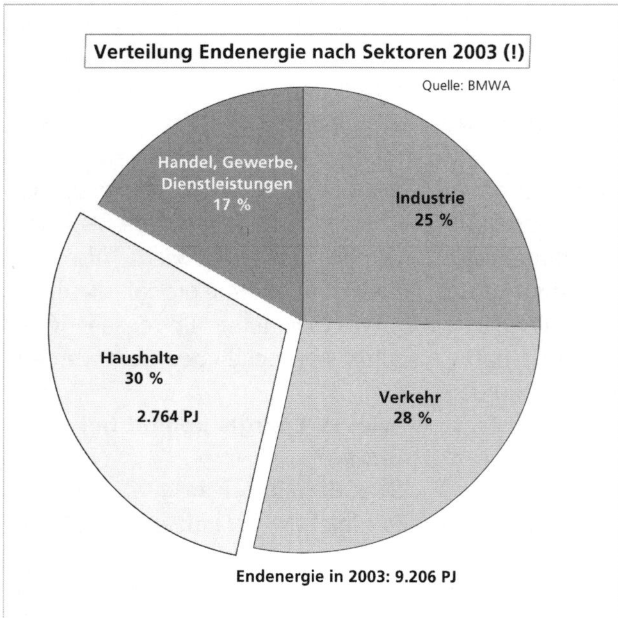

Abbildung 5.1–5: Aufteilung der Endenergie auf die Verbrauchssektoren 2003

ben, dann könnten damit immerhin noch 13 Milliarden Tonnen Wasser (33 % von 40 Milliarden Tonnen) zum Kochen gebracht werden. Das entspricht ungefähr dem schweizerischen Anteils des Bodensees.

Wer in Deutschland verbraucht wieviel Energie?

In Deutschland werden 4 große Verbrauchssektoren im Endenergieverbrauch gemessen (Abbildung 5.1–5), die Haushalte (ohne den Privatverkehr) verbrauchen ein knappes Drittel der Endenergie (2.764 PJ), der Verkehr ein weiteres knappes Drittel (28 %), den Rest die Wirtschaft (Industrie und Handel, Gewerbe, Dienstleistungen).

Aus welchen Energieträgern wird Strom hergestellt?

Die Herstellung von Strom benötigt in Deutschland fast 38 % aller Primärenergieträger (5.471 PJ in 2003). Das verdeutlicht den Stand der Elektrifizierung unseres Landes. Die anderen Anteile der Primärenergie werden im Wesentlichen für die Erzeugung von Wärme und die Bereitstellung von Kraftstoffen für den Verkehr herangezogen.

Ein Drittel unseres Stromes wird derzeit in Kernkraftwerken erzeugt (vgl. Abbildung 5.1–6), fast zwei Drittel (64 %) durch das Verbrennen fossiler Rohstoffe und erst knapp 3 % durch regenerative Energieträger wie Wasser und Wind. Damit wird klar, dass die politische Entscheidung aus der Kernenergie auszusteigen, große Herausforderungen an die Wahl der ökologisch vorteilhafteren regenerativen Primärenergieträger stellt, aber auch an den Verbrauch und die Effizienz des Verbrauchs.

An dieser Stelle wollen wir aber vermerken, dass die Angabe des Anteils regenerativer Energien an der Primärenergieversorgung für die Stromerzeugung (3 %) zwar oft hochgehalten und damit ihr Anteil kleingeredet, aber nicht richtig verstanden wird. Es ist nämlich wichtig zu wissen, dass der Transfer von regenerativer Primärenergie in Endenergie im Wesentlichen nur mit Transportverlusten, nicht aber Umwandlungsineffizienzen belastet wird. Wichtiger ist daher der Anteil der regenerativen Energieträger an der Stromenergie (Endenergie) mit in 2005 bereits 10,03 %. Das kann sich schon eher sehen lassen!

Der Anteil der Stromenergie von 38 % an der Primärenergieerzeugung sinkt übrigens bei der Endenergie auf nur noch 19 % (siehe Abbildung 5.1–7), er halbiert sich also nahezu. Das liegt prinzipiell an zwei Fakten: Zum einen am hohen Anteil von Verbrennungsprozessen, um Strom zu erzeugen, und zum anderen

5.1 Energieherstellung und Strom – die Zusammenhänge

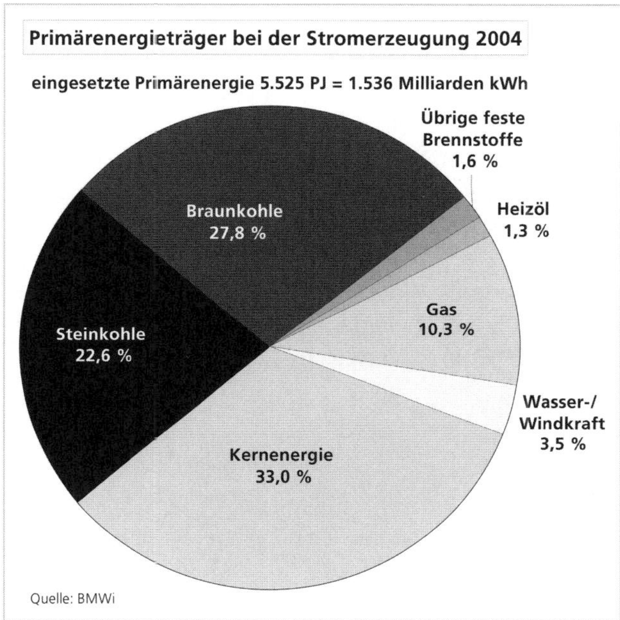

Abbildung 5.1–6: Einsatz der Primärenergieträger bei der Stromerzeugung 2004

am physikalisch begrenzten thermodynamischen Wirkungsgrad dieser Prozesse.

Oder kurz: Mehr geht (fast) nicht.

Wir können das auch anders ausdrücken: Die meisten Umwandlungsverluste von der gesamten Primär- zur gesamten Endenergie fallen bei der Erzeugung von Strom an, obwohl in der Primärenergie nur ein Drittel für die Stromgewinnung eingesetzt wird.

Wagen wir einen tieferen Blick in die Ausnutzung regenerativer Energiequellen, die ja ein wesentliches Kernelement der derzeitigen Umweltpolitik darstellt und erfreulicherweise einem rasanten Ausbau unterworfen ist (Abbildung 5.1–8). Wie gleich deutlich wird, stellen Wasser- und Windkraft den Löwenanteil in der regenerativen Stromerzeugung, allerdings mit ebenso deutlich unterschiedlichen Kapazitäten. Windenergiekapazitäten sind in Deutschland mittlerweile weltweit führend vorhanden und übertreffen die Wasserkraftkapazitäten um mehr als einen Faktor 3, die Stromerzeugung hinkt aber relativ gesehen nach. Das ist ein anderes Zeichen dafür, dass Wind eben nicht immer zur Verfügung steht.

Man sollte aber bedenken, dass die Wasserkraft zwei grundsätzlich unterschiedliche Zielsetzungen hat: zum einen die permanente Stromerzeugung (die klassischen »Wassermühlen«), zum anderen aber Pumpspeicherwerke, in die zum Teil durch Strom erst mal ein Speicherpotential hineingepumpt wird, um kurzfristigen Spitzenbedarf zu decken. Außerdem stagniert der Anteil des durch Wasserkraft erzeugten Stromes in Deutschland seit einigen Jahren, alle abschöpfbaren

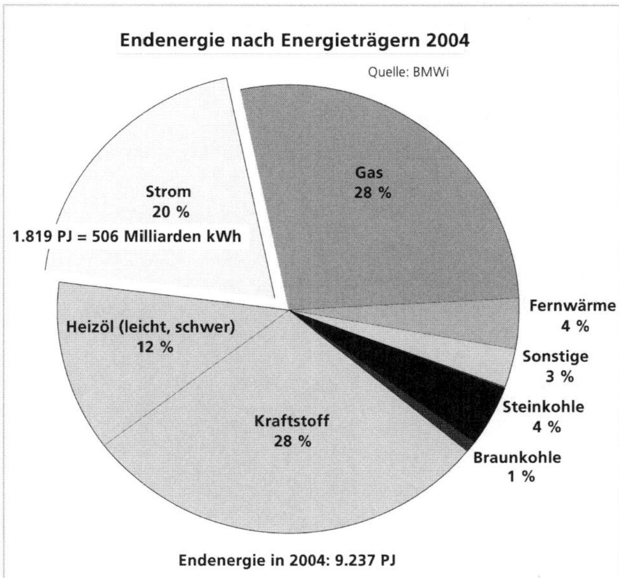

Abbildung 5.1–7: Aufteilung der Energieträger auf die Endenergie (2004: 9.237 PJ)

5.1 Energieherstellung und Strom – die Zusammenhänge

Wasserreservoirs werden bereits abgeschöpft, und beim Wind zeichnet sich etwas Ähnliches bald ab, es sei denn, die Offshore-Überlegungen können technologisch und wirtschaftlich (und politisch) umgesetzt werden.

Die Photovoltaik spielt im Moment noch keine große Rolle und beginnt erst eine hoffentlich stürmische technologische Entwicklung. Hier können natürlich staatlich initiierte und geförderte Investitionsprogramme eine starke Inkubatorenfunktion erfüllen. Zu viel sollte man sich aber nicht von Solarzellen auf Hausdächern in Deutschland in den nächsten zehn Jahren erwarten (vgl. 5.2 *Energieeffizienz – Suche nach mehr*).

In der Summe hat die regenerative Stromerzeugung in 2005 bereits einen Anteil von 10,03 % an der Gesamtstromerzeugung erreicht, in Abbildung 5.1–8 haben wir die Steigerungsraten in der produzierten Strommenge dargestellt im Vergleich der Jahre 2005 und 2004. Wie man sieht, gab es sogar bei der Windenergie mit 4 % Wachstum noch eine gewisse Dynamik, die größte natürlich bei der Photovoltaik, wenn auch auf niedrigem absoluten Niveau im Vergleich zu anderen Energieträgern.

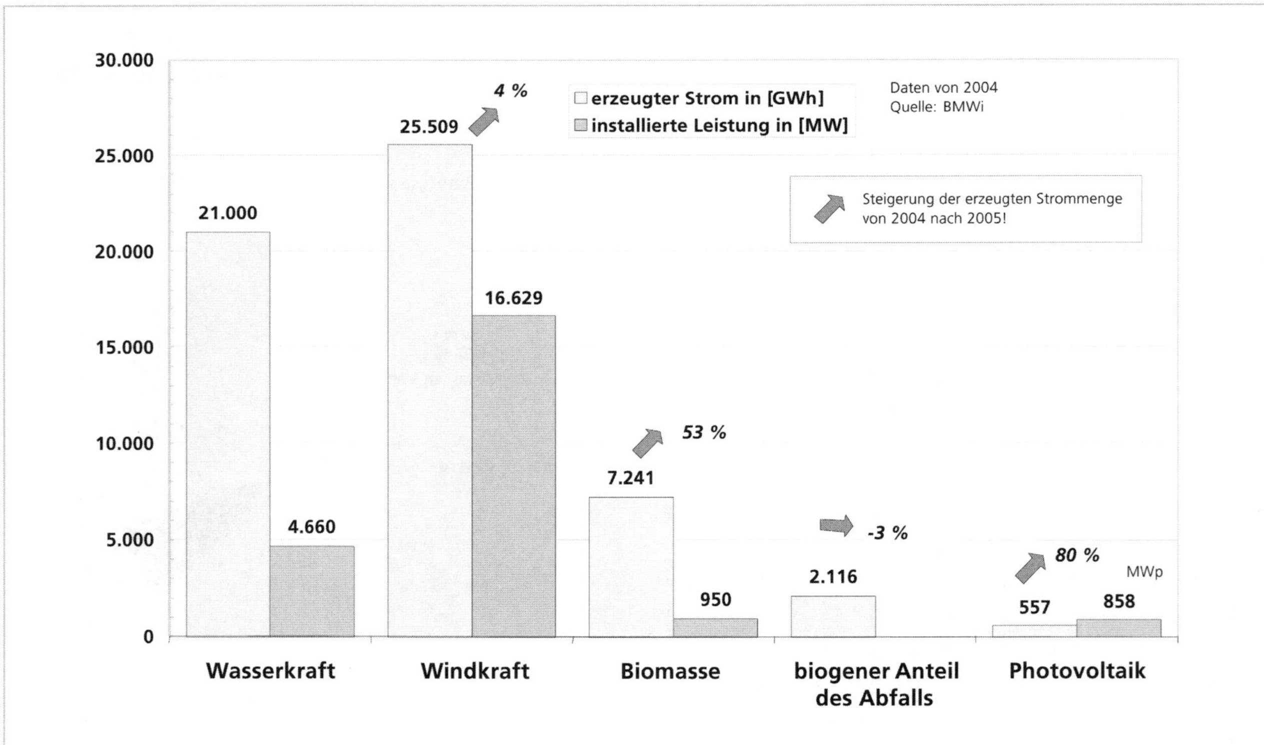

Abbildung 5.1–8: Stand der regenerativen Stromerzeugung in Deutschland 2004/2005

Wer also sonst kann die Zurücknahme nuklear erzeugten Stromes kompensieren?

Wer sind die Verbraucher des Stromes?

Ähnlich wie bei der Gesamtenergie sind wir Verbraucher als Konsumenten der Endenergie Strom deutlich vertreten. In 2004 wurden 21 % des Stromverbrauches den Haushalten direkt zugeschrieben (Abbildung 5.1–9). Insgesamt sind 2004 609 TWh Strom (Endenergie) erzeugt worden. Davon werden etwa 7 % exportiert (allerdings ein ähnlich großer Anteil wieder importiert im Rahmen des europäischen Stromverbundes), ungefähr 11 % fallen aufgrund von Verlusten (Transport), Eigenverbrauch und Pumpstromverbrauch aus der für Verbraucher nutzbaren Endenergiebilanz heraus.

In 2004 haben die Haushalte in Deutschland 140,4 Milliarden kWh Strom nachgefragt. Die Industrie verbraucht fast mehr als das Doppelte, allerdings sind dort schon vielerorts energie- und stromsparende Maßnahmen zumindest auf der Agenda.

Autos und Schokolade

Die Umweltschädlichkeit des Energieverbrauchs ist nicht die Umweltschädlichkeit der Energie. Die Energieströme, die der Mensch freisetzt, sind ökologisch nur marginal von Bedeutung. Das Problem sind die Stoffströme, die bei der Beschaffung und Anwendung der Energie fließen müssen ([MIPS1994]).

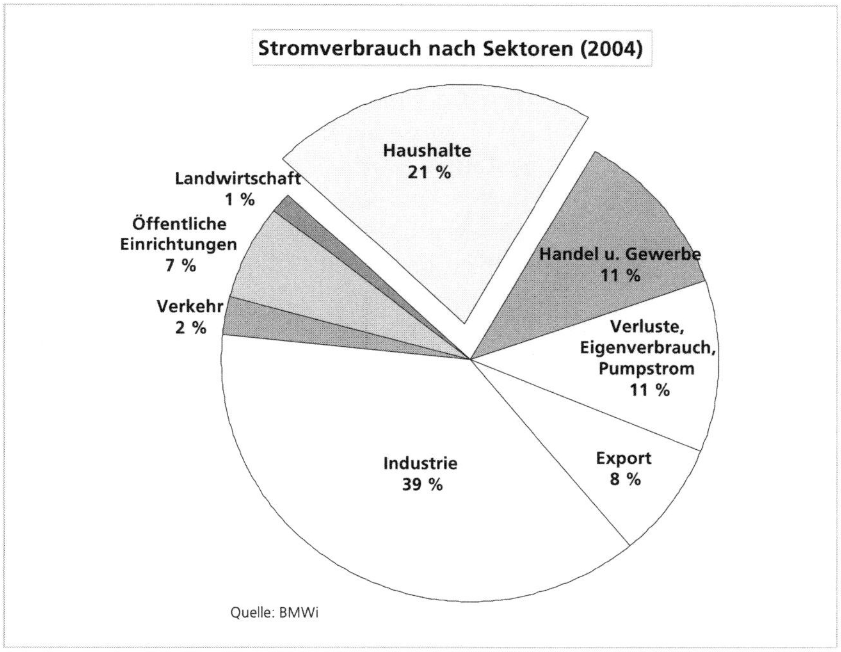

Abbildung 5.1–9: Stromverbrauch in % nach Sektoren (Datenbasis 2004)

Tabelle 5.1–1: Bei der Herstellung von Strom erzeugte Abgase. Berücksichtigt ist nur der Anteil der Haushalte (etwa 26 % des Gesamtstromes)

Gas	chem.	Jährliche Menge	pro Kopf	Pendant
Kohlendioxid	CO_2	75,000,000 Tonnen	904 kg	1 Auto
Stickoxide	NO_x	26,000 Tonnen	0,3 kg	3 Tafeln Schokolade
Schwefeloxide	SO_x	54,000 Tonnen	0,7 kg	7 Tafeln Schokolade

5.1 Energieherstellung und Strom – die Zusammenhänge

Wir sagen leichthin Energieverbrauch, wir meinen aber etwas anderes, nämlich dass wir die Energie benötigen. Es wäre also richtiger, von Energie*benötigung* zu sprechen, was die Probleme, die damit verbunden sind, deutlicher akzentuiert. Denn wir *nötigen* unserer Umwelt und damit letztendlich auch uns selbst eine ganze Menge ab, indem wir Energie ver*brauchen*.

Abbildung 5.1–6 macht deutlich, dass wir immer noch mitten im fossilen Zeitalter leben, weil für ungefähr 2/3 des Stromes Braun- und Steinkohle verbrannt werden. Nun ist Verbrennen nicht nur nicht lautlos und gefährlich, weswegen wir es im Wesentlichen in Großkraftwerke verdichtet haben. Es entstehen bedauerlicherweise auch verschiedene Abgase als Abfallprodukte, die in die Atmosphäre entweichen oder in Filtern aufgefangen werden. Dies ist leider nicht schön, weil ordentliche Mengen zusammenkommen (siehe Tabelle 5.1-1).

Nun klingen vielleicht 1 Auto oder 7 Tafeln Schokolade pro Kopf nicht viel (7 Tafeln Gift schon!), aber stellen Sie sich mal einen Haufen Schrott mit 83 Millionen Autos vor, oder einen Parkplatz, auf den all diese Schrottautos abgestellt werden, der 830 Quadratkilometer groß ist. Das ist fast die Fläche von Berlin!

Außerdem ist Kohlendioxid ein Gas und kein fester Stoff, der auf einem Schrottplatz gelagert werden kann. Die gesamte Gasmenge, die im Jahr 2003 bei der Stromerzeugung erzeugt wurde (270 Millionen Tonnen CO_2, 26 % davon sind 75 Millionen Tonnen), nehmen unter Normalbedingungen ein Volumen von etwa 144 Teralitern (144 Tl) ein. Da die Bundesrepublik Deutschland eine Fläche von 357.000 km² überdeckt, würde die emittierte Kohlendioxidmenge die gesamte Bundesrepublik etwa 40 cm hoch bedecken, ohne ein Sauerstoffmolekül dazwischen zum Atmen. Kohlendioxid lässt sich nicht atmen, und die klimatischen Änderungen daraus scheinen langsam frappant zu werden.

Tabelle 5.1–2: Kennzahlen für den jährlichen Stromverbrauch in Deutschland

Stromverbrauch pro Bewohner	6.538 kWh
Persönlicher Stromverbrauch pro Bewohner	1.680 kWh
Stromverbrauch pro Haushalt	3.590 kWh
Haushalts-Stromverbrauch pro m² Wohnfläche	42 kWh

Außerdem wäre, wenn das Gas unten bliebe, nach 5 Jahren etwa Schluss mit Atmen!

Also, jedes Auto oder jede Tafel Gift die wir vermeiden können, sollte uns einen gewissen Aufwand wert sein.

Kennen Sie Ihre Kennzahl?

Zum Allgemeinwissen in Deutschland gehört nicht das Wissen um den persönlichen Energieverbrauch und Stromverbrauch. Dabei könnte dies für uns alle eine erste Näherung für einen Schlüsselfaktor (neudeutsch key performance indicator – KPI) sein, der das eigene Verhalten einschätzen und bewerten lässt.

Die erste Zahl (für das Jahr 2002) wurde im Januar beispielsweise in der Süddeutschen Zeitung veröffentlicht (11.1.2005) und sagt im Grunde genommen fast gar nichts aus, sondern stellt nur in einer anderen Dimension den Gesamtstromverbrauch der Volkswirtschaft Deutschland dar. Sie bezieht sich aber auf jeden von uns (pro Bewohner), kann also leicht zu Verwirrung führen, vor allen Dingen, wenn die Überschrift des Kurzartikels »Mittlerer Stromverbrauch« heißt und im Artikel von »*Im Durchschnitt benötigte jeder Bundesbürger pro Jahr 6538 Kilowattstunden*« gesprochen wird. Das ist dann sogar bewusst irreführend und eine Zeitung muss sich die Frage erlauben lassen, ob das nur Nichtwissen, Unverständnis der Materie Energiewirtschaft, Nachlässigkeit der Berichterstattung oder bewusstes auf den Leim gehen eines Interessenverbandes ist.

Die zweite Kennzahl, persönlicher Stromverbrauch pro Bewohner, ist für uns viel aussagekräftiger, weil sie unser durchschnittliches Verhalten widerspiegelt, allerdings das aller, vom Neugeborenen über den Couch Potato bis zum Rentner. Ist das hilfreich? Höchstens in der ersten Näherung.

Der Stromverbrauch pro Haushalt hilft schon mehr, da muss man schon nicht mehr rechnen, sondern kann direkt mit dem eigenen Verbrauch aus der Jahresendabrechnung des Energieversorgers vergleichen. Mehr? Weniger? Ach ja, wir müssen noch die Anzahl der Personen, die Anzahl der elektrischen Geräte, ihren Benutzungsgrad, die Anzahl der Zimmer usw. berücksichtigen. Aber immerhin, das ist schon eine Vergleichszahl, die einen ersten Hinweis gibt und die man so schnell nicht findet.

Ebenso die letzte Kennzahl, die auf Flächeneinheiten von Wohnungen herunterbricht (nicht auf die Gesamtfläche aller Gebäude in Deutschland, das wäre eine Zahl wie die erste...) und damit im Prinzip auch die zunehmende Ausstattung mit elektrischen Geräten bei größer werdenden Wohnungen und Häusern berücksichtigt.

Aber genau wissen wir das erst, wenn wir weitere Betrachtungen detaillieren, da kommen wir noch dazu.

Zur Vervollständigung stellen wir auch noch den Gesamtendenergieverbrauch inklusive Stromverbrauch dar (Tabelle 5.1-3).

Kilowattstunde oder Joule oder Steinkohleeinheit oder Watt?

Bis jetzt haben wir die Energieeinheiten einfach so benutzt, ohne im Detail darauf einzugehen, was sie bedeuten und wie sie zusammenhängen. Wir müssen daher eine kleine Lerneinheit in physikalischen Einheiten und mathematischen Hilfsabkürzungen nachziehen.

Stromenergie wird heutzutage in Kilowattstunden (kWh) gemessen. Die Energie 1 kWh entspricht einer elektrischen Leistung von 1.000 Watt (z.B. ein Fön), die eine Stunde lang mittels Strom als Dienstleistung (Haare trocknen) bereitgestellt wird. Natürlich wird niemand eine Stunde lang am Stück einen Fön benutzen, das würde dieses Gerät auch gar nicht aushalten und nach vielleicht 20 Minuten durchbrennen.

Ihr Energieversorgungsunternehmen wird in der jährlichen Abrechung den Verbrauch in Kilowattstunden angeben.

Gibt es Kilowatt nur auf Sylt und an der Nordsee?

In der Einheit kWh steckt implizit der Begriff der *Leistung* drin. Die Leistung 1 Watt vollbringt man, wenn man eine Masse von 1 kg (einen Liter Milch) einmal pro Sekunde um etwa 10 cm anhebt. Eine Leistung ist notwendig, weil sich die Energie der Masse beim Hochheben ändert. Infolgedessen ist Leistung mit Energieänderung pro Zeiteinheit identisch.

In der Physik und in der Technik ist es eigentlich üblicher, mit der Energieeinheit *Joule* nach dem englischen Physiker *James Prescott Joule (1818-1889)* zu

Tabelle 5.1-3: Kennzahlen für den jährlichen Endenergieverbrauch in Deutschland

Energieverbrauch pro Bewohner	30.830 kWh
Persönlicher Energieverbrauch pro Bewohner	9.260 kWh
Energieverbrauch pro Haushalt	19.800 kWh
Haushalts-Energieverbrauch pro m^2 Wohnfläche	230 kWh

rechnen. Es ist ein netter Zug der Physiker, grundsätzliche Einheiten nach berühmten Vertretern ihres Faches zu benennen und so deren historische Leistung im Sprachgebrauch zu verewigen (Watt ist nach *James Watt (1736-1819)* benannt, der die Dampfmaschine mit externem Kondensator erfunden hat).

1 Joule sind 1 Wattsekunde (Ws), und umgekehrt: 1 Watt sind 1 Joule pro Sekunde. 3.600 Wattsekunden sind eine Wattstunde (1 Stunde hat 3.600 Sekunden). 1 kWh also 1.000 Wh und damit:

1 kWh = 1.000 Wh = 1.000 * 3.600 Ws = 3.600.000 J = 3,6 MJ.

MJ steht in diesem Zusammenhang für MegaJoule. Sind Sie mit diesen Skalierungsgrößen vertraut?

Sie dienen dazu, den Umgang mit großen und kleinen Zahlen angenehmer und übersichtlicher zu machen und Dreierpotenzen von Zehn schön und effizient abzukürzen.

Wichtig im Umfeld der Energiewirtschaft sind die in Tabelle 5.1-4 aufgelisteten Skalierungsfaktoren.

Eine Energieänderung wird auch mit dem Begriff Arbeit bezeichnet, weil bei Energieänderungen immer auch eine Energieumwandlung verbunden ist, z.B. von chemischer Energie (im Benzin enthalten) in mechanische Energie (der Motor treibt die Autoräder an und das Auto bewegt sich nach vorne) und Wärmeenergie (Motor und Abgase werden erheblich erwärmt). Die gewonnene mechanische Energie kann Arbeit verrichten (das Auto voran treiben). Die ursprüngliche Energie stellt also eine Dienst»leistung« zur Verfügung.

Bewegte Elektronen bewegen Maschinen und machen träge

Das ist auch das, was wir im Haushalt von den Energieträgern Strom und Gas erwarten. Dass sie uns nämlich eine Dienstleistung zur Verfügung stellen, die wir anders nur mühsamer oder auch gar nicht erbringen könnten. Ein schönes Beispiel aus der Sicht Dienstleistung (und aus der Sicht hoher Stromverbrauch) ist ein Wäschetrockner. Füllen, Programm einstellen und Schalter auf Ein *gegen* Wäscheständer aufstellen, Klammerbeutel suchen, Wäschestücke aufhängen und Wäsche nach dem Trocknen wieder abhängen. 3 Minuten gegen 30 Minuten. Luxus pur? Das hängt von den eigenen Werten ab.

Wir sind aber schon beim Wesentlichen. Der Energieträger Strom wird benutzt um sinnvolle, nutzba-

Tabelle 5.1–4: Übersicht über Abkürzungen für Größenordnungen

Vorsilbe		Faktor als Zahl	Beispiel
Peta	P	1.000.000.000.000.000	Sonneneinstrahlung Erde 10 PW
Tera	T	1.000.000.000.000	Stromerzeugung Deutschland 550 TWh
Giga	G	1.000.000.000	Leistung eines Kernkraftwerks 1,3 GW
Mega	M	1.000.000	Leistung einer Windenergieanlage 1-3 MW
Kilo	k	1.000	Kilowattstunde kWh
-	-	1	Leistung eines Fahrradlichtes 2,4 W
Milli	m	0,001	Leistung einer LED 1 mW

re Dinge zu tun, Arbeit im weitesten Sinn also zu leisten und damit unser jetziges Leben zu vereinfachen.

Unsere Kalorien lassen uns nicht los

Wer sich viel mit der Thermodynamik von Flüssigkeiten und Gasen sowie mit Essen beschäftigt, kennt noch eine weitere Energieeinheit: die Kalorie. Beim Essen verwenden die meisten »Diätiker« heute noch die Einheit Kalorie (eigentlich Kilokalorie). Ein Erwachsener sollte täglich Nahrung mit einem Energieinhalt von etwa 2.500 kcal zu sich nehmen, um den Tag zu bestehen und das Gewicht (bei 1,80 m Körpergröße) einigermaßen konstant zu lassen.

1 kcal (Kilokalorie) sind 4,1868 kJ (KiloJoule).

Regeneratives Denken statt fossile Traditionen

Zum Schluss noch zur Steinkohleeinheit, mit der viele amtliche Statistiken versehen werden, weil sie zum einen historisch ist und zum anderen Größenordnungen verdeckt und damit handhabbarer erscheint. Zwei Drittel unseres Stromes werden nach wie vor in Kohlekraftwerken erzeugt, da liegt es natürlich nahe, den sich auf ein Kilogramm beziehenden Energiegehalt als Einheit zu verwenden.

1 kg SKE (Steinkohleeinheit) = 8,14 kWh = 29,3 MJ (MegaJoule)

Wenn wir also von Tonnen SKE sprechen, dann reden wir eigentlich von Megawattstunden (1 Tonne = 1.000 kg; 1 MWh = 1.000 kWh). Vermutlich wäre es mal an der Zeit, die Zeitenwende in der Energieerzeugung durch den Gebrauch neuerer Energieeinheiten zumindest metaphorisch mit vorzubereiten. Wie wäre es mit einer Solarzelleneinheit SZE (= 120 kWh: Stromenergie, die pro Quadratmeter Kollektorfläche heute in Deutschland jährlich geerntet werden kann) oder einer Windenergieeinheit WEE (= 72.000 kWh: Stromenergie, die pro Tag von einem 5 MW Windrotor bei 60 % Auslastung geerntet werden kann) oder einer Stromspareinheit SSE (= 36 kWh: 1 % des durchschnittlichen Haushaltsjahresverbrauchs)?

Das ist natürlich schon wieder Satire, und weil der Mensch und die Fachleute traditionelle Wesen sind, wird sich da so schnell auch nichts ändern. Aber klingen Tonnen nicht für uns alle vertrauter als Mega-irgendwas?

Die verschiedenen Umrechnungen fassen wir noch einmal zusammen (Tabelle 5.1-5).

Beispiel 1: 1 kJ = 0,000278kWh
Beispiel 2: 1 kWh = 3.600 kJ

Kilowattstunden und Kilowerte – Energie ist Leben und Staunen

Zum Abschluss dieses Kapitels mit einigen Zahlen, mathematischen Vorsilben und physikalischen Umrechnungsfaktoren noch etwas handfestes: welche Werte lassen sich mit einer Kilowattstunde Stromenergie erschließen? Das kann man mit den obigen Tabellen und einigen weiteren Fakten alles »zu Fuß« nachrechnen (die Detailrechnungen haben wir zu unserer

Tabelle 5.1–5: Umrechnung der üblichen Energieeinheiten

		NACH			
		1 kJ	**1 kWh**	**1 kg SKE**	**1 kcal**
VON	**1 kJ**	1	0,000278	0,0000341	0,2388
	1 kWh	3.600	1	0,123	859,845
	1 kg SKE	29.300	8,139	1	6.990
	1 kcal	4,1868	0,00116	0,000143	1

5.1 Energieherstellung und Strom – die Zusammenhänge

Entlastung in den Abschnitt 6.3 *Eine Kilowattstunde errechnet sich* verbannt). Oder man sucht sich seine Werte in den folgenden zwei Abbildungen.

Ganz unterschiedliche Energiedienstleistungen in sehr unterschiedlichen Größenordnungen lassen sich mit einer Kilowattstunde genießen. Von 1,2 km Autofahrt über 32 Kaffee zum Frühstück bis hin zu 2.500 täglichen Rasuren (das sind 6 Jahre und 10 Monate). Schon erstaunlich, oder?

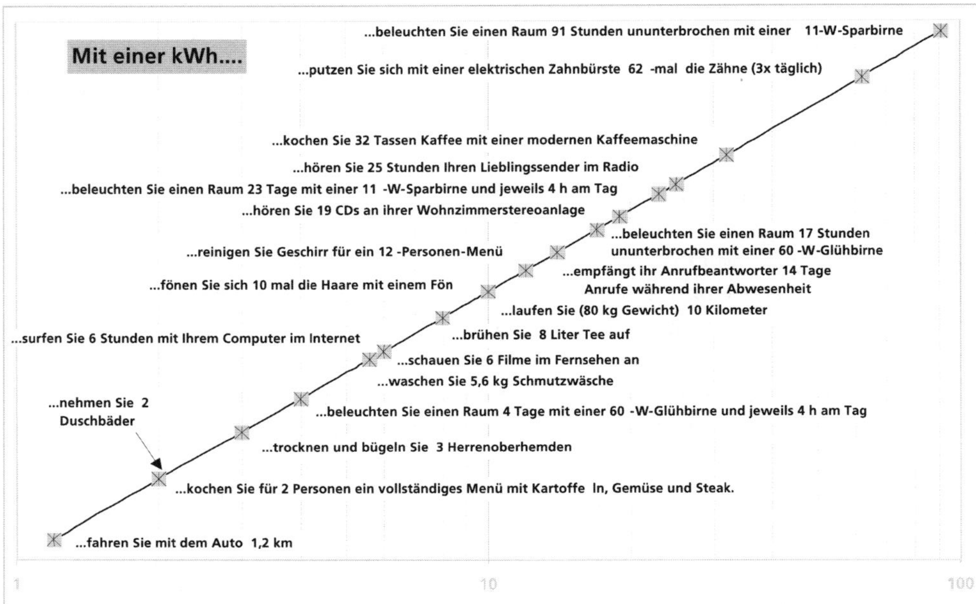

Abbildung 5.1–10: Eine Kilowattstunde leistet... Teil 1

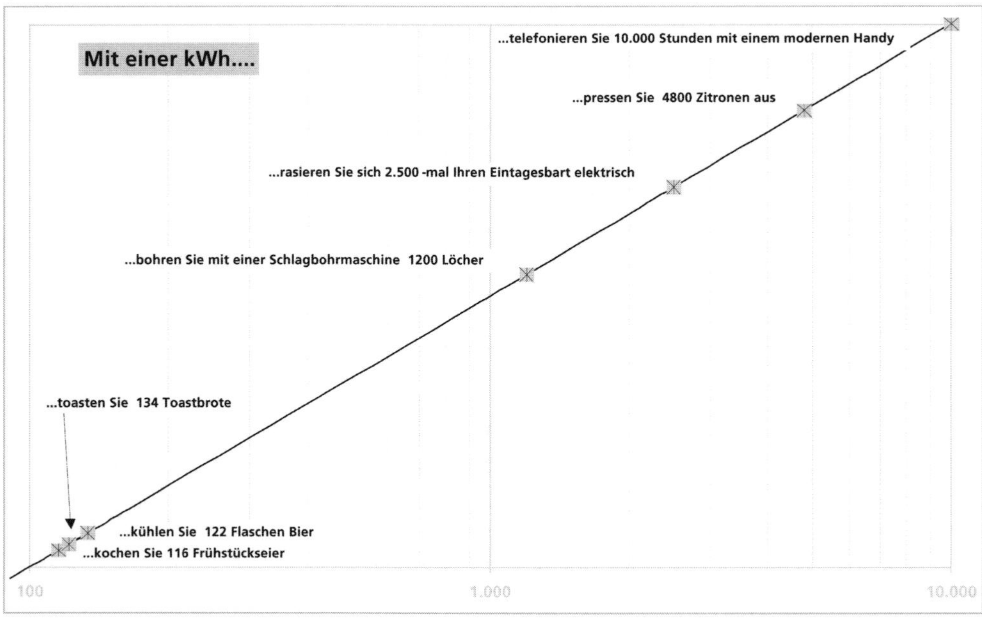

Abbildung 5.1–11: Eine Kilowattstunde leistet... Teil 2

5.2 Energieeffizienz – Suche nach mehr

*Wer aufhört besser zu werden,
hat aufgehört gut zu sein!*
Philipp Rosenthal, Selb

Der Begriff der Effizienz führt das ökonomische und ökologische Denken in die Energieversorgung ein. Damit kann festgehalten werden, mit welchem Aufwand welcher Nutzen geschaffen werden kann, welche Faktorkosten also aufzubringen sind, um eine Energieeinheit für Dienstleistungszwecke zu gewinnen. Und damit legt die Effizienz indirekt auch fest, wie viele Schadstoffe in der Energieumwandlung miterzeugt werden. Je effizienter eine Energieumwandlungstechnologie arbeitet, desto geringer ist die Schadstoffmenge, die an eine Einheit Endenergie/Nutzenergie gekoppelt ist.

Der energetische Kreislauf besteht, wie gesehen, aus Energiewandlungen, die sozusagen einen Energieaggregatzustand in einen anderen Energieaggregatzustand umwandeln. Leider sind dabei immer gewisse Umwandlungsverluste in Kauf zu nehmen, die dazu führen, dass ein Aggregatzustand in der Regel immer in wenigstens zwei oder mehrere andere umgewandelt wird, von denen oft nur einer weiter nutzbar ist.

Das Verhältnis von nutzbarer Energie aus einem Umwandlungsprozess zu hineingesteckter Energie nennen wir den Wirkungsgrad der Umwandlung.

$$\text{Wirkungsgrad} = \frac{[\text{nutzbare Energie}]}{[\text{eingesetzte Energie}]}$$

Werden zwei oder mehrere Energieumwandlungen nacheinander vorgenommen, dann reduziert sich der Gesamtwirkungsgrad, da sich die Einzelwirkungsgrade »unschön« multiplikativ zum Gesamtwirkungsgrad ergänzen.

Betrachten wir das am Beispiel eines Kohlekraftwerkes (wir folgen hier im Wesentlichen [ABC2002]):

- Umwandlung 1: Die chemische Energie der Kohle wird im Ofen durch Verbrennung in thermische Energie umgewandelt.
- Umwandlung 2: Diese thermische Energie wird sofort anschließend zur Erzeugung von Dampf verwendet.
- *Beide Umwandlungen zusammen: Wirkungsgrad 90 %*
- Umwandlung 3: Die Wärmeenergie des Dampfes wird über eine Turbine in mechanische Energie umgewandelt.
- *Wirkungsgrad: ca. 55 %*
- Umwandlung 4: Im Generator erzeugt die rotierende Turbine einen elektrischen Strom.
- *Wirkungsgrad: ca. 98 %*
- »Umwandlungen 5«: Hier fassen wir alle Seiteneffekte und Verluste zusammen: Wärmeverluste an Leitungen, Umwandlung des Stromes im Generator in einen Hochspannungsstrom, Eigenbedarf des Kraftwerkes selbst für Pumpen, Beleuchtung, Rauchgasreinigung und anderes.
- *Wirkungsgrad: ca. 91 %*

Daraus ergibt sich ein Gesamtwirkungsgrad von der Kohle bis zum Strom von etwa 44 % durch Multiplikation der Einzelwirkungsgrade (vgl. Abbildung 5.2–1).

Aber es geht noch weiter: der Strom wird über Hochspannungstrassen zu Umspannwerken und von dort niedervoltig zu den Haushalten transportiert, wo er die gewünschte Energiedienstleistung erfüllen kann. Heißt diese zum Beispiel Licht und nennt man die benutzte Umwandlungstechnologie Glühbirne, wird also ein Strom in einer Glühbirne in Licht umgewandelt, fällt auch ein bisschen Wärme an, so etwa 94 % der an der Glühbirne eingesetzten Stromenergie.

Hier ist auch ein wesentlicher Unterschied zwischen einer fossilen oder nuklearen Versorgungskette auf der einen Seite und einer rege-

5.2 Energieeffizienz – Suche nach mehr

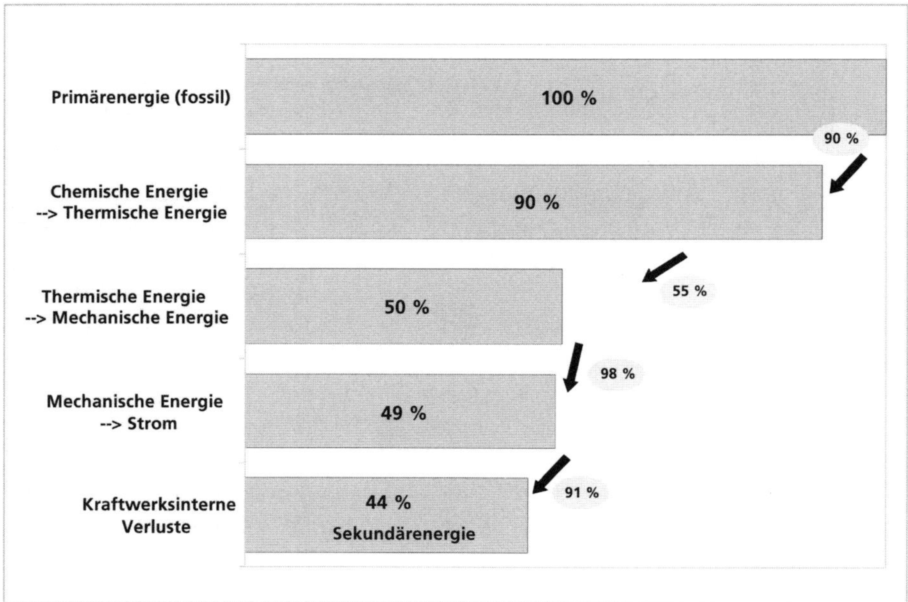

Abbildung 5.2–1: Jede Umwandlungsstufe in einem Kraftwerk erzeugt Verluste

sentlichen Wärme, sonst würde man sie vermutlich statt Glühbirne auch Lichtbirne nennen.

Für die Erzeugung von Licht nach dem herkömmlichen Weg wird also ein ungeheurer Aufwand betrieben. Dies wird zahlenmäßig noch deutlicher, wenn wir alle Zahlenwerte auf die Nutzenergiemenge des Lichtes beziehen.

nerativen Versorgungskette auf der anderen Seite zu sehen.

Wir möchten die Wirkungsgradzusammenhänge an fünf Beispielen konkretisieren.

Vom Kohlekraftwerk zum Glühbirnenlicht

40 % der Primärenergie kommen als Endenergie (vgl. Abbildung 5.2–2) bei uns im Haus an. Dies entspricht dem Wirkungsgrad eines üblichen Großkraftwerkes und den Leitungsverlusten beim Transport des Stromes. Leider erzeugt eine Glühbirne, wie gesehen, im We-

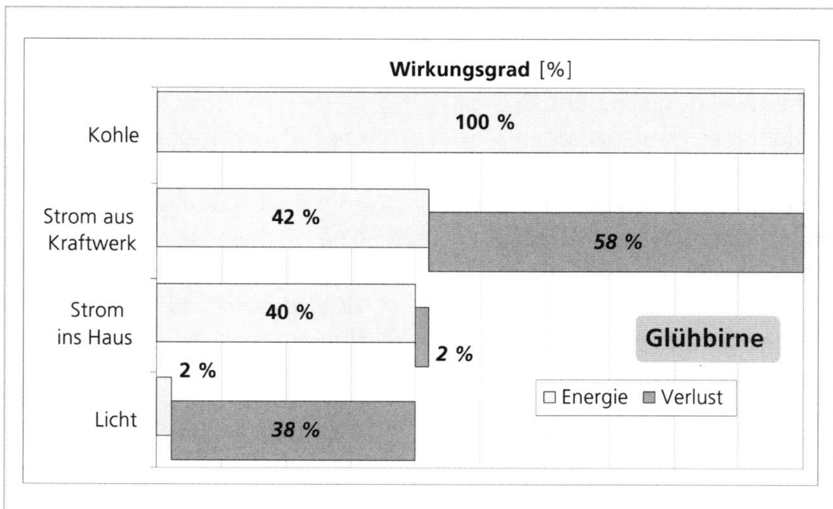

Abbildung 5.2–2: Wirkungsgradkette von der Kohle zum Licht (Glühbirne)

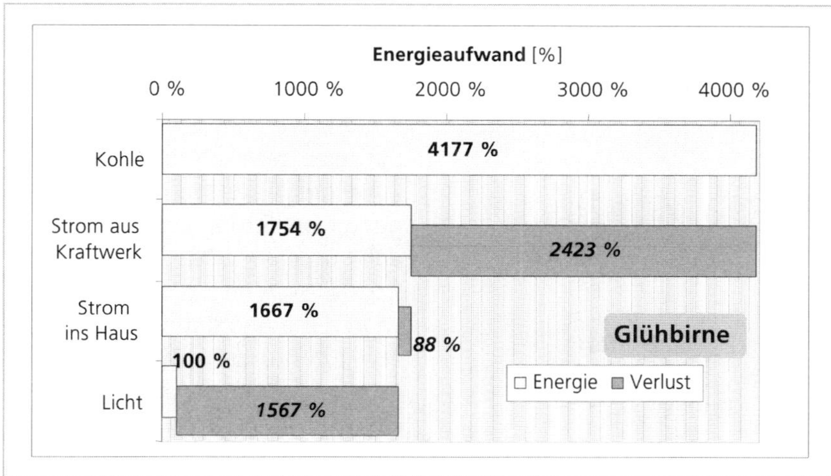

Abbildung 5.2–3: Das Licht einer Glühbirne benötigt eine Menge Kohleenergie

Fast das zweiundvierzigfache der Nutzenergie Licht muss in der Primärenergie investiert werden.

Vom Kohlekraftwerk zum Energiesparlampenlicht

Das sieht bei Energiesparlampen schon ein bisschen freundlicher aus: bei dieser effizienten Beleuchtungstechnologie wird nur das Achtfache der Nutzenergie an Primärenergie benötigt, um die gleiche Lichtmenge zu erzeugen (Abbildung 5.2–4).

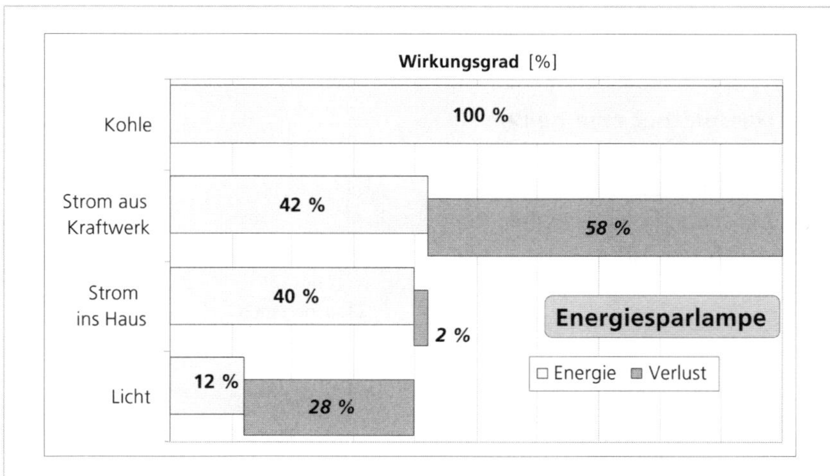

Abbildung 5.2–4: Wirkungsgradkette von der Kohle zum Licht (Energiesparlampe)

Vom Kohlekraftwerk zum heißen Essen (Elektroherd)

Einen ähnlichen Vergleich zur Verdeutlichung von Wirkungsgradketten möchten wir für die Zubereitung bekömmlicher warmer Speisen ziehen. Ein Elektroherd leistet in den meisten Küchen gute Dienste, allerdings setzt er nur 27 % der anfangs eingesetzten Primärenergie direkt in die Wärme unseres Essens um (Abbildung 5.2–5). Das heißt, fast das Vierfache der Nutzenergie Wärme in unserem Essen benötigen wir auf der Primärenergieseite.

5.2 Energieeffizienz – Suche nach mehr

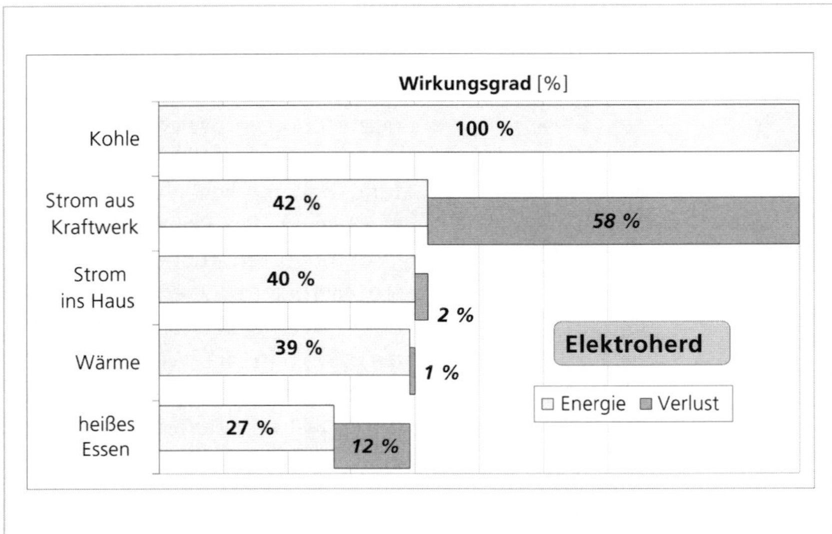

Abbildung 5.2–5: Wirkungsgradkette von der Kohle zum heißen Essen (Elektroherd)

Von der Solarzelle auf dem Hausdach zum Energiesparlampenlicht

Werfen wir zum Schluss den Blick auf eine wirklich moderne Wirkungsgradkette, nämlich die Erzeugung von Strom über Solarzellen auf unserem Dach (Abbildung 5.2–7). Auf den ersten Anschein wirkt diese Anordnung ineffizienter als die Wirkungsgradkette des Kohlekraftwerk-Energiesparlampen-Zyklus (Abbildung 5.2–4). Energiezahlenmäßig stimmt das auch, Solarzellen haben heute erst einen Wirkungsgrad von 12 % im Tageseinsatz. Aber die Lernkurve hat erst begonnen und es werden noch deutliche Steigerungen erwartet. Viel wichtiger aber ist, dass die »Ver-

Vom Gasspeicher zum heißen Essen (Gasherd)

Wie sieht das bei Gasherden aus? Gas wird ja auch immer teurer, aber:

Die Wirkungsgradkette zeigt, dass es effizienter ist, das Gas bei uns zu Hause zu verbrennen und einen Kochtopf zu erwärmen, anstatt in einem Gaskraftwerk durch die Verbrennung Strom zu erzeugen, mit diesem Strom im Herd eine Platte zu erwärmen und so das Essen auf seine Bekömmlichkeitstemperatur zu bringen (Abbildung 5.2–6).

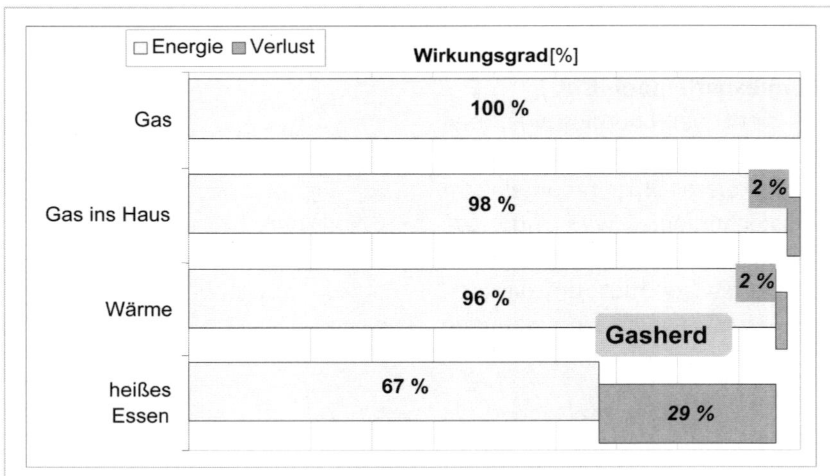

Abbildung 5.2–6: Wirkungsgradkette vom Gas zum heißen Essen (Gasherd)

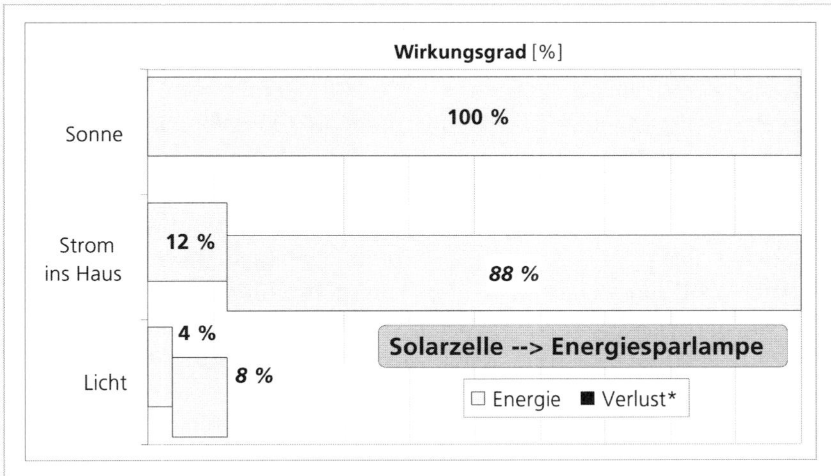

Abbildung 5.2–7: Wirkungsgradkette von der Sonne (Solarzelle) bis zum Licht (Energiesparlampe)

luste« in Abbildung 5.2–7 Verluste ohne ökologische Auswirkungen sind. Diese Verluste im Sonnenlicht sorgen lediglich für eine leichte Erwärmung der Solarzellen oder werden zurück in die Umgebung reflektiert. Man sieht, der Wirkungsgrad alleine sagt nicht alles!

Nicht nur im Herbst Energieernte

Neben dem Wirkungsgrad einer Energieumwandlung gibt es aber noch eine zweite Maßzahl, die zur Bestimmung der Gesamteffizienz der Energieerzeugung und -bereitstellung berücksichtigt werden muss: *den Energieerntefaktor*. Dieser gibt an, wieviel Energie eigentlich in einer Quelle oder Umwandlung im Verhältnis zu der Energie gewonnen werden kann, die zur Herstellung und zum Betrieb des Kraftwerkes oder des Wandlers benötigt wird und berücksichtigt dadurch u.a. auch die Lebensdauer eines Kraftwerkes. Die Bestimmung dieses Faktors gilt als schwierig und in nicht geringem Maße »ideologisch« gefärbt ([ABC2002]).

Andererseits ist natürlich die Sonne als Energiequelle ökologisch wesentlich unproblematischer als Kohle und Kernenergie. Hinzu kommt, dass nach den Gesetzen des Fortschritts und der Massenherstellung zukünftig mit wesentlichen Verbesserungen bei der Erzeugung von Solarzellen zu rechnen ist, wenigstens was das spezifische Investment angeht, also die Euros, die pro installierte Leistung bezahlt werden müssen.

In unserer Sprache wird immer wieder der Gebrauch der Begriffe Effektivität und Effizienz durcheinandergebracht. Wirklich tragisch ist das, abgesehen für Sprachpuristen, natürlich nicht. Tragischer ist da eher, und die Auswirkungen lassen sich im Emmerich-Opus *The Day after Tomorrow* sehr überzeugend studieren, dass unser Gefühl für Effizienz leider mit den Auswirkungen ungenügenden Wirkungsgrades nicht mithält. Unser Verstand kann die Definitionen erfassen und verstehen, die daraus abzuleitenden Lebensveränderungen, die erst mittel- bis langfristig einen äußerlichen Effekt bewirken (wie eine nicht eingetretene oder noch einmal gestoppte Klimaveränderung), können aber nur in der Synthese aus Verstand und Emotion (Bauch) akzeptiert, angegangen und umgesetzt werden.

Daher behilft man sich heute abstrakter Begriffe wie Effektivität und Effizienz, um anhand dieser Parameter die gefühlsmäßig nicht unmittelbar erfassbaren Sekundäreffekte des eigenen Verhaltens zu klassifizieren. Oder man benutzt die Satire.

5.2 Energieeffizienz – Suche nach mehr

600 Gramm Kohlendioxid (CO_2) für eine Kilowattstunde

Auf einen Seitenaspekt bei der Erzeugung von Energie möchten wir noch ein bisschen ausführlicher eingehen, weil er die ökologischen Aspekte der Effizienz verdeutlichen hilft.

Stellen wir uns also die bekannte Frage:

Auf welche Weise lässt sich bei Ihnen zu Hause durch den Verbrauch von Strom das meiste Kohlendioxid erzeugen?

Wir investieren also Verbrauchsstrom und gewinnen ein Gas, das wir schleunigst in die Atmosphäre abgeben wollen. Wir wollen es ja gerne warm haben und haben gelernt, dass Kohlendioxid effizient einen Treibhauseffekt auf unserer Erde unterstützt.

Beim Verbrauchsstrom wollen wir uns natürlich auf den Strom konzentrieren, den wir gar nicht brauchen, oder besser, den wir gar nicht bräuchten.

Hilfreich ist dazu zu wissen, dass nur unsere Steinkohle-, Braunkohle- und Gaskraftwerke in der Lage sind CO_2 zu erzeugen. Aus dem Betrieb von Kern-, Wind-, Wasser- und Solarkraftwerken kann leider kein Kohlendioxid gewonnen werden und das Bisschen, das beim Bau und dem Transport von Bauelementen frei wird, lassen wir außer Acht. Aber es lohnt sich vielleicht auch mal zu überlegen, wie viele Tage radioaktive Strahlung eines Restmüllbestandes durch den Verbrauch einer Kilowattstunde erzeugt werden können. Das heben wir uns für die nächste Auflage dieses Buches auf....

Also, als Daumenwert entnehmen wir aus der Tabelle 5.2–1 etwa 600 g CO_2/kWh. Dieser Wert ist gemittelt und gewichtet aus den Emissionswerten der unterschiedlichen Kraftwerke, die unseren Strom herstellen. Dieses Gas entspricht unter Normalbedingungen etwa einem Volumen von 320 Litern. Zum Vergleich: ein Wohnzimmer mit 26 Quadratmetern und 2,50 m hohen Wänden beinhaltet ungefähr 65 Kubikmeter oder 65,000 Liter. Folglich füllen etwas mehr als 200 kWh unser Wohnzimmer komplett mit Kohlendioxid.

Ein anderer Vergleich: ein sparsamer 220-Liter-Kühlschrank verbraucht etwa 1,2 kWh pro Tag, benötigt also für die Erzeugung eines Gasvolumens seiner Größe (220 l) nur knapp 14 Stunden Dauerbetrieb.

Wir wollen nach dem Wirkungsgrad fragen und die folgenden vier Nutzungsszenarien näher betrachten. Mit welchem, glauben Sie, können wir mehr Kohlendioxid erzeugen, ohne dass wir eine »Nutzungsleistung« erhalten?

$$\text{Wirkungsgrad} = \frac{[\text{nutzbare Energie}]}{[\text{eingesetzte Energie}]}$$

Tabelle 5.2–1: CO_2-Erzeugungs«effizienz« von Energiedienstleistungsträgern

Verbrauch durch	Einheit	Wert	Gasvolumen [Liter]
Strom	pro kWh	600 g CO_2	320
Gas	pro kWh	200 g CO_2	110
Öl	pro kWh	260 g CO_2	140
Steinkohle	pro kWh	330 g CO_2	180
Braunkohle	pro kWh	400 g CO_2	210
Autoverkehr	pro Personen-km	200 g CO_2	110
Bus/Bahnverkehr	pro Personen-km	60 g CO_2	30
Motorrad	pro Personen-km	100 g CO_2	50

5.2 Energieeffizienz – Suche nach mehr

Im ersten Szenario setzen wir in unserer Küche eine 100 W Glühbirne statt einer 20 W Energiesparlampe ein. Die Birne brennt im Mittel zwei Stunden pro Tag.

Im zweiten Szenario stellen wir unseren 220-Liter-Kühlschrank so ein, dass er zwei Grad niedrigere Temperaturen im Kühlfach erzeugt.

Im dritten Szenario lassen wir unseren Fernseher, wenn wir nicht selbst fernsehen, im Stand-by-Modus laufen. Übrigens schauen wir pro Tag im Mittel drei Stunden in die Glotze.

Das vierte Szenario setzen wir beim Kochen an. Wir decken grundsätzlich unseren Kochtopf nicht mit einem Deckel beim Kochen zu. Wir kochen pro Woche dreimal, jeweils mit zwei Töpfen, jeweils für zwei Personen.

Was tippen Sie?

In Tabelle 5.2–2 haben wir die Rechenergebnisse zusammengefasst. Erstaunt Sie das Ergebnis?

Die dritte Spalte gibt uns an, wie viel Kohlendioxid im Vergleich zu einem effizienteren Verhalten oder einer effizienteren Technologie freigesetzt wird. Jetzt also wieder ernst:

- jährlich 35 kg CO_2 lassen sich durch eine einfache Investition von 8 Euro in eine Energiesparlampe vermeiden (Szenario 1),
- 32 kg durch eine moderate Kühlung (6-8 °C statt 4 °C),
- 37 kg durch den Kauf einer schaltbaren Steckerleiste – da passt auch noch die Stereoanlage mit dran, vielleicht 3 Euro.
- Und 24 kg durch Kochen mit einem Kochtopfdeckel.

Fassen wir zusammen: Investitionen in der Größenordnung von 11 Euro und Verhaltensänderungen in drei Fällen reduzieren in unserer exemplarischen Szenariosammlung die CO_2-Emission um 128 kg. Wenn dies nur alle 1-Personen-Haushalte täten, dann wären das, die Masse macht's, schon 1,7 Millionen Tonnen CO_2 weniger (oder 1,9 Millionen Autos weniger auf unserem Schrottplatz, wenn wir uns an die Analogie aus dem Kapitel 1.1 erinnern).

Tja, und Geld spart es auch noch. Ihr Geld. Aber wie kommen wir da hin? Wie schaffen wir das? Wie gehen wir die Einsparpotentiale an?

Tabelle 5.2–2: Jährlich erzeugtes CO_2 in unseren vier Szenarien

Szenario	Beschreibung	jährl. Stromverbrauch	jährl. CO_2-Emission	zusätzlich gewonnenes CO_2	jährl. eingesetzter Zusatzstrom
		[kWh]	[kg]	[kg]	[kWh]
1	Glühbirne statt Energiesparlampe	73	44	35	58
2	Kühlschrank 2 Grad zu kalt	491	294	32	53
3	Fernseher im Stand-by-Betrieb	127	76	37	61
4	Kochen ohne Deckel	161	97	24	40

5.3 Energieberatung – Wege zum Ziel

Die größte Wohltat, die man einem Menschen erweisen kann, besteht darin, dass man ihn vom Irrtum zur Wahrheit führt.

Thomas von Aquin, Aquino (Italien)

Energie ist so etwas Selbstverständliches in Deutschland geworden, dass sich nur sehr wenige Menschen damit aktiv auseinandersetzen und verstehen, welche Komplexitäten bei diesem Thema eine Rolle spielen. Die Lieferung und der Verbrauch von Energie sind weitgehend automatisiert (»unser Strom kommt aus der Steckdose«), die Kosten dafür werden oftmals im Einzugsverfahren den Haushalten überschrieben. Und das wissen wir ja alle, was nicht direkt durch unseren Geldbeutel fließt, sondern sich nur in abstrakten Zahlen auf einem Kontoauszug abbildet, wird nicht so richtig wahrgenommen. Es steht nur auf dem Papier, wir haben kein Gefühl dafür.

Hinzu kommt, dass Energie mit Physik zu tun hat, und haben wir da nicht alle in der Schule immer ein gewisses Grausen davor gehabt und die Ohren von innen zugehalten?

Dem abzuhelfen wurde das Geschäftsmodell Energieberatung erfunden. Spezialisten, die sich in der Materie auskennen, stellen ihr Wissen den (industriellen und öffentlichen) Verbrauchern zur Verfügung, um herauszufinden, wo man steht (das weiß auf Anhieb auch kaum jemand), wo man stehen könnte und sollte und wie man dahin kommt. Nun ist Beratung nicht umsonst, muss sich also rechnen. Oftmals lassen sich Berater aus den identifizierten und realisierten Einsparungen bezahlen, das rentiert sich aber nur bei Firmen.

Bei einem durchschnittlichen jährlichen Stromenergieverbrauch von 3590 kWh (= 646 Euro) und einer möglichen Einsparung von vielleicht 20 % (= 129 Euro) kann gerade mal eine gute Beraterstunde bezahlt werden. Das lohnt nicht.

Also müssen wir, müssen Sie selber ran. Dabei gehen wir am besten genau wie die Berater vor und starten ein kleines Projekt. Projekte haben den Vorteil, dass die Einzelphasen genau beschrieben sind und durch entsprechende Hilfsmittel (in unserem Fall Checklisten, Rechenbeispiele, Tipps) begleitet werden, damit mögliche Fallstricke von vornherein vermieden werden können.

Phase 1: Verbrauchsermittlung

Dies ist ein Blick in die Vergangenheit. Suchen Sie sich die Jahresabrechnung ihres Elektrizitätsver-

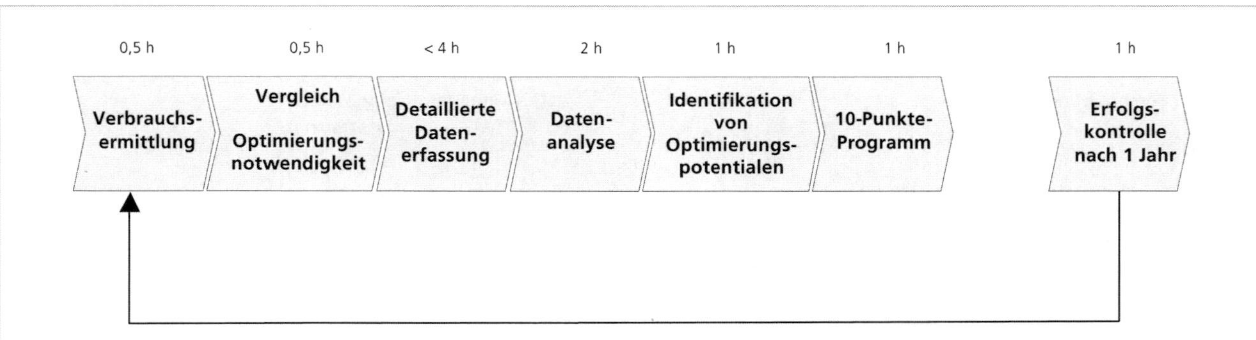

Abbildung 5.3–1: Phasenplan in der Energieberatung

sorgers aus Ihren Unterlagen heraus und notieren Sie sich sowohl die Verbrauchseinheiten (in der Regel in kWh angegeben) und die Gesamtkosten dafür. Teilen Sie Kosten durch die Verbrauchseinheiten, und Sie ermitteln, was eine Kilowattstunde bei Ihrem Versorger kostet (vermutlich in der Größenordnung von 0,18 Euro pro kWh).

Aufwand für die Phase 1: maximal 1 Stunde (vor allem die Abrechnung suchen)

Phase 2: Vergleich mit einem Benchmark

Das ist schon schwieriger, weil Sie dazu etwas wissen müssen, was nicht allgemein zugänglich ist bzw. einen gewissen Rechercheaufwand bedingt.

Wir haben Ihnen das leicht gemacht und im nächsten Kapitel entsprechende Grafiken und Tabellen vorbereitet.

Um festzustellen, ob Ihr Stromverbrauch zu hoch ist, müssen Sie mit einem Verbrauch vergleichen, der in Ihrer Lebenssituation angemessen ist. Zur Lebenssituation gehören die Größe Ihres Haushalts (Anzahl der Personen), die Größe Ihrer Wohnung, die Ausstattung mit auf Strom angewiesenen Geräten und ihre Effizienz, ihre Nutzung der Geräte und Ihre generellen Verhaltensweisen im Haushalt.

Es hilft daher nicht sehr viel, einen durchschnittlichen Haushaltsverbrauch in Deutschland zu Vergleichszwecken herzunehmen. Für eine gute Näherung können Sie anhand von vier einfachen Fragen folgendermaßen vorgehen:

(1) Wie viele Personen leben in Ihrem Haushalt?
Wir haben entsprechende Grafiken für die in Deutschland üblichen Haushaltsgrößen von 1, 2, 3 und 4 Personen vorbereitet. Falls Sie mehr Personen im Haushalt sind, dann nehmen Sie die Grafik für einen 4-Personen-Haushalt und korrigieren Sie entsprechend die Werte für Ihre fünfte und mehr Personen.

(2) Kochen Sie mit Gas oder Strom?
In unserem Beispiel auf der nächsten Seite haben wir die Frage mit »*Gas*« beantwortet und bewegen uns folglich in der Tabelle in der zweiten Spalte.

(3) Stellen Sie Ihr warmes Wasser, das Sie im Bad und zum Händewaschen benutzen, mit Strom her (nur im Sommer, wenn die Heizung nicht in Betrieb ist, oder das ganze Jahr über) oder über Ihre Heizung?
In Eigenheimen wird in der Regel das Warmwasser über die Heizungsanlage hergestellt. In älteren Wohnungen ist allerdings oftmals noch eine Boiler-Anlage innerhalb der Wohnungen oder über modernere Durchlauferhitzer im Bad für die Warmwasserherstellung verantwortlich. Manchmal auch nur im Sommer, wenn die eigentliche Heizungsanlage nicht benötigt und abgeschaltet ist.
Die Beantwortung dieser Frage ist bedeutsam, da die Erwärmung von Wasser durch Strom eine sehr verbrauchsintensive Sache ist. Da kommen pro Jahr schnell 500 kWh pro Person zusammen.

(4) Benutzen Sie eine Waschmaschine in der eigenen Wohnung?
In unserem Beispiel auf der nächsten Seite waschen Sie in der Wohnung über Ihren Haushaltsstromzähler. Oft sind in Appartment-Blocks oder in größeren Wohnungsanlagen zentrale Waschplätze im Keller vorhanden, deren Maschinenparks (Waschmaschine, Trockner) über ein Münzverfahren benutzt werden können. Dieser Stromverbrauch wird dann nicht Ihrer eigenen Stromrechnung aufgelastet.

Mit diesen vier Fragen können Sie die für Ihre Lebensumstände zutreffende Grafik und innerhalb der

5.3 Energieberatung – Wege zum Ziel

Grafik das für Sie zutreffende Verbrauchsband identifizieren.

Tragen Sie Ihren letzten Jahresverbrauch mit Bleistift in die Grafik ein. Mit einem schnellen Blick erkennen Sie sofort, ob Ihr Verbrauch für ähnliche Haushalte eher hoch oder eher niedrig liegt. Das hilft auch, die Notwendigkeit und die Möglichkeit herauszufinden, ob Einsparpotentiale bei Ihnen vorhanden sind (in 99 % aller Fällen ist dies so).

Das links von Ihrem Dreieck befindliche Segment des Verbrauchsbandes entspricht einem möglichen Optimierungspotential (in unserem Beispiel etwa zwei Fünftel vom gesamten Band). Das rechts befindliche Segment darf Sie nicht trösten (»na ja, es gibt ja noch viel schlimmere Verschwender«), da wollen wir niemals hinkommen – die Trends sind aber derzeit so, dass

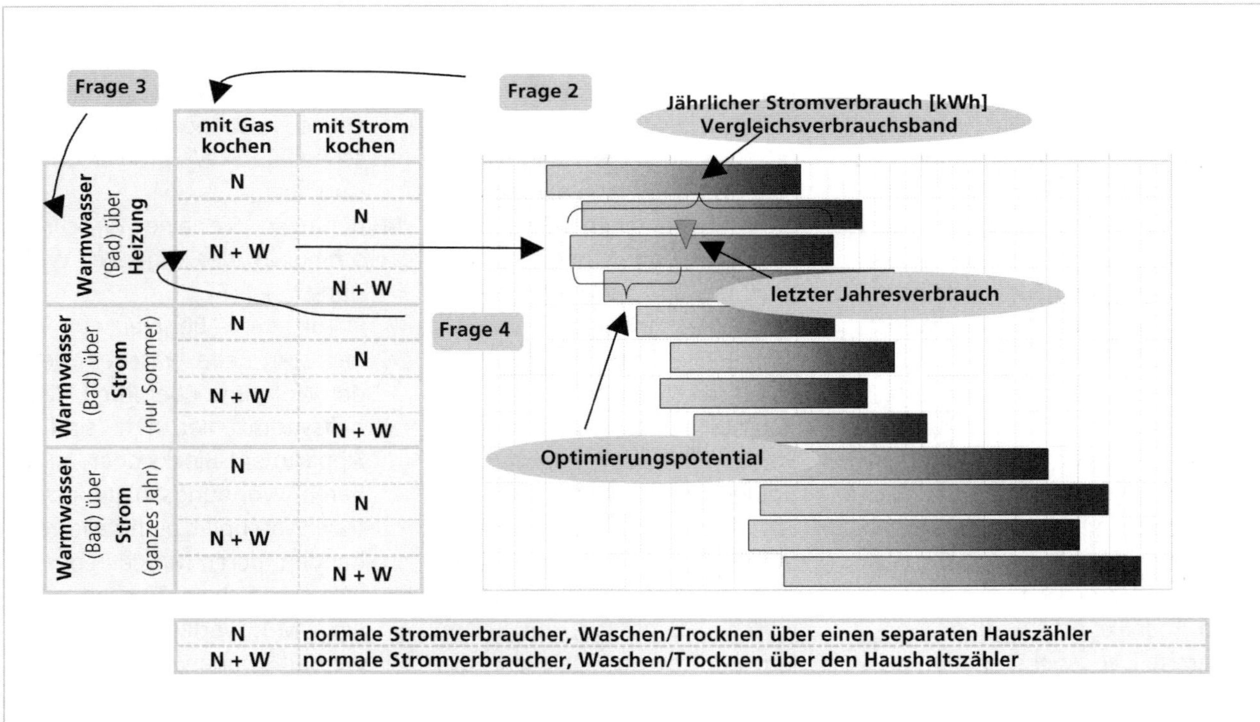

Abbildung 5.3–2: Vorgehen bei der Ermittlung des individuellen Verbrauchsszenarios

pro Haushalt im Mittel jährlich etwas mehr verbraucht wird.

Bedenken Sie: Die Tabellen und Grafiken in diesem Buch sind exemplarisch mit einer guten Annäherung an die Wirklichkeit zu verstehen. Sie beruhen nicht auf umfassenden statistischen Erhebungen, sondern auf modellhaften Überlegungen, denen reale Verbraucher zugrunde gelegt sind.

Natürlich hängt jeder Verbrauch sehr stark von individuellen Gegebenheiten ab und kann nicht absolut als zu hoch oder zu niedrig mit letzter Gewissheit eingeschätzt werden.

Wenn Sie aber bei dieser schnellen groben Analyse nicht ganz links in Ihrem Verbrauchsband oder sogar links außerhalb liegen, dann können Sie davon ausgehen, dass Verbesserungen und Einsparungen möglich sind.

Die weiteren Phasen helfen, das genauer herauszufinden und zu optimieren.

Aufwand für die Phase 2: etwa 1 Stunde

Phase 3: Detaillierte Datenerfassung

Dies ist der aufwändigste Schritt, weil er mit Fuß-, Such-, Lese- und Versteharbeit zu tun hat. Er ist aber wichtig, weil parallel damit ein Bewusstseinsbildungsprozess verbunden ist. Sie lernen, wie nachlässig Hersteller mit der verständlichen Angabe von Energieverbrauch umgehen und wie fahrlässig Sie bislang diese Angaben in der Vergangenheit gar nicht gesucht haben. Sie verstehen aber auch, welche typischen Energieaufwände für Ihren Gerätepark zu verzeichnen sind.

Starten Sie mit einer Liste der Fragen, die Sie im Laufe der Datenerfassung beantworten wollen. Es ist immer gut zu wissen, was man vorhat, bevor man startet. Erfassen Sie alle Verbraucher, ihre Leistungsaufnahmen im Normalbetrieb (definieren Sie, was das ist) und im Stand-by-Betrieb, sowie Ihre Gewohnheiten.

Benutzen Sie gerne unsere vorgeschlagene Checkliste in Abschnitt 4.3 *Die Liste aller Verbraucher*. Kopieren Sie sich diese und füllen Sie sie aus. Machen Sie keine Examensarbeit bei diesem Schritt, bleiben Sie so genau wie nötig, alles andere nimmt die Freude und artet zu leicht in Pedanterie aus.

Aufwand für die Phase 3: bis zu 4 Stunden, je nach Ordnung im Haushalt (wo sind bloß die Gebrauchsanleitungen für die Geräte?)

Phase 4: Datenanalyse

Anhand der ermittelten Daten können Sie für einzelne Gruppen (z.B. Licht, Unterhaltung) Ihren Verbrauch ermitteln. Machen Sie sich klar, wie hoch Ihre Anteile Licht, Unterhaltung, Computer, Kochen, Waschen usw. sind. Vergleichen Sie das mit unserer modellhaften Betrachtung der Aufteilung in Abschnitt 4.5, Abbildung 4.5–1. Weiter vorne, in Abschnitt 4.3 *Die Liste aller Verbraucher* erläutern wir im Detail, wie Ihr Verbrauchskuchen zu erstellen ist.

Aufwand für die Phase 4: etwa 2 Stunden

5.3 Energieberatung – Wege zum Ziel

Phase 5: Identifikation von Optimierungspotentialen

Der Vergleich in Phase 4 kann dazu führen, dass Ihre persönliche Verbrauchsverteilung etwas anders gestaltet ist. Vielleicht ist Ihr Kochen-Anteil sehr hoch. Überprüfen Sie das, indem Sie alle Tipps in Abschnitt 3 *Schnell zum Erfolg* zum Thema Kochen durchgehen. Stellen Sie fest, wie viele dieser Tipps für Sie zutreffen, dass Sie die dort vorgeschlagenen Tipps heute also noch nicht befolgen oder bei Anschaffungen nicht befolgt haben.

Eine grobe Analyse kann sich an folgendem Schema orientieren:

A) weniger als 30 % der Tipps sind relevant: dieses Segment (z.B. Kochen, um im Beispiel zu bleiben) bietet zwar noch einige Optimierungspotentiale, viele sind aber schon ausgeschöpft.
B) zwischen 30 % und 70 % der Tipps sind relevant: hier gibt es einiges an Einsparungen ohne Komfortverluste zu realisieren. Behalten Sie dieses Verbrauchssegment im Auge;
C) mehr als 70 % der Tipps sind relevant: da gibt es auf jeden Fall etwas zu holen.

Gehen Sie alle Segmente durch und identifizieren Sie sich Ihre (wenigstens 3) Optimierungspotentiale, entweder in Kategorie C oder B (Plan B!). Vermutlich werden das Kochen, Unterhaltung und Licht sein.

Arbeiten Sie unsere ausführliche 100-Tipps-Liste in Abschnitt 3 *Schnell zum Erfolg* und unsere Quickwins in Abschnitt *4.7 Der schwierigste Schritt ist der Erste?* durch. Identifizieren Sie alle Tipps, die für Sie zutreffen, die Sie also heute noch nicht beherzigen. Markieren Sie diese, oder besser noch: kopieren Sie die entsprechenden Seiten und hängen Sie sich die markierten Tipps an ein schwarzes Brett, falls Sie ein solches besitzen.

Aufwand für die Phase 5: etwa 1 Stunde für die Checkliste, jeweils monatlich eine halbe Stunde für das eigene Feedback.

Phase 6: Das 10-Punkte-Erfolgsprogramm

Der Mensch ist keine rationale Maschine, wenn wir zuviel auf einmal ändern wollen, dann geht es schief und gar nichts passiert. Also, sich mit wenigen wichtigen Änderungen befassen, dafür konsequent, erreicht mehr, als sich alles, was möglich ist, vorzunehmen, überfordert zu resignieren und nichts erzielen.

Sie haben in Phase 5 Ihre 3 wichtigsten Optimierungspotentiale festgelegt. Setzen Sie auf jeden Fall alle zutreffenden Quickwins um! Quickwins sind Quicksaves. Stand-by-Probleme umgehen Sie sofort mit schaltbaren Steckerleisten. Das ist ganz leicht und kann alleine schon einige Zehn-Euro-Scheine pro Jahr und etliche Kilos Kohlendioxid einsparen.

Suchen Sie sich eine Gruppe

Nehmen Sie sich ein Herz und suchen Sie sich für jede Verbrauchsgruppe, die Sie optimieren wollen (Geschirr spülen, Kühlen, Waschen, Kochen, Computer, Unterhaltung und Licht sowie Sonstiges) 5 Tipps heraus: welche, die leicht für Sie umzusetzen sind und welche, die einen großen Effekt haben. Versuchen Sie, sich für ein Jahr zu konzentrieren und monatlich die Liste einmal durchzugehen, erneut zu verinnerlichen. Bewerten Sie jede Maßnahme nach dem Erfolg: nichts erreicht, etwas erreicht, vollständig umgesetzt, war ja ganz leicht.

Seien Sie zu sich selbst ehrlich. Denken Sie an die Darstellung in Abbildung 4.5–2: kleine Investments mit etwas konzentriertem Verhalten können schon einen großen Effekt auf die Stromverbrauchsreduktion haben.

Nehmen Sie sich nicht zu viele Maßnahmen vor, damit Sie erfahren können, dass auch kleine Schritte Bewegung ins Leben bringen. Nehmen Sie sich aber auf jeden Fall aus jeder Gruppe zwei mit einer großen Wirkung heraus, damit Sie die Erfolge auch messen können. Ein eigenes Schulterklopfen ist zwar auch nicht schlecht, messbare Ergebnisse, die dem eigenen Geldbeutel zugute kommen, motivieren noch mehr, in einem zweiten Iterationsschritt weitere Potentiale zu ermitteln.

Irgendwann bemerken Sie es dann selbst, wie Sie beginnen Ihre Welt mit Energieaugen wie ein Argus zu beobachten. Sie fangen an auch in Ihrer Arbeit das Licht bei Abwesenheit oder Sonne auszumachen und die Drucker über Nacht abzuschalten.

Aufwand für die Phase 6: ca. 1 Stunde für die Checkliste, jeweils monatlich eine halbe Stunde für das eigene Feedback.

Phase 7: Erfolgskontrolle

Nach einem Jahr, nach dem Erhalt der neuen Stromrechnung Ihres Versorgungsunternehmens, können Sie und sollten Sie Ihr Programm Revue passieren lassen. Gehen Sie nochmals Ihre Punkte durch, bewerten Sie subjektiv, ob Ihre Punkte zu 0 %, 30 %, 60 % oder 100 % umgesetzt worden sind, seien Sie kritisch zu sich selbst.

Vergleichen Sie Ihren Jahresverbrauch mit dem letzten. Marginale Änderungen? Mehrverbrauch (haben Sie im vergangenen Jahr etwas massiv verändert? Neu gekauft, z.B. jetzt doch einen Computer)? Reduzierter Verbrauch? Das wäre super. Dann los zu einer zweiten Runde. Schnappen Sie sich alle Punkte, die Sie erst zu 0 % oder maximal 30 % erfüllt haben, greifen Sie nochmals neue Tipps auf.

Aufwand für die Phase 7: ca. 1 Stunde

Jetzt sind Sie Ihr eigener Energieberater.

Sie können auch Freunden helfen (oder kaufen Sie dieses Buch ein zweites Mal und verschenken Sie es :-)).

Resümee:

Mit einem Einsatz von maximal etwa 8 Stunden erhalten Sie ein vollständiges, aktuelles Abbild von Ihren Lebensumständen in Bezug auf Ihren Strombedarf und -verbrauch. Wenn Sie bereit sind, in den Folgejahren das Ganze noch einmal zu optimieren, dann verringert sich der Aufwand natürlich erheblich, solange Sie Ihre eigenen ausgefüllten Unterlagen nicht weggeschmissen haben.

5.4 Energieverbrauch in einem Haushalt

Wenn ich acht Stunden Zeit hätte um einen Baum zu fällen, würde ich sechs Stunden die Axt schleifen.

Abraham Lincoln, Washington D.C.

Wir haben mehrfach deutlich betont, dass Strom eine Edelenergie ist, mit der viele unterschiedliche Dinge sehr bequem erreicht werden können:

- Wasser erwärmen (Kochen, Heizung, Kaffee, Waschmaschine, Geschirrspülmaschine),
- Motoren antreiben (Küchengeräte, Pumpen, Waschmaschine),
- elektronische Geräte zum Leben erwecken (Fernseher, Computer, HiFi-Anlage),
- die Zeit anzeigen (Wecker),
- Kühlen (Kühlschrank, Gefrierschrank, Klimaanlage)
- beleuchten (Energiesparlampen, Glühlampen)
- usw.

Der Luxus muss erkauft werden, indem andere Energieträger in Stromenergie umgewandelt werden (Kohle, Gas, Öl, Kernbindungsenergie, Sonnenstrahlung, Wind, Bioenergie), wobei es zu mehr oder minder starken Effizienzverlusten kommt.

Im Haushalt verbrauchen wir aber auch noch weitere Energiedienstleistungen, die nicht auf der Basis von Strom erzeugt werden. Beispielsweise beheizen wir unsere Wohnungen in der Regel nicht mit Stromspeicherheizungen, sondern mit öl- oder gasbefeuerten Zentralheizungen.

Strom ist nur ein Viertel der Wahrheit

Kennen Sie Ihre genaue Endenergieverbrauchsverteilung? Wissen Sie, wie viele Kilowattstunden Energie Sie jährlich benötigen? Was das alles in Summe kostet?

Fangen wir mit dem **Auto** an: Rechnen wir mit *einem* Auto und einer *jährlichen Fahrleistung* von 15.000 km sowie einem *durchschnittlichen Benzinverbrauch* von 8 Litern Benzin auf 100 km (in Deutschland waren in 2004 44,7 Millionen Personenkraftwagen zugelassen, bei 38,9 Millionen Haushalten wären das im Mittel 1,15 Fahrzeuge pro Haushalt; der Durchschnittsverbrauch der zugelassenen Fahrzeugflotte wurde vom BMWA (Bundesministerium für Wirtschaft und Arbeit) mit 8 l auf 100 km angegeben).

Wir überschlagen leicht, dass wir pro Jahr 1.200 l Benzin benötigen, bei 1,20 Euro pro Liter kostet uns das 1.440 Euro im Jahr. Die Energiedichte von Benzin, das ist die pro Volumeneinheit, z.B. Liter, oder pro Masseneinheit, z.B. Kilogramm, gespeicherte Energiemenge, beträgt etwa 10 kWh pro Liter, d.h. durch die Verbrennung von einem Liter Benzin können etwa 10 kWh Endenergie gewonnen werden. Wenn also ein PKW für eine Entfernung von 100 km 8 Liter Benzin benötigt, dann kann mit einer Kilowattstunde (1 kWh) eine Entfernung von 100 / 8 / 10 = 1,25 km zurückgelegt werden (vgl. Abbildung 5.1–10). Eine Kilowattstunde Benzin kostete 2005 übrigens etwa 12 Cent. In Summe wurden durch das Abfahren der 15.000 km 12.000 kWh Endenergie verbraucht.

1 Liter Benzin/Diesel entspricht 10 kWh Endenergie

Vielleicht ist es auch noch ganz interessant, sich zu vergegenwärtigen, dass von diesen 12.000 kWh Endenergie weniger als nur etwa 1 % für die Fortbewegung des Fahrers (= Nutzenergie) selbst aufgewendet wird. Der Rest geht für die Fortbewegung des Autos drauf (6 %), erwärmt Reifen, den Straßenbelag und die Luft (7 %) bzw. verpufft als Wärme, Lärm, im Leerlauf oder für »allerlei Schnickschnack« ([LOV2005]) (vgl. Abbildung 5.4–1).

5.4 Energieverbrauch in einem Haushalt

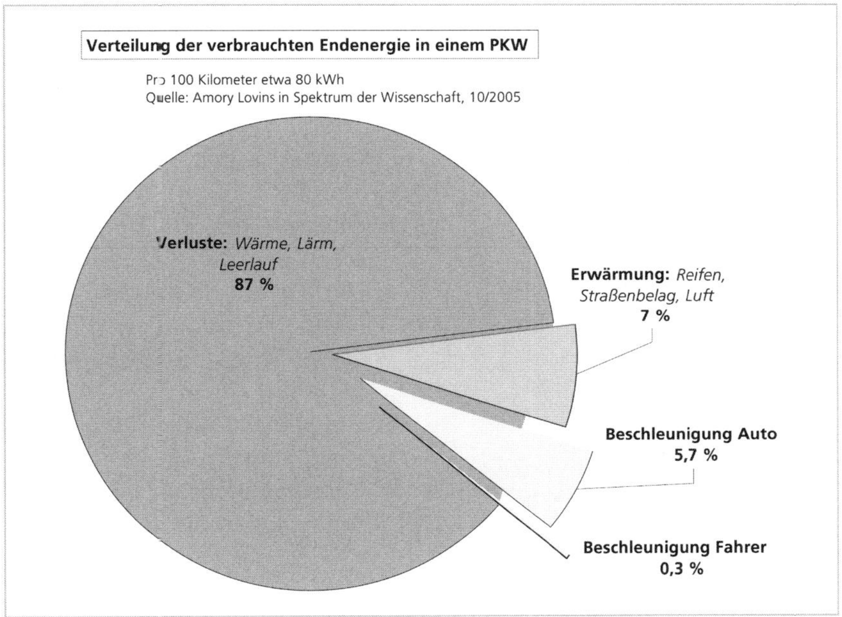

Abbildung 5.4–1: Aufteilung der Endenergie in einem PKW bei der Fortbewegung

Warmwasser und Heizung

Hier gibt es verschiedene Möglichkeiten, Wasser für hygienische oder Heizungszwecke zu erwärmen, nehmen wir als Beispiel eine Ölheizung: ein Vier-Personen-Haushalt benötigt pro Jahr etwa 2.400 Liter Heizöl (Wohnfläche etwa 120 m^2). Die Energiedichte von Heizöl beträgt rund 45.600 kJ/kg oder 53.000 kJ/Liter (1 Liter wiegt 0,86 kg), oder (vergleichen Sie Tabelle 5.1–5: 1 kJ = 0,000278 kWh) herunterskaliert auf 14,7 kWh pro Liter.

1 Liter Heizöl entspricht 14,7 kWh Endenergie

Sie verbrauchen also pro Jahr etwa 35.280 kWh für Heizung und Warmwasser. Die Gesamtkosten betragen bei 50 Euro pro 100 Liter Heizöl (im Moment ist dies allerdings teurer, aber im letzten Winter traf dieser Wert ganz gut zu) etwa 1.200 Euro.

1 kWh belastet unseren Geldbeutel also um 3,4 Cent. Etwa 10 % der Energie und der Kosten werden für die Warmwasserbereitung aufgewendet, 90 % für die Heizung.

Und der Strom? 4.400 kWh kosten etwa (0,18 Euro/kWh) 792 Euro.

Wir stellen sowohl die Energie- (Abbildung 5.4–2) wie Kostenverteilung (Abbildung 5.4–3) dar, beispielhaft für einen Vier-Personen-Haushalt. Strom nimmt in der Endenergie keinen so großen Anteil ein (9 %), allerdings in der notwendigen Primärenergie, wie man deutlich an den Kosten sieht. Für die Erzeugung der Endenergie Strom wird deutlich mehr Primärenergie eingesetzt als für die direkteren Energieträger Wärme und Benzin (chemische Energie).

Eigentlich zahlen wir ja für die Primärenergie und deren Aufbereitung bzw. Umwandlung in eine uns zugängliche Endenergie. Infolgedessen spiegelt sich der unterschiedliche Endenergiepreis pro Kilowattstunde in einem unterschiedlichen effizienten Primärenergieverbrauch wider, und natürlich auch im Aufwand, die Endenergie aus der Primärenergie zu erzeugen.

Wichtig also die Botschaft: Wenn Sie sparen wollen, dann machen Sie nicht bei dem Strom halt, sondern schauen Sie sich auch mal die Einsparmöglichkeiten bei Wärme (Heizung und Warmwasser)

5.4 Energieverbrauch in einem Haushalt

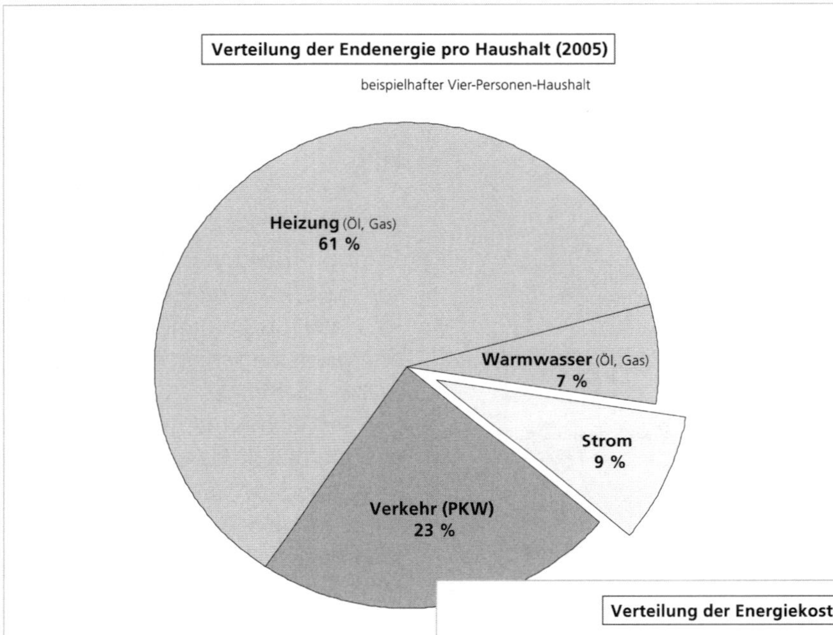

Abbildung 5.4–2: Endenergieverteilung in einem Vier-Personen-Haushalt

und Verkehr an (z.B. in [ENER1998] oder in vielen Internet-Seiten).

Auch die Verteilung der Energie relativ zur Zweckverwendung (»Bedarfsfelder«) ist aufschlussreich (Tabelle 5.4–1).

Die Bedarfsfelder in einem Haushalt:

- *Bekleidung* (gewaschene Wäsche – Strom, trockene Wäsche – Strom), Freizeit (Fernsehen – Strom, Musik hören – Strom, Computerspiele – Strom);
- *Ernährung* (warme Mahlzeit – Strom, frische Lebensmittel durch Kühlen und Gefrieren – Strom, hygienische Mahlzeiten durch gespültes Geschirr – Strom);
- *Freizeit* (Spiel mit der elektrischen Eisenbahn, Musik hören, DVD-Filme anschauen, Radio hören, Fernsehen, Computerspiele, im Internet surfen – Strom);
- *Gesundheit* (Warmwasser – Heizung, Strom);
- *Mobilität* (in die Arbeit mit dem Auto fahren, am Wochenende

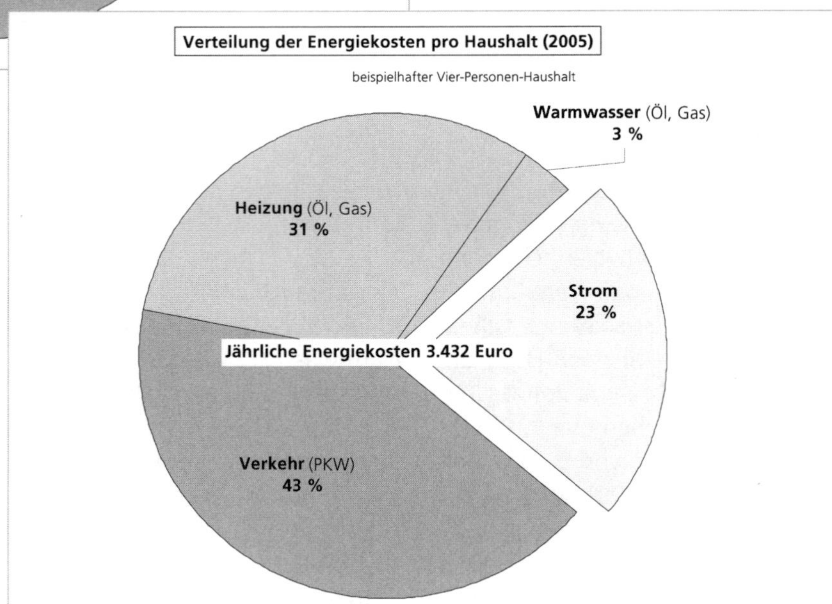

Abbildung 5.4–3: Endenergie-Kostenverteilung in einem Vier-Personen-Haushalt

5.4 Energieverbrauch in einem Haushalt

Tabelle 5.4–1: Bedarfsfelder und Energiedienstleistungen im Haushalt

Zweck (Bedarfsfeld)	Energiedienstleistung	Energie»art« Energieträger	Anteil [%]
Bekleidung	gewaschene Wäsche, trockene Wäsche	Strom, Wärme	2 %
Ernährung	warme Mahlzeit, frische Lebensmittel, hygienisches Essen	Strom, Gas	7 %
Freizeit	Fernsehen, Musik hören, Computerspiele	Strom	7 %
Gesundheit	Warmwasser	Wärme (Heizung), Strom	6 %
Mobilität	bequeme und schnelle Fortbewegung	Benzin, Diesel, Kerosin, Strom	22 %
Wohnen	Raumwärme, Licht, saubere Wohnung	Wärme (Heizung), Strom	56 %

Motorrad fahren – Benzin, Diesel);

- *Wohnen* (Raumwärme – Heizung, Licht – Strom)

beanspruchen in der Regel eine zur Verfügung stehende Energie, mit deren Hilfe viele Dinge erst möglich werden und die wir keinesfalls wieder missen wollen und sollen.

In Bezug auf die Gesamtenergie spielen die Bedarfsfelder Wohnen und Mobilität die größte Rolle, in Bezug auf die Stromenergie, das wissen wir bereits, müssen wir uns aber durchaus intensiv mit der Energieeffizienz auch bei unseren anderen Freizeitaktivitäten sowie der Ernährung beschäftigen. Hier sind die Hebel für eine Effizienzrevolution anzusetzen, die das Potential hat, unseren Gesamtenergieverbrauch zu stabilisieren und sogar zu senken: Gute Wärmedämmungen in unseren Häusern, Einführung verbrauchsarmer, auf Akzeptanz stoßender PKWs, energieeffiziente Gebrauchstechnologien. Und gleichzeitig die Umstellung auf regenerative Energieerzeugung forcieren – das alles sollte zum Konsens in unserer Gesellschaft werden und einen energiepolitischen Masterplan ermöglichen.

Haushalte verbrauchen ein knappes Drittel des deutschen Stroms

Pro Jahr werden in deutschen Haushalten etwa 140 Milliarden Kilowattstunden Energie auf Basis des Energieträgers Strom direkt verbraucht (2003: 138,5 Milliarden Kilowattstunden). Das sind knapp 30 % vom gesamten Stromverbrauch. Die anderen 70 % teilen sich die Industrie, dienen zum Eigenverbrauch der Hersteller, gehen verloren (obwohl sie genutzt werden könnten) oder werden exportiert (2001: 44,8 Milliarden kWh).

Bei etwa 39 Millionen Haushalten in Deutschland (Stand 2003) bedeutet das im Mittel (!) etwa 3.590 kWh Stromverbrauch pro Haushalt bzw. wiederum im statistischen Mittel etwa 1.680 kWh pro Bewohner. Natürlich verbrauchen Kinder weniger als Erwachsene, benötigt ein 1-Personen-Haushalt pro Person mehr Strom als ein 4-Personen-Haushalt pro Person.

Strom sparen – vergrößern Sie sich

Der Verband der deutschen Elektrizitätswirtschaft VDEW hat im Januar 2005 im Internet die durchschnittliche Verbrauchszahl (allerdings für 2000) auf Haushaltsgrößen heruntergebrochen. Leider sind die Datenermittlungen in Deutschland nicht alle synchronisiert und oft auch erst einige Zeit verzögert verfügbar, aber das soll hier mal nicht so sehr stören. Die Ermittlung dieser Zahlen erfolgte auf Basis von exemplarischen Haushaltsbefragungen, und nicht, wie in diesem Buch, auf Basis von modellhaften Überlegungen.

5.4 Energieverbrauch in einem Haushalt

Tabelle 5.4–2: Kennzahlen für Stromverbrauch in Abhängigkeit von der Haushaltsgröße

jährlicher Stromverbrauch (2000)		
Haushaltsgröße	pro Haushalt [kWh]	pro Person im Haushalt [kWh]
1 Person	1.790	1.790
2 Personen	3.030	1.515
3 Personen	3.880	1.290
4 Personen	4.430	1.110
Quelle: VDEW, Jan. 2005, http://www.strom.de Verbrauch ohne Heizstrom (Warmwasser)		

Je kleiner ein Haushalt ist, desto größer wird systembedingt der Stromverbrauch pro Person. Es ist zum Beispiel leicht einzusehen, dass beispielsweise der Lichtbedarf in einem Zwei-Personen-Haushalt nicht plötzlich auf das Doppelte im Vergleich zum Single-Haushalt ansteigt.

Die Vereinzelung unserer Gesellschaft in die Single-Haushalte bedeutet für uns volkswirtschaftlich also eine Erhöhung des Gesamt-Stromverbrauchs, Synergieeffekte bleiben auf der Strecke. Aber das ist halt so.

Ungebrochener Trend zu kleineren Haushaltsstrukturen

Dieser Trend wird sich fortsetzen und daher die Notwendigkeit verstärken, überall den unbedarften Stromverbrauch zu optimieren, damit die negativen Klimaeffekte gebremst bzw. sogar umgekehrt werden. Ein Blick auf die Haushaltsstruktur und ihre Entwicklung zeigt nämlich, dass dieser Trend ungebrochen ist:

Für 2003 hat der VDEW 39 Millionen Haushalte gezählt, darunter 14,4 Millionen 1-Personen-Haushalte, also eine Steigerung bei dieser Haushaltsgröße gegenüber 1998 um mehr als 8 %.

Luxusenergie Strom für ein angenehmes Leben

Strom an sich ist eine der wertvollsten Entdeckungen, die jemals von der Menschheit gemacht worden sind, um das eigene Leben angenehmer gestalten zu können. Strom kann relativ leicht und effizient in Wärme und mechanische Energie umgewandelt werden. Daher be-

Tabelle 5.4–3: Haushaltsverteilung in Deutschland (1998)

Haushaltsverteilung in Deutschland (1998)		
Haushaltsgröße	Anzahl der Haushalte [Millionen]	Anzahl der Haushalte [%]
1 Person	13,3	35,5 %
2 Personen	12,4	33,1 %
3 Personen	5,6	14,9 %
4 Personen	4,5	12,0 %
≥ 5 Personen	1,7	4,5 %
total	**37,5**	**100,0 %**
Quelle: Bundesamt für Statistik, http://www.destatis.de		

nutzen ja viele Männer beispielsweise einen elektrischen Rasierapparat und viele Frauen eine komfortable Küchenmaschine, wir lieben es auch, morgens die Kaffeemaschine zu befüllen und den Knopf zu drücken und machen uns eigentlich jeden Morgen damit klar, wie alt noch die Zeiten waren, als zum Erwärmen des Kaffeewassers erst das Feuerholz aus dem Keller geholt und ein Ofen angeheizt werden mussten. Bloß denken wir explizit nicht darüber nach. Strom ist bequem.

Unser Leben zu erhellen – Licht – und unsere Stimmung aufzuhellen – Radio, Fernsehen – geht bequem nur mit Strom. Da wollen wir auch nicht mehr zurück.

Die Frage bleibt natürlich, ob wir den Strom immer sinnvoll ein-

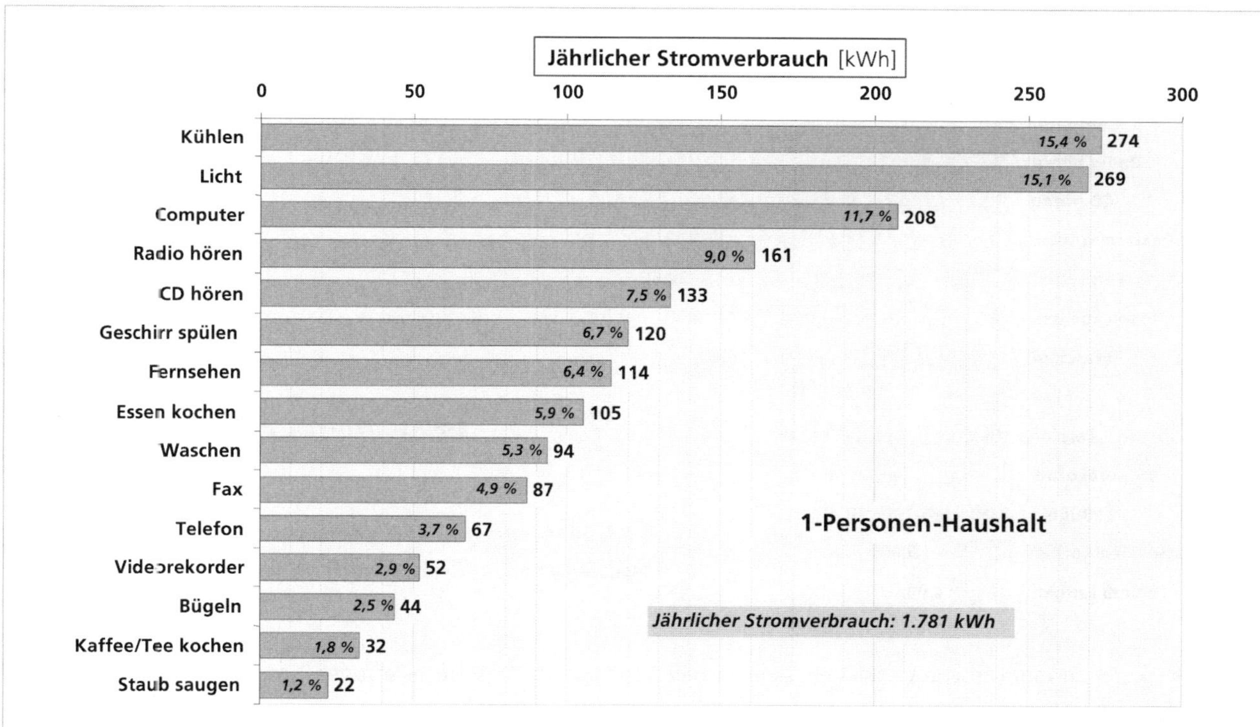

Abbildung 5.4–4: Exemplarische Verteilung des jährlichen Stromverbrauchs in einem 1-Personen-Haushalt nach Aktivitätsgruppen

5.4 Energieverbrauch in einem Haushalt

setzen. Darüber muss letztendlich jeder selbst entscheiden und seine Werte entsprechend seinen Bedürfnissen und Interessen setzen.

Abbildung 5.4–4 legt im Detail dar, am Beispiel eines Ein-Personen-Haushaltes, wie sich der Stromverbrauch in absoluten Zahlen auf die verschiedenen Nutzungen aufteilen kann. Beruhigend ist zu wissen, dass die Grundbedürfnisse Kühlen und Licht einen Löwenanteil einnehmen. Da lässt sich ansetzen, wenn man etwas verändern möchte. Andere Bedürfnisse (Compu-

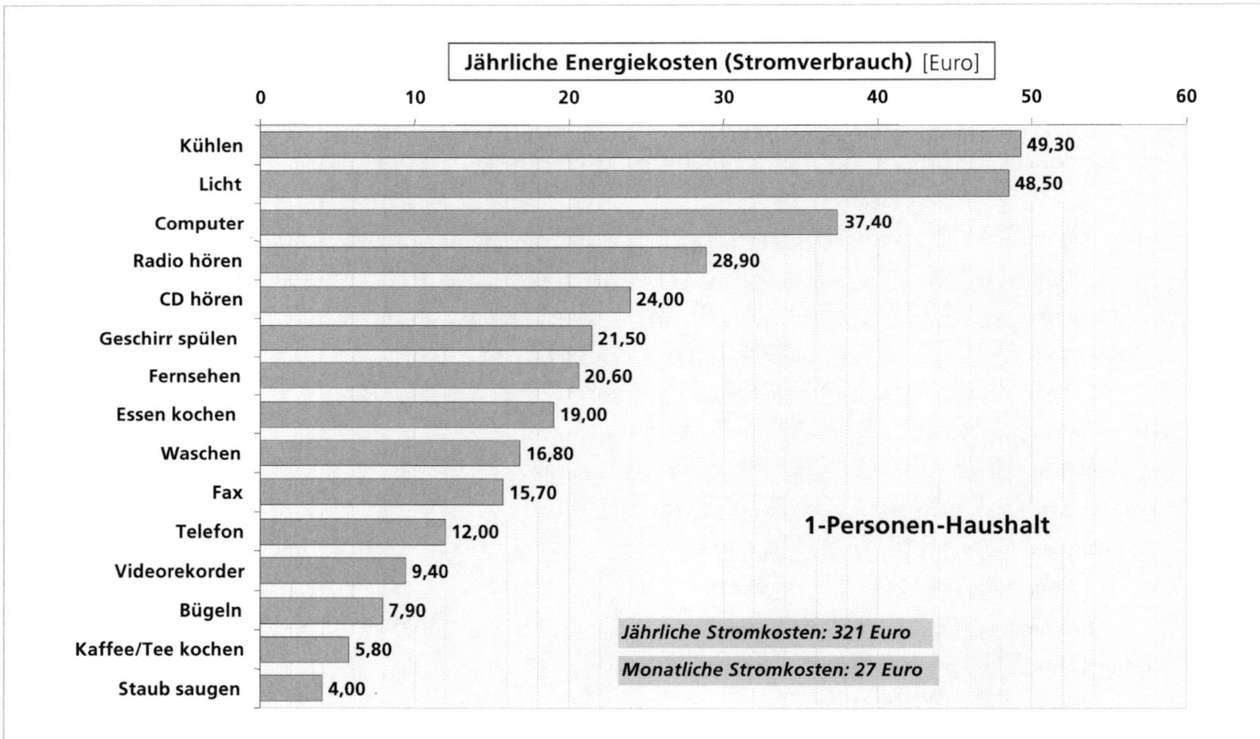

Abbildung 5.4–5: Exemplarische Verteilung der jährlichen Stromkosten in einem 1-Personen-Haushalt nach Aktivitätsgruppen

ter, Musik hören, Fernsehen schauen) nehmen aber auch schon eine Menge Strom in Anspruch.

Abbildung 5.4–5 stellt bei einem Strompreis von 0,18 Euro pro kWh die Kosten dar.

Verbrauchsbänder zur Ermittlung der eigenen Position

Wertvoller für die Ermittlung eines Verbesserungsbedarfs im eigenen Haushalt sind die Feststellung, ob der eigene Verbrauch zu hoch ist oder nicht, und die Beur-

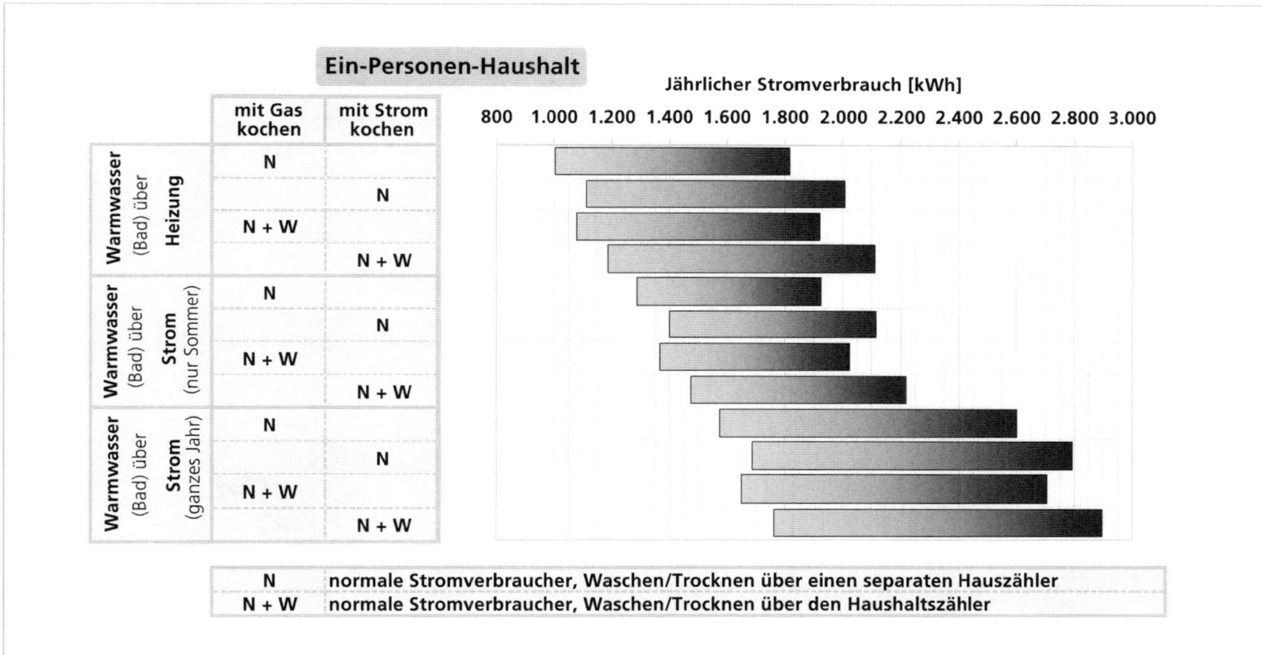

Abbildung 5.4–6: Stromverbrauchsbänder Ein-Personen-Haushalt

teilung, mit welchen Entscheidungen und Handlungsänderungen sich der Verbrauch optimieren lässt.

Das muss man nach den unterschiedlichen Haushaltsgrößen getrennt angehen, wenn man nicht zu generisch bleiben möchte. Die nachfolgenden vier Diagramme stellen für unterschiedliche Lebenssituationen in den vier Haushaltsgrößengruppen 1 Person, 2 Personen, 3 Personen und 4 Personen die üblichen Energieverbräuche auf Basis des Energieträgers Strom jeweils in einem Band dar. Das linke Ende des Bandes entspricht einem sehr niedrigen Stromverbrauch, der erreicht werden kann, wenn möglichst viele Optimie-

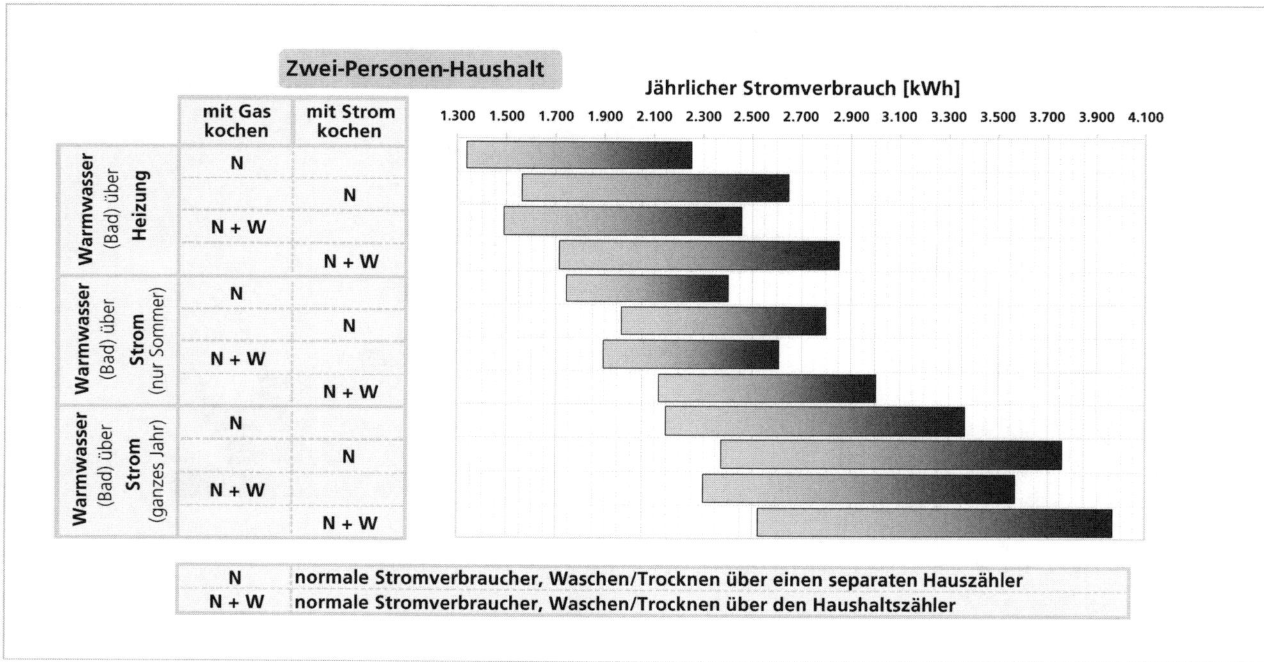

Abbildung 5.4–7: Stromverbrauchsbänder Zwei-Personen-Haushalt

rungsmöglichkeiten genutzt werden. Das rechte Ende des Bandes dagegen signalisiert einen Stromverbrauch, der eigentlich nur durch sehr schlechte Technik (uralte Kühlschränke) und ungewöhnlich nachlässiges Verhalten erklärt werden kann.

Wir wiederholen hier nicht noch einmal die Vorgehensweise, die bereits im Abschnitt 5.3 *Energieberatung* (Schritt 2: Ermittlung des Benchmarks) beschrieben ist, sondern präsentieren hier nur die Ergebnisse der Modellrechnungen.

Suchen Sie sich Ihren Haushaltstyp und Ihr Verbrauchsszenario und stellen Sie fest, wie Ihr Verbrauch einzuordnen ist.

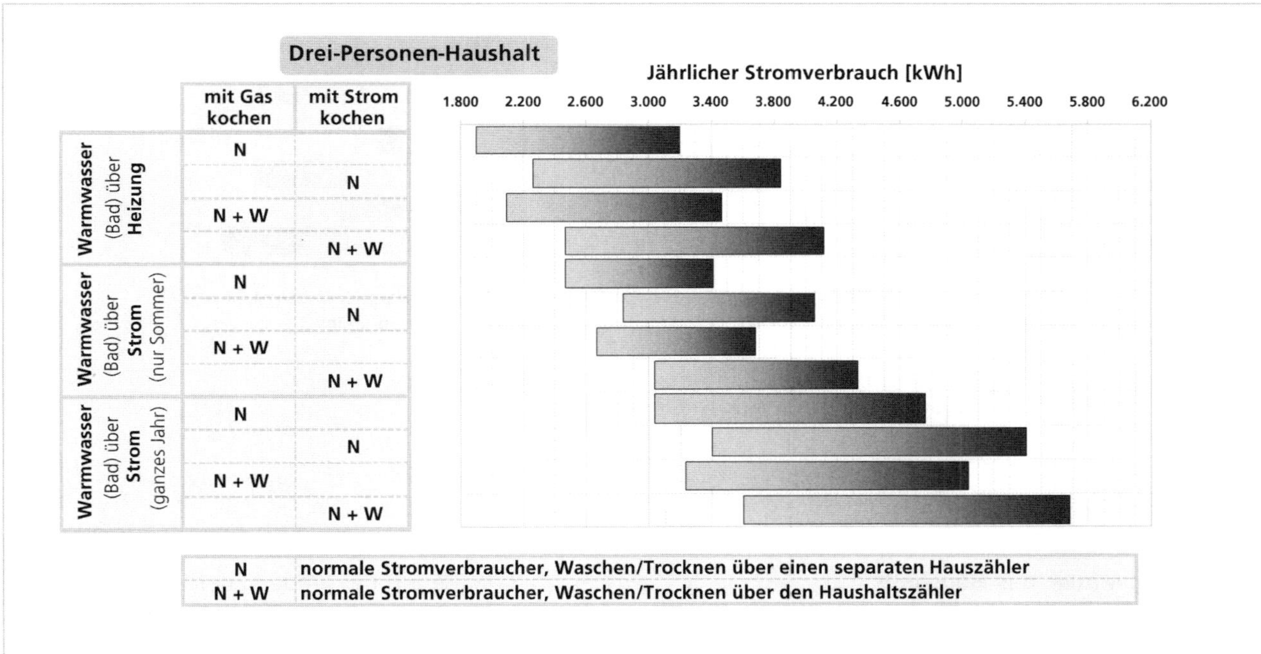

Abbildung 5.4–8: Stromverbrauchsbänder Drei-Personen-Haushalt

5.4 Energieverbrauch in einem Haushalt

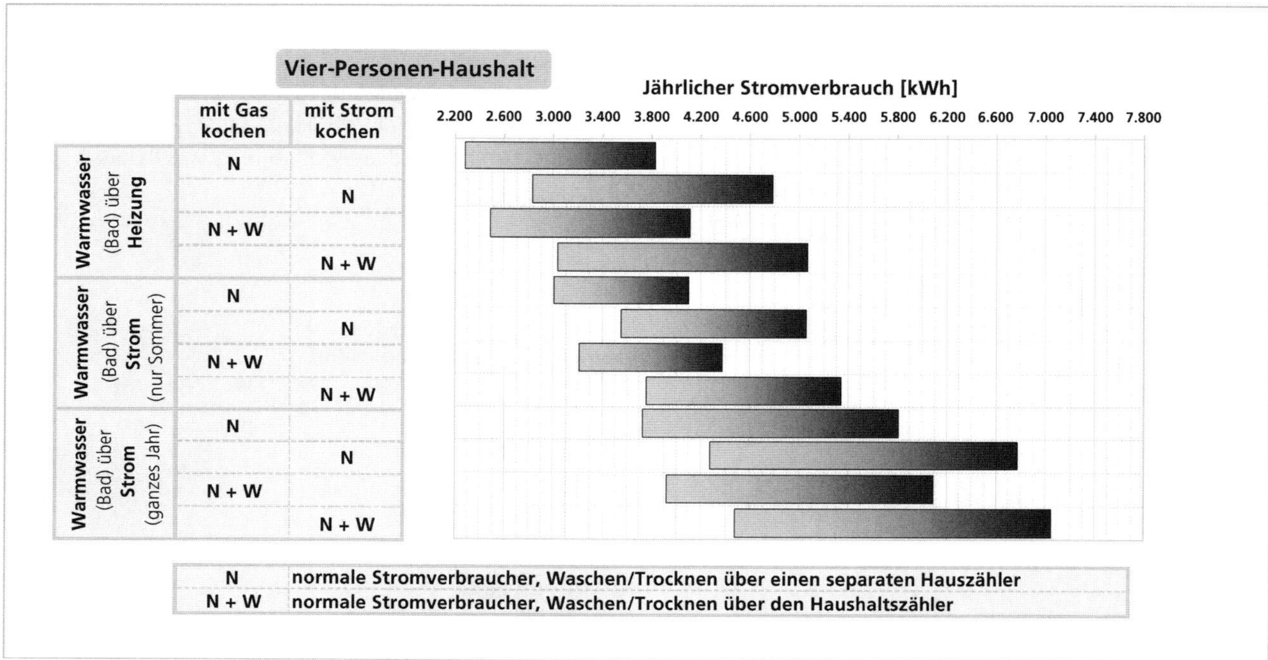

Abbildung 5.4–9: Stromverbrauchsbänder Vier-Personen-Haushalt

Die grauen Mäuse des Haushalts

Der direkte Stromverbrauch im Haushalt ist übrigens nur ein Teil der Wahrheit. Auch die Herstellung von Haushaltsgeräten verbraucht Strom, und so kann durch das eigene Anschaffungsverhalten der Gesamtstromverbrauch in Deutschland ebenfalls beeinflusst werden. Dies ist vor allem im Hinblick auf die vielen Kleingeräte von Bedeutung, deren Benutzung zum Verbrauch kaum beträgt, deren Herstellungsenergie aber eine Rolle spielen kann.

Da die bei der Herstellung verbrauchte Energie für uns Endbenutzer eigentlich unsichtbar ist, hat sich hier wohl der Begriff der grauen Energie etabliert. Mit dieser grauen Energie wird die Stromenergiemenge bezeichnet, die bei der Herstellung von Produkten und deren Transport benötigt wird. Diese ist im Allgemeinen gar nicht direkt zu bestimmen, sondern entweder nur indirekt oder durch modellhafte Berechnungen mit realen Gesamtverbrauchswerten.

Wie man in der Tabelle sehen kann, nimmt die graue Energie bei Großgeräten im Haushalt um die 20 % des Gesamtenergieverbrauches an, bei Leuchtmitteln spielt sie eigentlich keine Rolle. Kleingeräte im Haushalt, von denen es mehr als 10 geben kann (z.B.

5.4 Energieverbrauch in einem Haushalt

(1) Kaffeemaschine, (2) Wasserkocher, (3) Eierkocher, (4) elektrische Brotschneidemaschine, (5) elektrische Zitronenpresse, (6) Küchenmaschine, (7) Getreidemühle, (8) Hand-Mixer, (9) Toaster, (10) Quirl, (11) Kaffeemühle, (12) elektrischer Dosenöffner, (13) Getränkemixer, (14) elektrisches Messer, (15) Fleischwolf, usw.), tragen aber eine wesentlich größere Last mit der grauen Energie als Großgeräte, die doch wesentlich regelmäßiger in Anspruch genommen werden. Betrachten wir das Beispiel Eierkocher: Mit einer kWh können wir etwa 116 Eier kochen, bei einem Vier-Personen-Haushalt wäre das der Eierkonsum in 36 Wochen. Rechnen wir also mit vielleicht 2 kWh pro Jahr. Einer Eierkocher-Lebensdauer von 15 Jahren entsprechen also 30 kWh Stromverbrauch, bei einer grauen Energie von etwa 100 kWh ist der Anteil der grauen Energie schon bei 77 %, also merklich relativ höher als bei den Großgeräten. Übrigens könnten Sie mit dieser grauen Energie auf Ihrem Herd über 8.000 Eier kochen, das wäre eine Menge, die über 30 Jahre Ihren Eierkonsum abdeckt. Lohnt sich also ein Eierkocher?

Da bleibt nur der Tipp, Kleingeräte am besten gar nicht erst zu kaufen und notwendige Arbeiten mit der Hand zu machen. Das geht fast alles und befriedigt zumindest den Gelegenheitskocher am Wochenende deutlich mehr als ein einfaches Knopfdrücken an einem Gerät.

Tabelle 5.4-4: Graue Energie im Vergleich zum Gesamtenergieverbrauch

Gerät	**Graue Energie [kWh]**	**Energieverbrauch / Jahr [kWh/a]**	**Gebrauchsdauer [Jahre]**	**Gesamt-Energieverbrauch [kWh]**	**Anteil der grauen Energie [%]**
Kühlschrank 220 Liter	1.400	450	15	8.150	17 %
Gefrierschrank	1.500	450	15	8.250	18%
Geschirrspüler	1.000	400	12	5.800	17 %
Waschmaschine	1.000	300	12	4.600	22 %
Trockner	1.000	300	10	4.000	25 %
Backofen	700	100	15	2.200	32 %
	Graue Energie [kWh]	**Leistung [Watt]**	**Lebensdauer [h]**	**Gesamt-Energieverbrauch [kWh]**	**Anteil der grauen Energie [%]**
Glühbirne	0,86	75	1.000	76	1,1 %
Energiesparlampe	3,36	15	15.000	228	1,5 %

5.5 Da sein, aber nichts tun – Das Stand-by-Fiasko

Auch beim Geringsten, was wir absichtlich tun, ist das allermeiste unabsichtlich.

Friedrich Nietzsche, Röcken

Der CD-Player döst im Schlummerbetrieb. Im Stand-by-Modus warten TV und Videorecorder auf »Tagesschau« und »Tatort«. In den Büroetagen träumen nächtens PC und Kopierer, der Laserdrucker pausiert im Ruhezustand. Und ewig glimmen die Dioden.

Allzeit abrufbereit, so die Botschaft der Elektroindustrie, warten die Segnungen der Multimediawelt. Der Strom kommt aus der Steckdose. Und das nicht zu knapp. Nun schlagen Naturschutzverbände, Öko-Wissenschaftler und das Berliner Umweltbundesamt (UBA) Alarm: Die Stromverschwendung in Haushalten und Büros nimmt drastisch zu. Die Rundum-Elektronisierung produziert neben dem Gefühl des Dabeiseins im globalen Dorf vor allem eines: teuren Leerlauf. (Der Spiegel 8/1999)

Kennen Sie den Begriff Standby? Sollten Sie. Sie haben doch sicherlich auch einen Fernseher, den Sie gerne mit einer Fernbedienung einschalten, gerade wenn man aus dem Urlaub kommt, ist das sehr bequem. Oxford Advanced Learner's Dictionary erklärt:

(1) stand-by = be present but do not anything (da sein, aber nichts tun).

(2) stand-by = be ready for action (bereit sein, damit es losgehen kann).

Das schafft ein Fernseher nur, wenn der Einschalter mit Strom versorgt wird. Schnell geht es dann, sobald der Einschalter hip wird, die Bildröhre angewärmt war und der Benutzer schon bequem im Sessel sitzt. Be present but do not anything? Leider nicht, die Elektronen bewegen sich langsam im Fernseher, wimmeln um den Einschalter herum und erwarten das Infrarotsignal, damit sie los legen können. Dabei schwitzen sie ein wenig und werden müde. Außerdem müssen sich ältere Fernseher in volatilen Speichern die Fernsehkanäle merken, Volatilität ist sozusagen eingepferchte Müdigkeit. Ist der Strom weg, ist auch der Kanal weg (und insbesondere trifft dies für Videorekorder zu).

Tja, das kostet. Wie lange läuft Ihr Fernseher am Tag *nicht*? Abends um zwölf aus, am nächsten Abend um sieben wieder an. Macht neunzehn Stunden, die er *nicht* läuft. Da das Jahr 365 Tage hat, Sie vermutlich ab und an nicht daheim sind (30 Tage), läuft der Stand-by-Betrieb des Fernsehers 7085 Stunden im Jahr. Be ready for action. Um Mitternacht, in der Arbeit und im Kindergarten, in Italien am Strand und in der Pizzeria sowieso. Bei 12 Watt kommen so schlappe 85 kWh im Jahr zusammen. Bei *einem* Fernseher. Ach, im Schlafzimmer steht auch noch einer? Die fünf Stunden verteilen sich dann auf beide Fernseher, folglich zusammen 43 h/Tag be ready for action (190 kWh/a = 34 Euro). Das sind vier Kinobesuche allein (oder wenn man das Schlummern des Videorekorders mitzählt zu zweit). Das ist doch was. Und multiplizieren Sie das mal mit 40 Millionen. So viele Haushalte hat Deutschland etwa.

Im Rahmen einer ausführlichen Studie für das Bundesministerium für Wirtschaft und Arbeit (BMWA) hat das Fraunhofer-Institut Systemtechnik und Innovationsforschung untersucht, wie groß der Leerlaufverbrauch strombetriebener Haushalts- und Bürogeräte in Deutschland ist und mit welchen sinnvollen Maßnahmen dieser weitgehend verringert werden kann [ISI2005]. Die Autoren dieser lesenswerten Studie unterteilen den Leerlaufbetrieb von Geräten nach mehreren Kategorien (vgl. Abbildung 5.5–1).

5.5 Da sein, aber nichts tun – Das Stand-by-Fiasko

Neben dem *Normalbetrieb* von Geräten, in dem der eigentliche Zweck durch das Gerät realisiert wird, z.B. Musik abspielen, gibt es einen *Bereitschaftsbetrieb*, in dem zur Aufrechterhaltung wenigstens einer Teilfunktion das Gerät Strom verbraucht, z.B. zum Empfang von Fernbedienungssignalen, sowie den so genannten *Scheinausbetrieb*, in dem das Gerät überhaupt keine Funktion erfüllt, aber dennoch Strom verbraucht, z.B. weil der Netzschalter das Gerät auf der Sekundärseite eines Netzteils vom Netz trennt und die Primärseite weiterhin mit Strom versorgt wird.

Sowohl auf Herstellerseite (Kostenoptimierung) wie auf Endanwenderseite (Bequemlichkeit) gibt es Gründe, einen Leerlaufbetrieb von Geräten wünschenswert zu finden. Dennoch ist es unverständlich, mit welcher Selbstverständlichkeit die Hersteller ihre Kosten auf die Verbraucher abwälzen und mit welcher Unkenntnis die

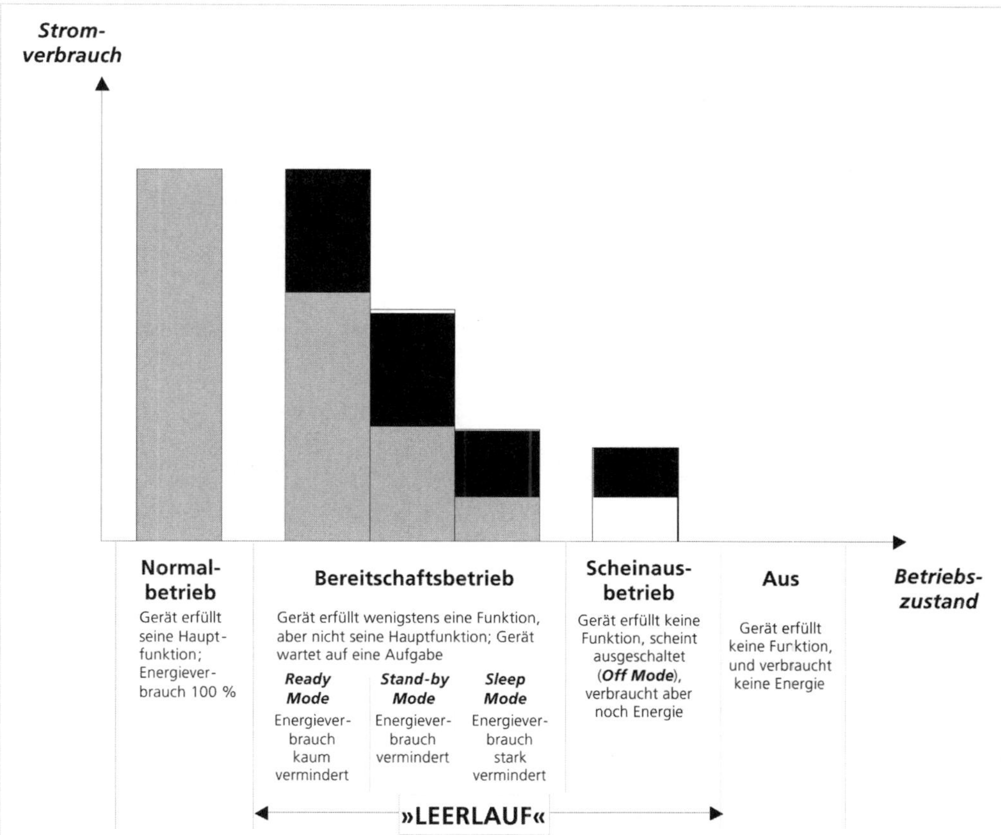

Abbildung 5.5–1: Definition der Betriebszustände strombetriebener Haushalts- und Bürogeräte nach [ISI2005]

5.5 Da sein, aber nichts tun – Das Stand-by-Fiasko

Tabelle 5.5–1: Jahresverbrauch einiger typischer Geräte

Gerät	Normalbetrieb			
	Leistung	Betriebs-Stunden	Jahres-strom-verbrauch*	Normallauf-kosten**
	[W]	[h/Tag]	[kWh/a]	[Euro/a]
Fernseher	60	5	101	18
Video	50	1	17	3
DVD-Spieler	12	0,5	2	0
Hifi-Anlage	40	2	27	5
Mittelklasse-PC	130	2	87	16
TFT Display	40	2	27	5
Tintenstrahldrucker	25	1	8	2
Handyladeschale	5	0,5	1	0
Summe in Euro				***48***

* Annahme 30 Tage Abwesenheit im Jahr, z.B. Urlaub
** Annahme 18 Cent pro kWh

Verbraucher dieses akzeptieren. Da helfen nur die gebetsmühlenhafte Wiederholung und Information sowie die Inanspruchnahme der Politik, durch die Einführung von entsprechenden Energieverbrauchslabeln für einen positiven Druck zu sorgen.

Um zu verdeutlichen, was der Leerlaufbetrieb/Scheinausbetrieb für die Konsumenten bedeutet, haben wir exemplarisch die Kosten des Normalbetriebs denen im Leerlaufbetrieb gegenübergestellt (Tabelle 5.5–1, Tabelle 5.5–2). Es fällt sofort auf, dass die Geräte im Nichtstun in Summe mehr kosten, als im Tun.

Da kommt was zusammen und man ist geneigt zu fragen, warum manche Hersteller sogar auf einen Absolutausschalter verzichten. Der Absolutausschalter schaltet ein Gerät absolut aus (not ready for action, but ready for movies). Ist auf den Komfort der Fernbedienung wirklich nicht zu verzichten?

Tabelle 5.5–2: Leerlaufverbrauch einiger typischer Geräte im Haushalt

Gerät	Leerlauf (stand-by)			
	Leistung	Betriebs-stunden	Jahres-strom-verbrauch*	Leerlauf-kosten*
	[W]	[h/Tag]	[kWh/a]	[Euro/a]
Fernseher	12	19	85	15
Video	15	23	126	23
DVD-Spieler	2,5	23,5	21	4
Hifi-Anlage	12	22	97	17
Mittelklasse-PC	3,6	22	29	5
TFT-Display	3,6	22	29	5
Tintenstrahldrucker	2,5	23	21	4
Handyladeschale	5	23,5	43	8
Summe in Euro				***81***

* Annahme 30 Tage Abwesenheit im Jahr, z.B. Urlaub
** Annahme 18 Cent pro kWh

5.5 Da sein, aber nichts tun – Das Stand-by-Fiasko

Eine schaltbare Steckerleiste tut es auch, kostet nur ca. 5 Euro und schönerweise verbrauchen zum einen die neueren Fernseher im Stand-by nur noch 1-2 Watt (immerhin noch ein bis zwei Bier) und haben auch oft genug schon Intelligenz nicht nur in der Elektronik sondern auch im Schalter.

Kleine Hebel, große Wirkung

Schätzungen über den gesamten Stand-by-Betrieb in Deutschland kommen zu dem Ergebnis, dass zur Aufrechterhaltung der »ready for action« zwei Großkraftwerke notwendig sind.

Gelingt es uns allen, diese Stand-by-Leistung jährlich um 10 % zu reduzieren (Maßnahmen: Austausch alter Geräte durch neue, die weniger Leistung benötigen; Einsatz von ausschaltbaren Steckdosenleisten, ein so genannter Quickwin; Herausziehen von Steckern; Kauf von Geräten mit Absolutausschaltern; Abmahnung von Herstellern, die solche Schalter nicht in ihre Geräte integrieren; Einführung von Gerätelabeln zur Kennzeichnung des Leerlaufverbrauches, vgl. [ISI2005]), dann gelingt es uns allen, nach etwas mehr als sieben Jahren auf eines dieser Großkraftwerke zu verzichten, und der beschlossene Ausstieg aus der Kernenergie gelingt leichter. Das ist doch ein Ziel. Allerdings überrascht der geringe Druck, den die Regierung auf die Hersteller von Geräten ohne Absolutausschalter ausübt und die mangelnde Werbung und Erziehung der Menschen und Unternehmen, diesen Pfad stärker zu beschreiten.

Und wenn alle sofort mitmachen, dann erreichen wir natürlich mehr als 10 % pro Jahr. Eine schaltbare Steckdosenleiste reduziert durch den Schalter den Leerlaufstrom um 100 %, und nicht um nur 10 % für die geschalteten Geräte. Sicherlich vergessen wir alle mal, den Schalter zu schalten, dennoch ist der Summeneffekt sicherlich eher bei 80 % als bei 10 %. Aber erstens sind nicht alle Menschen einsichtig (*mir ist das Einschalten der HiFi-Anlage mit der Fernbedienung so wichtig, da nehme ich die Verluste in Kauf*) und zweitens sind vielen weder die Problematik noch das Potential bekannt.

Der erste Schritt fängt bei der eigenen Nase an. Machen Sie sich klar, in welchen Geräten überall Leerlauf und Scheinaus residieren, überprü-

Tabelle 5.5–3: Energieräuberfunktionen (Quelle: Umweltbundesamt)

P-NA	**Permanenter Netzanschluss** (d.h. echter Netzschalter fehlt)
LLB	**Leerlaufbetrieb** (Überbrückung der Nutzungspausen)
EHB	**Erhaltungsbetrieb** (Temperatur, Senderdaten, Banddaten, etc.)
AZB	**Anzeigebetrieb** (z.B. Daueranzeigen, Uhr)
R&S	**Regelung und Steuerung**
SE	**Signalempfang** (Gerät wartet auf Signal von Fernbedienung etc.)

5.5 Da sein, aber nichts tun – Das Stand-by-Fiasko

Tabelle 5.5–4: Energieräuber bei Unterhaltungselektronik

Potentieller Energieraub durch Stromverbrauch aufgrund von						
	P-NA	LLB	EHB	AZB	R&S	SE
Unterhaltungselektronik						
Antennenverstärker	■					
Audiogeräte	■			■		■
CD-Spieler	■			■		■
Dekodierer Satellitenempfang	■					
Digitalempfänger	■					■
DVD-Spieler	■			■		■
Fernsehgeräte	■	■				■
HiFi-System-/Verbundanlagen			■			■
Lautsprecher mit Infrarotempfang						■
Rundfunkwecker				■	■	
Satellitenempfänger	■					■
Video-Beamer	■				■	■
Videogeräte	■		■	■		■
Videokonsolen						■

fen Sie Ihren Gerätepark bei Neuanschaffungen hinsichtlich der Möglichkeiten, mit wenigen Fragen beim Verkäufer die richtigen Geräte zu wählen.

Das Umweltbundesamt spricht in Zusammenhang mit dem zum Großteil unnötigen oder unintelligent gelösten Leerlaufbetrieb von Geräten von *Energieräuberei*. Auf Anhieb ist uns oft nicht klar, dass und wo ein solcher Energieraub stattfindet. Dabei werden mit der geraubten Energie (vermeintlich) sinnvolle Ergänzungsfunktionen zur Verfügung gestellt, die mit der Hauptfunktion nichts zu tun haben, aber auch die Kostenoptimierungsstrategien der Hersteller kaschiert. Im Einzelnen muss man aufpassen, ob nicht Geräte, die in der Tabelle 5.5-3 aufgelistet sind, Energieräuber-Funktionen besitzen.

In den Tabellen 5.5-4 bis 5.5-8 stellen wir potentielle Energieräuber nach Gerätegruppen zusammen (Legende Tabelle 5.5-3).

Tabelle 5.5–5: Energieräuber bei Haushaltsgeräten

Potentieller Energieraub durch Stromverbrauch aufgrund von						
	P-NA	LLB	EHB	AZB	R&S	SE
Haushaltsgeräte						
Bügeleisen		■				
Elektroherd mit Schaltuhr				■	■	
Geschirrspülmaschine mit Uhr				■	■	
Geschirrspülmaschine nach Programmende	■					
Kaffeemaschinen mit Schaltuhr				■	■	
Kühl- und Gefriergeräte				■	■	
Mikrowellengeräte mit Schaltuhr				■	■	
Wäschetrockner – Übertrocknung		■				
Wäschetrockner mit Uhr				■	■	
Wäschetrockner nach Programmende	■					
Waschmaschine mit Uhr				■	■	
Waschmaschine nach Programmende	■					

5.5 Da sein, aber nichts tun – Das Stand-by-Fiasko

Potentieller Energieraub durch Stromverbrauch aufgrund von						
	P-NA	LLB	EHB	AZB	R&S	SE
Kommunikation						
Anrufbeantworter				■		■
Datennetzgeräte						■
Faxgerät				■		■
Fernsprech-Aufzeichnungsgerät				■		■
Gebührenzähler				■		■
Gegensprechanlagen	■					■
Rechner-Modem						■
Schnurloses Telefon						■
Verbundgeräte				■		■

Tabelle 5.5–6: Energieräuber bei Kommunikationsgeräten

Potentieller Energieraub durch Stromverbrauch aufgrund von						
	P-NA	LLB	EHB	AZB	R&S	SE
Computer						
Aktivboxen	■	■				
Bildschirm	■	■				
Computer	■	■				
Drucker	■					■
Scanner	■					■

Tabelle 5.5–7: Energieräuber bei EDV-Geräten

Potentieller Energieraub durch Stromverbrauch aufgrund von						
	P-NA	LLB	EHB	AZB	R&S	SE
Wärme						
elektron. gesteuerte Durchlauferhitzer					■	
Heizungsumwälzpumpen		■				
Klimaanlagen		■				
mechanische Lüftung		■				
Warmwasserspeicher			■			
Licht						
Außenbeleuchtungen		■				
Dimmer mit Fernbedienung						■
Raumbeleuchtung		■				
transformatorbetriebene Lichtsysteme	■					
Sonstiges						
Akku-Ladegeräte			■			
Bewegungsmelder						■
elektrische Zahnbürste			■			
fernbedienbare Garagentore						■
Funkuhren						■
Klingelanlagen	■					
Steckdosen mit Fernbedienung						■
Steckernetzteile	■					
Wasserbetten			■			

Tabelle 5.5–8: Energieräuber bei anderen Geräten

5.5 Da sein, aber nichts tun – Das Stand-by-Fiasko

Tabelle 5.5–9: Exemplarischer Überblick über den Leerlaufverbrauch durchschnittlicher und guter Geräte

Beispiele für Stand-by-Leistungen von GERÄTEN	Durchschnittliches NEU-Gerät [WATT]	Leerlaufkosten pro Jahr [Euro]	SPARSAMES NEU-Gerät [WATT]	Leerlaufkosten NEU pro Jahr [Euro]	SPAR-POTENZIAL [%]
HAUSHALTSGERÄTE					
Waschmaschine mit Uhr	3	4,73	0,1	0,16	97 %
Wäschetrockner mit Uhr	5	7,88	0,1	0,16	98 %
Warmwasserboiler	25	39,19	20,8	32,60	17 %
Kleinwasserspeicher	13,8	21,63	11,3	17,71	18 %
Elektroherd mit Uhr	2	3,15	2	3,15	0 %
Bewegungsmelder	5	7,88	4	6,31	20 %
Kaffeemaschine mit Uhr	2	3,15	2	3,15	0 %
Mikrowellenherd mit Uhr	3	4,73	3	4,73	0 %
Geschirrspülmaschine mit Uhr	1	1,58	0,1	0,16	90 %
Klingel-Trafo	3	4,73	0,6	0,95	80 %
Steckernetzteil	1,5	2,35	0,5	0,78	67 %
Radiowecker	1	1,58	0,8	1,26	20 %
UNTERHALTUNGSELEKTRONIK					
Hi-Fi-Komplettanlage	12	18,13	1	1,51	92 %
Satellitenempfänger	6	9,46	3	4,73	50 %
Videorecorder	5	7,56	2,1	3,17	58 %
Fernsehgerät	8	11,04	0,1	0,14	99 %
Cassettenrecorder	5	7,56	5	7,56	0 %
Audio-Portable	4	6,19	3	4,65	25 %
Antennenverstärker	2	3,15	2	3,15	0 %
HiFi-Verstärker	3,5	5,29	0,1	0,15	97 %
CD-Player	2	3,02	0,1	0,15	95 %
KOMMUNIKATIONSTECHNIK					
Faxgerät	7	11,04	2	3,15	71 %
Mobiltelefon	4,8	7,57	4,8	7,57	0 %
Schnurlostelefon	2	3,15	2	3,15	0 %
Anrufbeantworter	3	4,73	1,6	2,52	47 %
INFORMATIONSTECHNIK					
PC inkl. Monitor	35	54,04	2,5	3,86	93 %
Matrixdrucker	16	24,70	5	7,72	69 %
Laserdrucker	13,8	21,31	3	4,63	78 %
Tintenstrahldrucker	5	7,72	2	3,09	60 %
Notebook	3	4,63	1	1,54	67 %
SUMME		**312,88**		**133,58**	**67 %**

Wieviel Musik ist drin?
Ein Status hat die Eigenheit, sich aufgrund des technischen Fortschritts und der technischen Weiterentwicklung ständig zu verändern. In einem Buch kann man dem nicht nachkommen, sondern nur eine vermutlich gar nicht mehr aktuelle Momentaufnahme liefern.

Schätzungen über den nicht notwendigen Energieverbrauch durch »Raub« reichen bis zu 200 Euro pro Haushalt und Jahr, angesichts jährlicher Stromverbrauchskosten von 720 Euro fast ein Drittel! Glauben Sie nicht? In Tabelle 5.5–9 rechnen wir aus, dass bis zu 300 Euro im Leerlauf verblasen werden und dass mit neuen Geräten diese Kosten um bis zu 67 % reduzierbar sind.

Bleiben Sie aber aktuell. Wenn Sie sich neue Geräte anschaffen wollen, dann schauen Sie zuerst in diversen Internet-Seiten nach, welche Geräte aufgrund ihres Strombedarfs sowohl im Nutzungsbetrieb wie im Leerlaufbetrieb empfehlenswert sind (vgl. 8 *Nützliches Internet*).

Und informieren Sie sich auch über intelligentere Lösungen. Beispielsweise gibt es Minisolaranlagen zu kaufen, die eine Klingelanlage vollständig autark mit Strom versorgen [SOL2002], auch Kleinvieh zählt.

5.6 Energie und Verbraucherkraft

Vüele Hänne maket en licht Wiärk. (Viele Hände machen leichte Arbeit).

Weisheit aus Nordrhein-Westfalen

Die Erkenntnis, dass über Energie sparen und insbesondere Strom sparen viele der Ziele von politisch motivierten Umweltbeschlüssen (wie den Atomausstieg und das Erfüllen des Kyoto-Protokolls) relativ schmerzlos wenn nicht erreicht, dann doch aber wenigstens erleichtert werden können, ist keine neue Erkenntnis. Die Hauptschwierigkeit ist aber, dass der Beitrag pro Einzelgröße Haushalt relativ gering ist und erst durch die Vielzahl an Haushalten merklich eine national gesellschaftlich und ökologisch entscheidende Größenordnung erreicht.

Die rotgrüne Bundesregierung hat natürlich einige wenn auch eher kosmetische Maßnahmen beschlossen, wie die Einrichtung der deutschen Energieagentur und den Start etwas halbherziger Kampagnen sowie den Aufbau diverser Internetportale mit einer Vielzahl an Informationen, um damit den Individualhaushalt zu energieeffizientem Verhalten anzuregen. Damit sollen durch die Größe der Zahl 40 Millionen Änderungen beschleunigt herbeigeführt werden, die sonst nur durch den Einsatz problematischer Großtechnik zu realisieren sind.

Aber erfolgreich und durchschlagend ist das bisher alles nicht. Denn sonst wären die Themen *Energie sparen* und *Energieeffizienz* schon längst keine mehr. Jedoch, wie wir alle wissen, werden diese Themen seit den frühen siebziger Jahren im 20. Jahrhundert immer wieder diskutiert, damals noch wesentlich durch den ersten Bericht an den Club of Rome »Die Grenzen des Wachstums« [GRENZ-1972] und durch die beiden Ölkrisen initiiert. Aber im Gegensatz zu Lawinen hat bei diesem Thema das Lostreten nicht gleichzeitig eine tiefgreifende und raumumfassende Umwälzung begonnen.

Das Geschäftsmodell Energieberatung ist eine Reaktion des Marktes auf den zunehmenden Bedarf an professioneller Begleitung in der Einführung energetisch optimalerer Technologien, allerdings im Wesentlichen für Firmen und Betriebe. Nur die Adressierung dieser Kundengruppen lohnt sich für Energieberater, da sich Einsparungen in der Größenordnung von vielleicht 50 bis 150 Euro im Jahr pro Haushalt offensichtlich nicht durch einen Vor-Ort-Einsatz eines Beraters bei Privatleuten rechtfertigen lassen. Das wird natürlich besser, wenn nicht nur der Stromverbrauch, sondern das gesamte Energieverbrauchsverhalten der Haushalte auf einen Prüfstand gelegt wird. Aber solche umgreifenden Ansätze sind in der notwendigen Breite nicht sichtbar.

Folglich kann ein allgemeines Angebot zur Motivation und strukturierten Information helfen, das immer noch vorhandene Informationsdefizit zu beseitigen, nicht aber das viel fatalare Handlungsdefizit, dessen Umkehr erst den notwendigen Erfolg bringen würde.

Politisch wären also eine offensivere Informations- und Handlungsempfehlungspolitik sowie eine verstärkt regulativ in den Markt eingreifende Interventionspolitik erforderlich. Letztere sollte vor allem wenigstens die Kennzeichnung stromsparender Technologien und Produkte, auch im Scheinauszustand, durchsetzen, vielleicht aber sogar die direkte Implementierung eines auf wenigstens 10 Jahre angelegten Effizienzerhöhungsplans durch Vorschreiben maximaler Verbrauchswerte für die unterschiedlichen Produktgruppen. In den Zeiten wirtschaftsliberal geprägter Mehrheitsmeinungen in Politik und Medien klingt eine solche Forderung zur Zeit alles andere als opportun, ihre Berechtigung ist aber keineswegs in Frage zu stellen, weil

5.6 Energie und Verbraucherkraft

auch Wirtschaftsliberale eine saubere Luft atmen wollen.

Dennoch, auch Informationen und Handlungsempfehlungen wurden sogar unter den durch die Grünen geprägten umweltpolitischen Grundsätzen scheinbar nicht massiv genug gewünscht und nicht breitenwirksam in unsere Gesellschaft getragen. Es scheint fast so, dass spektakuläre Grundsatzentscheidungen wie der beschlossene Atomausstieg oder die direkte/indirekte Subvention von Windenergie- und Solaranlagen (durch das Erneuerbare-Energien-Gesetz) der eigenen Wählerklientel leichter näher zu bringen sind und waren und deren Identifikation mit den Grünenanführern deren persönlichen Erfolg mehr beflügeln als der mühsame Weg einer Überzeugung von 40 Millionen Haushalten, die nicht in einem Tag oder sogar Jahr zu erreichen ist und auf vielen Ebenen intelligent stattfinden muss. Um kein falsches Bild aufkommen zu lassen: Die Entscheidungen für den Atomausstieg und die Förderung erneuerbarer Energien waren goldrichtige Entscheidungen, sie weisen absolut in die richtige Richtung, und dieser Weg darf auf keinen Fall, auch nicht unter nun veränderten politischen Konstellationen verlassen werden, und diese Gefahr der Umkehr in die Vergangenheit sollten wir alle im Auge behalten.

Leider liest man auch immer wieder, vor allem auf den Wirtschaftsseiten auch relativ liberaler Blätter, dass das Energiewachstum (und damit auch das Wachstum der damit verbundenen negativen Seiteneffekte für die Umwelt wie die CO_2-Emissionen, siehe Abbildung 5.6–1) beispielsweise in China einen wesentlich größeren Hebel für eine globale Optimierung des Energieverbrauchs und der Ressourcenschonung bietet, als der bescheidene globale Beitrag einer zehnprozentigen Einsparung des Stromverbrauchs in Deutschland oder sogar der nur eines Haushaltes. Aber gilt eine Vorbildfunktion der drittstärksten Wirtschaftsmacht dieser Erde nichts? Solche Argumente klingen eher nach dem vor allem in Bayern sehr bekannten Sankt-Florians-Prinzip *Heiliger Sankt Florian, verschon' mein Haus, zünd' andre an*. Auf der Erde bleiben alle Häuser in Sicht-, Reich- und Spürweite.

Was also tun? Den Kopf in den Sand stecken und abwarten, bis umfangreichere Dinge passieren?

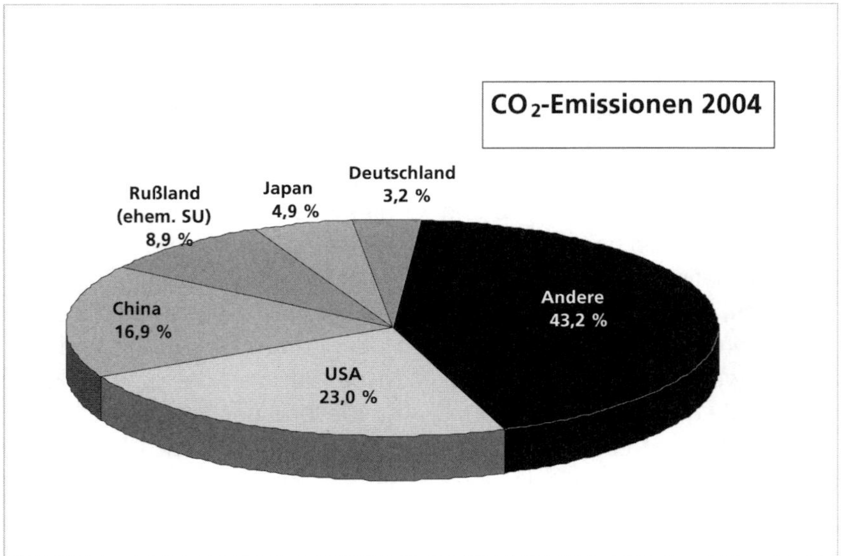

Abbildung 5.6–1: Weltweite CO_2-Emissionen 2004

5.6 Energie und Verbraucherkraft

Die Energiesteuer erheblich erhöhen, um den Druck zu verstärken, auf allen Ebenen im Wirtschaftskreislauf effizienter zu denken und zu handeln? Wir wollen diese Fragen nicht zu sehr ausdehnen, denn Fragen allein ist nicht gleichbedeutend mit Handeln.

Handeln heute beeinflusst das Leben morgen

Letztendlich ist jeder sein eigener Herr, warum also auf den anderen warten? Handlungsdisziplin kann nur bei jedem von uns selbst entstehen. In einer offenen Gesellschaft wie der unsrigen sollte das auch so bleiben. Zu viele Vorschriften blockieren da eher, weil diese sich gerne vermehren und außerdem bei zu starker Einengung eher Widerstands- oder sogar Immunreaktionen und clevere Umgehungsstrategien hervorrufen. Sein eigener Herr sein bedeutet auch, Verantwortung zu haben, nicht nur für das Jetzt, sondern auch für das Morgen, weil es auch um die zukünftige Welt für unsere Kinder geht.

Unsere 40 Millionen Haushalte in Deutschland sollten sich in jedem Fall ihrer Möglichkeiten bewusst werden, die sie durch eigenes, individuelles Verhalten auf das Verhalten anderer ausüben können, nämlich zum Beispiel auf das Verhalten der Hersteller von stromverzehrenden Geräten durch deren Nichtkauf oder durch die gezielte Nachfrage in den Läden oder auf das Verhalten von politischen Institutionen wie den Parteien oder den Parlamenten, einfach durch die Nichtwahl von energetisch in der Dinosaurierzeit lebenden Repräsentanten.

Professionelle Werbekampagnen, von der Politik initiiert, können hier wesentlich stützen, dem Motto der ersten Umweltwelle »*global denken, lokal handeln*« zu neuem Leben zu verhelfen, und zwar ohne ideologische Voreingenommenheiten. Maßnahmen, die unser eigenverantwortliches Verhalten fördern, passen besser in unsere Gesellschaft als zu viele blockierende Vorschriften.

An Morgen denken – heute handeln

Dennoch, vieles ist möglich, sinnvoll und sollte konzertiert gestartet werden. Einige Vorschläge dazu:

An uns:

- Kaufen Sie energiebewusst ein. Achten Sie auf den Verbrauch und nicht nur auf das Design.
- Fragen Sie dem Stand-by-Verbrauch hinterher, bis es nervt. Verkäufer sind in der Regel sensibel auf die Themen, die potentielle Kunden interessieren, und machen sich bei Bedarf selbst schlau. So erfährt auch der Hersteller indirekt von den neuen Fragen.
- Reden Sie in Ihrer Gemeinde mit den Verantwortlichen über die Möglichkeiten, Effizienzprogramme zu starten.
- Schreiben Sie, auch wenn sich das mittlerweile alt anhört, Leserbriefe an Ihre Zeitung, wenn Energiethemen gefärbt diskutiert und dargestellt werden.
- Schreiben Sie an Ihren Energieversorger, um über typische Verbrauchswerte in Ihrem Viertel informiert zu werden.
- Wählen Sie niemals politische Vertreter einer Partei, die sich energiepolitisch infantil und vergangenheitsorientiert verhält und äußert.
- Empfehlen Sie die Tipps, die Sie selbst für sinnvoll halten, an Freunde, Bekannte und Nachbarn weiter. So können Bewegungen entstehen.
- Tauschen Sie sich mit Freunden und Nachbarn über Ihren Stromverbrauch aus. Führen Sie Ihren eigenen Benchmark durch. Sie werden feststellen, kaum einer kennt seinen Verbrauch in kWh pro Jahr, wenige wissen um die Kosten.

5.6 Energie und Verbraucherkraft

- Unsere bewussten Verhaltensänderungen beeinflussen den Markt und erzeugen Innovationen bei Energieerzeugern und Konsumgeräteherstellern.

An die Politik:

- Umfangreiche Ergänzung der Lehrpläne in den Schulen bezüglich Umweltverhaltens;
- Festschreibung eines Masterplans für neue Geräte zum Stand-by-Verbrauch von elektrischen Geräten (z.B. Reduzierung der gesetzlichen Maximalvorgabe jedes Jahr um wenigstens 10 % für Neugeräte);
- Programm der hunderttausend Haushalte mit dem optimalen Stromverbrauch;
- Anbieten eines guten, benutzerfreundlichen Stromrechners im Internet (diese gibt es schon, sind aber oftmals auf mehr oder weniger guter Privatinitiative zurückzuführen). Ein gutes Beispiel aus der Schweiz: http://www.energieeffizienz.ch/d/IndexEnergybox.html;
- Gesetzliche Vorgabe, dass die Energieversorgungsunternehmen mit ihren Jahresabrechnungen jeweils ein kleines Booklet mitschicken müssen, in dem die wichtigsten Energiedaten mit einer persönlichen Bewertung des individuellen Haushalts mitgeschickt werden (etwa so: Ihr Energieverbrauch beträgt 3650 kWh pro Jahr. Bei Ihrer Haushaltsgröße verbrauchen Sie damit überdurchschnittlich viel, eigentlich könnte er 2900 kWh betragen. Bitte vergleichen Sie Ihren Haushaltstyp mit den guten Verbrauchswerten in beigefügter Tabelle);
- Einen Wettbewerb ins Leben rufen, der die energieeffizienteste Schule oder die 100 Haushalte mit dem größten Energiespareffekt sucht. Als Preis gibt es eine Solaranlage fürs Dach oder eine Kraftwärme-Maschine für den Heizungskeller;
- Einführung einer Vorschrift für die Energieversorger, einen tageszeitabhängigen Strompreis anzubieten. Dadurch kann die Lastkurve in Deutschland optimaler gestaltet werden, so dass weniger Kapazitäten in der Spitzenlast notwendig werden.

An die Medien:

- Gezielte Veröffentlichung von Benchmarks, wieviel Verbrauch für welchen Haushaltstyp typisch und gut ist (best-in-class);
- Regelmäßige Veröffentlichung von Tipps zum Energie sparen (Stromtipp des Tages/der Woche) in den lokalen Anzeigenblättern;
- Ausstrahlung nicht nur des Wetterberichts und der Börsenlage im Fernsehen, sondern auch des Energieverbrauchs (wenigstens wöchentlich);
- Bei Preisausschreiben als Gewinn eine Solaranlage fürs Dach ausloben;
- Bei Kochsendungen im Fernsehen sollten nicht nur neue Menü-Zusammenstellungen vorgestellt, sondern auch der effiziente Gebrauch des Herdes demonstriert werden.

An die Gemeinden:

- Einrichten von Volkshochschulkursen, bzw. Zurverfügungstellung von entsprechendem Schulungsmaterial zum Thema Energieeffizienz;
- Regelmäßiges Veröffentlichen von Stromverbrauchsspiegeln, ähnlich den vor allem in Großstädten schon vorhandenen Mietspiegeln und auch Heizenergieverbrauchsspiegeln. Hier kann jeder schnell erkennen,

wo er im Stromverbrauch im Vergleich zum Querschnitt seiner Umgebung steht. Ein bundesweiter Durchschnitt allein reicht nicht, weil davon auszugehen ist, dass sich in München und Mecklenburg beispielsweise der Stromverbrauch pro Einwohner unterscheiden;

- Einrichten eines Energiepaten in den kommunalen Gemeindeorganisationen, der mit einem definierten Budget und vorbereiteten Unterlagen aus dem Länder-Umweltministerium die lokalen Haushalte regelmäßig informiert;
- Etablierung eines neuen Geschäftsmodells Energiedienstleister auch für Haushalte. EVUs dienen heute als Rohstofflieferanten (Endenergie) und haben ein Primärinteresse daran, soviel wie möglich dieses Rohstoffes zu verkaufen. Ein Energiedienstleister dagegen stellt die Dienstleistung Wärme oder Licht oder Unterhaltung zur Verfügung. Mit wieviel Stromenergie diese Dienstleistungen erzeugt werden, ist dem Endbenutzer dann völlig egal, der Dienstleister jedoch versucht sofort, seine Kosten zu optimieren und daher den Strombedarf (den Rohstoff) zu senken. Heute ist jeder Haushalt seiner eigener Energiedienstleister.

Energie und Zeit

Energie *sparen* ist aber nur die eine Medaille, wie das Verhalten der Energiemarktteilnehmer/Verbraucher das Verhalten von anderen Marktteilnehmern beeinflussen kann. Ein anderes Thema ist das zeitbewusste Verhalten. Es geht ja nicht nur darum, Energie in der Benutzung zu optimieren, sondern auch die vorhandenen Erzeugungskapazitäten möglichst gleichmäßig auszulasten. Kommen alle Haushalte in einer konzertierten Aktion auf die Idee, ihre Herdplatten alle zum gleichen Zeitpunkt einzuschalten, dann bricht unser Stromnetz zusammen. Dieses Beispiel für eine konzertierte Aktion wurde schon oft strapaziert. Auch der gewohnheitsmäßige Betrieb von Geschirrspülern, Waschmaschinen und Wäschetrocknern zu ungünstigen Zeiten kann dazu führen, dass neue Stromerzeugungskapazitäten aufgebaut werden, um diese Spitzenlasten abdecken zu können. Dann neigen natürlich die Besitzer und Betreiber dieser Kraftwerke, für Ihre Stromkapazität auch Abnehmer und Verbraucher zu suchen (und zu finden).

Im Schnitt wird immer Strom in Deutschland benötigt, das ist die so genannte Grundlast in unserem Stromnetz. Diese Grundlast wird nur in wenigen Stunden unterschritten, die zum Beispiel genutzt werden, um Pumpspeicherkraftwerke aufzuladen, also Wasser mittels Stromenergie auf ein höheres Potentialniveau anzuheben. Von dort kann es dann, in Zeiten des Spitzenbedarfs, schnell wieder abgelassen werden, so dass ein akut aufgetretener Spitzenbedarf sehr kurzfristig und effizient abgedeckt werden kann.

Die Grundlast wird durch Kraftwerke erzeugt, die sehr stabil laufen und normalerweise eine längere Anlaufzeit benötigen, was sie zur Abdeckung der Mittel- oder gar Spitzenlast wenig effizient macht. Solche Kraftwerke sind schwer zu regeln. Grundlastkraftwerke sind Atomkraftwerke, Braunkohlekraftwerke und Laufwasserkraftwerke, die bis zu einem Tag Anlaufzeit benötigen, um im energetisch und wirtschaftlich optimalen Bereich zu laufen. Daher lässt man sie am liebsten permanent im optimalen Bereich laufen und benutzt den

5.6 Energie und Verbraucherkraft

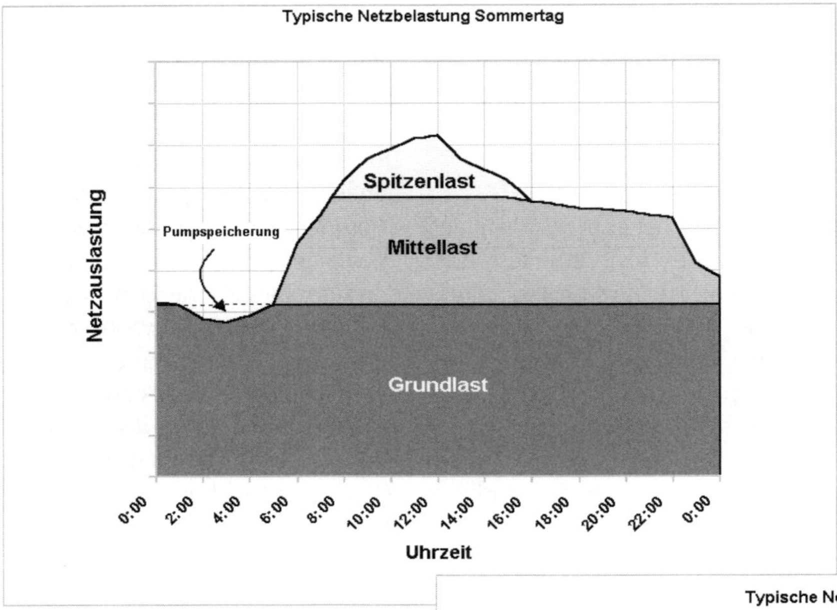

Abbildung 5.6–2: Netzlast an einem Sommertag in Abhängigkeit von der Tageszeit

In der Netzauslastungskurve spiegelt sich natürlich das Verhalten aller Stromverbraucher in Deutschland wider, also sowohl industrielle Betriebe wie auch die Summe aller Haushalte. Wenn es möglich ist, sollte jeder Haushalt versuchen, Großverbraucher möglichst nur in den Zeiten zu benutzen, die nicht zum Spitzenbedarf gehören, im Sommer also vor 7:00 morgens und nach 18:00 abends, im Winter sogar erst nach 21:00 Uhr. Die Alternative sind natürlich das Wochenende oder der Freitag, an dem üblicherweise der Strombedarf

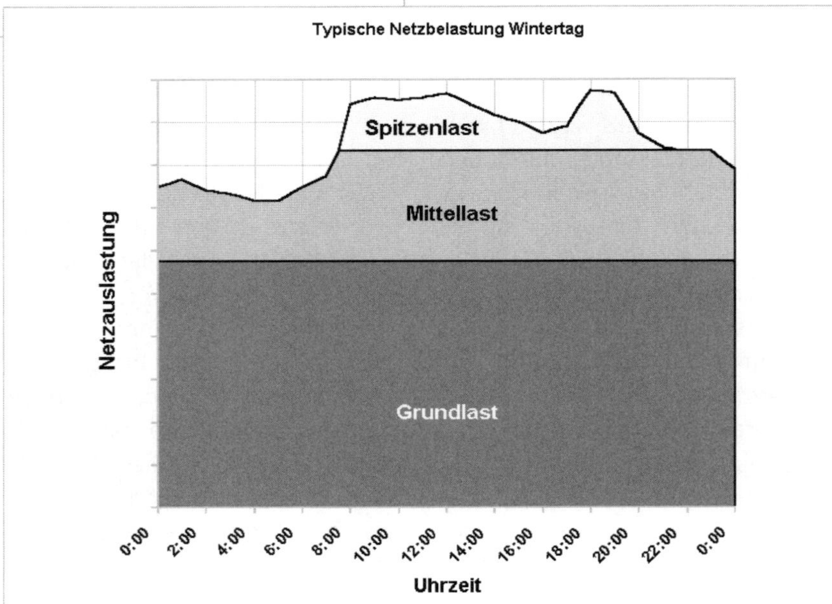

Abbildung 5.6–3: Netzlast an einem Wintertag in Abhängigkeit von der Tageszeit

Strom in Schwachlastzeiten, um Stromspeicher zu laden.

In Abbildung 5.6–2 und Abbildung 5.6–3 sind typische Lastkurven qualitativ für einen Sommertag und einen Wintertag in Deutschland dargestellt. Wie man sieht, gibt es in der Regel eine deutliche Spitze um 12 Uhr herum, im Winter, wenn die Menschen in der Regel abends zu Hause sind, gibt es eine weitere Spitze um etwa 20:00 Uhr (die »Tagesschau«-Spitze).

über alle Stromabnehmer hinweg gesehen kleiner ist als an den restlichen Wochentagen.

In einem Haushalt gibt es üblicherweise mehrere Leistungsspitzen pro Tag (vgl. Abbildung 5.6–4), die sich natürlich nicht alle vermeiden lassen. Aber Waschmaschine, Trockner und auch Geschirrspülmaschine könnten genauso gut am Abend während der Fernsehstunde laufen. Das würde die Netzauslastung prinzipiell günstig abflachen. Und unsere Energieversorger wären nicht gezwungen, kostspielige Spitzenkraftwerke bereitzustellen.

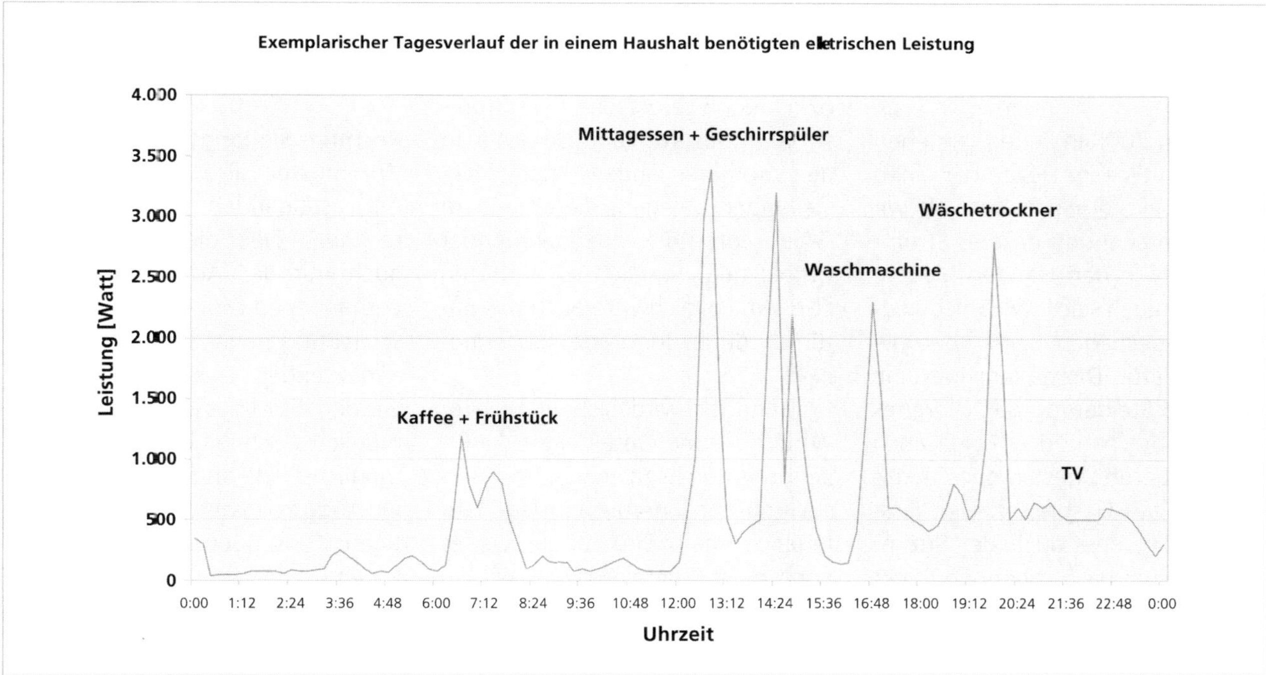

Abbildung 5.6–4: Typischer Leistungsbedarf an einem Haushaltstag

5.7 Energie und Zukunft – Neuere Beobachtungen

Die Menschen sind grob in drei Kategorien einzuteilen: Die wenigen, die dafür sorgen, dass was geschieht, die vielen, die zuschauen, wie was geschieht, und die überwältigende Mehrheit, die keine Ahnung hat, was überhaupt geschieht.

Karl Weihofer, gefunden im Internet

Wir leben 2005 in Zeiten, in denen wir vermutlich im Dezember einen Schock bekommen haben, als wir die Stromrechnung unseres Stromversorgers in den Händen hielten. Der Verbrauch selbst wird nicht wesentlich gestiegen sein, aber die Kosten dafür. Dieses Jahr hat eine deutliche Steigerung des Ölpreises hervorgebracht und in Folge auch eine Steigerung des an den Ölpreis gekoppelten Gaspreises. Dies lässt befürchten, dass auch der Strompreis davon nach oben gedrückt wird. Die Argumentation der Stromproduzenten wird sein, auf den gestiegenen Ölpreis/Gaspreis zu verweisen und auch den Hinweis nicht auszulassen, dass die erneuerbaren Energien durch die Stromverbraucher subventioniert und über den eigenen Verbrauch gezahlt werden (müssen). Gerade vor Weihnachten 2005 haben die Stromversorger in überregionalen Zeitungen großformatige Anzeigen geschaltet, um diese Argumentationslinie deutlich zu machen.

Die Förderung der erneuerbaren Energien ist politisch gewollt und absolut wünschenswert. Nebenbei bemerkt deckt der Strompreis für die nicht-regenerativen Energien nicht alle Sekundärkosten ab: niemand bezahlt für die Schäden, die ein vermehrter Kohlendioxidausstoß verursacht. Kein Atomstromproduzent kann so viele in den Strompreis eingerechnete Rückstellungen anlegen, die bei einem GAU (größter anzunehmender Unfall) oder Super-GAU auftreten können. Folglich wird auch das natürlich durch Ignoranz subventioniert.

Dennoch wird sich in unserer Wirtschaft und Gesellschaft die Erkenntnis durchsetzen, dass die Herstellung von Energie Jahr für Jahr teuer werden wird. 2005 war es noch nicht einmal das Wissen um die Begrenztheit der weltweiten Rohstoffvorräte von Öl und Gas (und Kohle und Uran). Sondern es waren im Wesentlichen politisch und wirtschaftlich veränderte Rahmenbedingungen, die zu einem Preisanstieg geführt haben: der immer stärker werdende Energiehunger der aufstrebenden Wirtschaftsmacht China und bald auch Indiens, die gewaltigen Windkatastrophen in den USA, die die amerikanische Ölgewinnung und -verarbeitung in den von den Hurrikans heimgesuchten Gebieten stark beeinträchtigt haben und dadurch die amerikanische Nachfrage nach Ölendprodukten auf den Spotmärkten in Europa erheblich gesteigert haben, der Ausfall großer Raffinerien sowie die geheimnisvollen Spekulationswellen am Ölmarkt.

Rechnen Sie langfristig!

Wir müssen also auch langfristig mit steigenden Energiepreisen rechnen, weil diese Trends sich auch mit der Ausschöpfung der vorhandenen Ölquellen und der Erschließung neuer, aber teurer auszubeutender Quellen überlagern werden. Es ist besser diese Tatsache möglichst schnell, also auf einem möglichst niedrigen Preisniveau, ins Auge zu fassen und die zukünftigen Konsequenzen zu verinnerlichen.

Infolgedessen bleiben uns, neben dem simplen Hinnehmen, nur zwei Möglichkeiten: unsere Energieeffizienz steigern, oder den Verbrauch unnötiger, also verschwendeter Energie zu reduzieren. Die Energieeffizienz unserer Volkswirtschaft hat sich in den 1990er Jahren pro Jahr nur etwa um 1,4 % verbessert [GRÜN2005], dieser jährliche Fortschritt ist aber seitdem zurückgegangen. Leider sind wir jetzt bei etwa 0,5 % jährlicher Verbesserung angekommen, was erschreckend wenig ist, angesichts der jährlichen Produktivitätsfortschritte in der Industrie von 3-5 % und auch angesichts des technisch heute schon realisierbaren Potentials von teilweise bis zu 40 %. Noch ist bei uns der Trend ungebrochen »billig zählt« bzw. die verschiedenen Ausprägungen und Deklinationen des in den Zeiten des Wirtschaftswunders negativ gesehenen Geizes. Der Kaufpreis ist immer nur eine Momentaufnahme zum Zeitpunkt des Kaufereignisses, die richtigen Kosten folgen noch (vgl. Abschnitt *6.2 Betriebswirtschaftlicher Exkurs*). Aber darüber redet kein Verkaufsprospekt.

Wenn hier also die politischen Rahmenbedingungen nicht etwas schärfer formuliert werden, dann wird sich das vermutlich nur durch die Steigerung der Energiepreise marktbedingt beschleunigen.

Sparen können wir selbst, das haben wir in diesem Buch ausführlich dargelegt. Hoffentlich haben wir deshalb im nächsten Jahr ebenfalls einen »Schock«, wenn wir feststellen, dass unser Stromsparprogramm wirklich gegriffen hat und die Stromrechnung wieder mindestens auf dem Stand von 2004 ist, der Verbrauch also gesenkt werden konnte. Dann lohnt sich ja ein sinnvoller und intelligenter Umgang mit Stromenergie doch.

Es ist aber zu befürchten, dass mittelfristig der Stromverbrauch dennoch steigen wird. Unser Wohlstand lässt es zu, dass wir uns auch zunehmend mit Dingen umgeben, die keinen wirklich neuen Mehrwert mehr bieten, sondern in die Kategorie neuerer Bequemlichkeits- und In-Sein-Technologien fallen. Damit sind Entwicklungen gemeint, die eher durch Trends gekennzeichnet sind, als durch die Befriedigung wirklicher Bedarfsnotwendigkeiten.

Wohlstand ist mehr als alter Kaffee

Kaffee haben wir schon immer getrunken, seit wir volljährig sind. Viele können sich nicht mehr daran erinnern, aber ganz früher, in den Sechszigern/Siebzigern im 20. Jahrhundert, haben wir das Kaffeewasser noch mittels eines Kessels auf dem Herd erzeugt. Der hat dann gepfiffen, wenn der heiße Wasserdampf des fertigen Wassers durch die Austrittsöffnung getrieben wurde. Dann wurde der Herd abgeschaltet und das Wasser wurde von Hand in den Kaffeefilter gefüllt und immer wieder nachgegossen. Wer macht so was heute schon noch? Moderne Kaffeemaschinen stehen in eigentlich jedem Haushalt. Alle paar Jahre eine Neue. Das war's dann auch schon, oder?

Nee, da gibt es jetzt diese tollen Kaffee-Espresso-Automaten, die wir alle aus dem Büro kennen. Man stellt die Tasse unter eine Düse, wählt die gewünschte Kaffeestärke und Wassermenge und drückt auf den Startknopf. Sofort legt die Maschine los und in weniger als 30 Sekunden steht eine Tasse hervorragenden, frisch gemahlenen und frisch aufgebrühten Kaffees vor uns. Nachteil aus der Sicht dieses Buches? Der Kaffee-Espresso-Automat ist die ganze Zeit online, wie man heute sagt. Das bedeutet, er befindet sich im wahrsten Sinne in einem hot stand-by. Das Kaffeewasser wird zwar nicht vorgewärmt, aber der innere Heizkessel wird immer, mit Strom natürlich, beheizt. Damit das Wasser schnell erwärmt werden kann. Im Büro, wo viele Leute Kaffee trinken, mag das ja noch angehen. Aber zu Hause? Erinnern Sie sich an den Fernseher, der 20 Stunden am Tag schläft, aber bereit ist?

Der letzte Fernseher war ja auch etwas klein geraten. Dann nehmen wir halt beim nächsten Mal einen in einem Großformat. Der Stromverbrauch? Davon war in der Anzeige beim Discounter nicht die Rede.

5.7 Energie und Zukunft – Neuere Beobachtungen

Analog wird jetzt digital

Ach ja, die Antenne schickt uns auch keine Analogsignale mehr, sondern in vielen Regionen nur noch Digitalsignale. Daher benötigen wir eine Set-top-Box oder auch Digitalempfänger, weil unser Fernseher in der Regel heute nur analog spricht. Diese Box hängt ständig an der Stromleitung, 8 Watt für sich sind nichts, im Jahr bloß 70 kWh. Aber haben wir nicht drei Fernseher? Mit Zimmerantenne? Also drei Boxen, sind schon 210 kWh. 40 Millionen Haushalte usw. Die Gesamtrechnung sparen wir uns.

Es gibt weitere Tendenzen (vgl. [ISI2005]):

- die Zahl der Videorekorder/Camcorder wird sich bis 2015 verdoppeln;
- die Zahl der Digitalkameras (mit ihren Ladegeräten) wird sich im gleichen Zeitraum verdreifachen;
- der Gerätebestand bei Festnetztelefonen wird sich immer noch verändern: weg von einfachen Geräten zu stromfressenden Komfortgeräten mit Anrufbeantwortern und zu schnurlosen Basisstationen mit mehreren Endgeräten und eigenen Ladeschalen;
- die Einführung von UMTS-Mobilfunk steigert auch den Strombedarf. Das hat nur eine indirekte Auswirkung auf den persönlichen Stromverbrauch, weil die Basisstationen der UMTS-Technik von den Mobilfunkbetreibern verantwortet werden. Jede Basisstation verbraucht aber etwa doppelt soviel Strom wie heutige GSM-Basisstationen. Außerdem steigt die Dichte der UMTS-Antennen im Vergleich zur heutigen Antennendichte. Unser Verhalten bestimmt also auch hier die benötigte Strommenge;
- die Zahl der in Haushalten vorhandenen PCs und Notebooks wird ebenfalls um etwa 40 % steigen. Viele Haushalte werden permanent online sein und eine DSL-Flatrate ausnutzen, die PCs also ständig wenigstens im Schlummerschlaf sein;
- Heimkinos mit kompletten Audio-Anlagen und Festplattenrekorder werden in vielen Haushalten stehen.

Diese Trends sind natürlich spekulativ, aber wenn wir den Blick in die Vergangenheit richten, dann spricht doch einiges dafür, dass es wenigstens so ähnlich kommen wird. Leider ist es bei vielen Geräten im Bereich der Unterhaltungselektronik so, dass sie wie Set-Top-Boxen, AV-Receiver, Festplattenrekorder oder Subwoofer über gar keinen Ausschalter verfügen und daher ständig im Normal- oder Bereitschaftsbetrieb laufen, falls sie nicht mit dem Netzstecker oder mittels schaltbarer Steckdosenleisten vom Netz getrennt werden. Aber dafür werden wir ja sicherlich sorgen, oder?

Sie sind dran!

Der Appell kann nur wiederholt werden: versuchen Sie die Geräte intelligent auszusuchen und intelligent einzusetzen. Die Politik ist leider in unserer heterogenen Gesellschaft nicht schnell genug, um tiefgreifend und überzeugend die politischen Rahmenbedingungen für uns zu setzen, damit die Hersteller geneigt sind, entsprechende Geräte herzustellen. Der Trend zu »billig« drückt auf die Preise, der Wettbewerb ist hart und gespart wird daher bei der Herstellung, wo es nur geht. Wenn niemand nach einem Ausschalter fragt, dann werden die Geräte auch keinen Ausschalter haben. Sie sind dran!

6 Details zum Stromverbrauch

6.1 Licht ins Dunkle gebracht

Jede Revolution beginnt mit einem Auflauf.

Wandreklame von Knorr, gesehen in München ca. 1998

Üblicherweise wird Licht häufig zuerst genannt, wenn es darum geht, Tipps zum Stromsparen zu sammeln (»mach das Licht aus, wenn Du den Raum verlässt«). Das hängt wohl damit zusammen, dass künstliches Licht einer ähnlichen Qualität wie Sonnenlicht nur mit elektrischem Strom herzustellen ist. Und da wird unbewusst angenommen, dass der Verbrauch von Licht auch der größte Stromverbrauchsanteil ist.

Wir haben aber gesehen, dass dies nur bedingt aufrechterhalten werden kann.

Licht ist für den Menschen sehr wichtig, denn wir sind »Augentiere«, denen sich die Umwelt viel mehr als anderen Tieren über die Augen erschließt, angefangen von der Mimik unserer Mitmenschen, über die Bücher, in denen wir unser Wissen an Mitmenschen und Nachfahren übermitteln bis hin zu Actionsequenzen im Fernsehen und Panoramaansichten im Urlaub.

Bei der Lichtqualität ist der Mensch das Maß der Dinge, was den Menschen nicht gefällt, wird nicht in die Tat umgesetzt. Der Maßstab der Dinge ist aber die Sonne, weil sie unser Wohlbefinden direkt beeinflusst, auch deswegen feiern Lichttherapien vor allem im Winter steigende Erfolge. Licht besteht aus Elementarteilchen, den geisterhaften Photonen. Monochromatisches Licht besteht aus nur einer Sorte Photonen und wird von uns in einer bestimmten Farbe, je nach Energie der Photonen, wahrgenommen. Für uns hängt es entscheidend davon ab, aus welchen Farbkomponenten sich ein Lichtstrahl zusammensetzt, wie wir ihn empfinden (warm, kalt, hell, dunkel). Die Designer von Lampen müssen sich an die Physiognomie unseres Auges und der Farbempfindung unseres Wahrnehmungsapparates erinnern, um das Licht künstlich zu erzeugen, das wir am liebsten sehen.

Unsere Sonne ist ein starker Lux

Unübertroffen von der *Beleuchtungsstärke* auf unserer Erde bleibt die Sonne. An ihr, der Quelle unseres Lebens auf der Erde, muss sich die Wahl eines künstlichen Beleuchtungsmittels messen. Die Beleuchtungsstärke, definiert als Lichtstrom oder auch Strahlungsleistung, die auf eine Flächeneinheit fällt, wird üblicherweise in Lux gemessen.

$$\text{Beleuchtungstärke} = \frac{[\text{Lichtstrom}]}{[\text{Fläche}]}$$

Tabelle 6.1–1 gibt einen Überblick über die in Deutschland gemessenen Beleuchtungsstärken von Sonne und Mond sowie notwendige Beleuchtungsstärken für bestimmte Tätigkeiten. An der Sonne führt kein Kunstlicht vorbei, ihre Beleuchtungsstärke, vor allem im Sommer mit 20.000 Lux in unseren Breiten auch bei starker Bewölkung, ist unübertroffen, auch wenn natürlich nicht diese gesamte Beleuchtungsstärke bis in unsere Wohnungen kommt.

Wir haben in diese Tabelle auch einige Abschätzungen aufgenommen, welche Beleuchtungsstärke herkömmliche, künstlich vom Menschen hergestellte Beleuchtungsmittel in einem Wohnzimmer erzeugen können. Prinzipiell ist dies nicht ganz leicht, da es immer von den konkreten Beleuchtungssituationen abhängt. In unseren Berechnungen sind wir idealerweise davon ausgegangen, dass alle drei Beleuchtungsmittel jeweils im Zentrum eines Zimmers mit 20 m² Fläche unverdeckt leuchten. Jede

Tabelle 6.1–1: Typische Beleuchtungsstärken

Beschreibung	Beleuchtungsstärke [Lux]
Mittägliche Sonne im Winter	6.000
Mittägliche Sonne im Sommer	70.000
Trüber Wintertag	400
Trüber Sommertag	20.000
Vollmondnacht	0,2 – 0,3
sternenklare Nacht	0,01
1 Watt monochromatisches Licht (550 nm) auf einen Quadratmeter Fläche	680
im Operationssaal eines Krankenhauses	10.000
zum Lesen notwendig	50 – 100
für allgemeines Arbeiten notwendig	> 500
für Feinarbeiten notwendig	> 1.000
für ein 20-m²-Zimmer	
100-Watt-Glühbirne	ca. 20
20-Watt-Energiesparlampe	ca. 20
300-Watt-Halogen-Deckenfluter	ca. 100

Lampe richtet natürlich das Licht mehr oder weniger aus, so dass normalerweise nicht das gesamte Zimmer ausgeleuchtet wird. Die *Sonne* erzeugt ihr Licht durch eine thermonukleare Fusion auf der Basis von Wasserstoff, Helium und Lithium. In einer *Glühbirne* bringt ein elektrischer Strom eine Wendel aus Wolframdraht zum Glühen, wodurch sowohl Wärme (94 %) als auch Licht (6 %) erzeugt werden. Der Glaskolben der Glühbirne ist gasgefüllt, damit die Wendel länger hält und nicht zu viel Wolframmaterial zu schnell abdampft. Die Abdampfung ist auch der Grund für die begrenzte Lebensdauer einer Glühbirne. Üblicherweise ist die Dicke des Drahtes so gewählt, dass von einer mittleren Brenndauer von 1.000 h ausgegangen werden kann.

Eine *Halogenlampe* funktioniert im Prinzip ähnlich wie eine Glühbirne, es sind nur Halogene (meistens Jod) dem Füllgas der Birne zugemischt. Dies verhindert eine Schwärzung des Glaskolbens, wie sie bei normalen Glühbirnen zu beobachten ist. Der Glaskolben ist aus Quarz und wird bei niedervoltigen Lampen sehr klein gefertigt, damit er auf der Innenseite eine bestimmte Temperatur erreicht, die zur Aufrechterhaltung der Rückführung von Wolfram auf den Glühdraht durch das beigefügte Halogen notwendig ist. Dies erlaubt es, den Wolframdraht bis fast auf den Schmelzpunkt zu erhitzen, ohne dass er zuviel Material abdampft. Die Lichtausbeute kann dadurch bis zuletzt hochgehalten werden, weil sich kaum Material am Glaskolben absetzt.

Niedervolthalogenlampen sind sehr beliebt, weil sie kleine Abmessungen erlauben und daher elegant wirken. Außerdem ist die Lichtausbeute auch ein bisschen besser als bei Glühbirnen, was aber durch die notwendigen Transformatoren, die die Netzspannung auf 12 V umsetzen, teilweise wettgemacht wird. Im Gegensatz zu den Hochspannungstrassen, die den Strom sehr verlustarm transportieren, treten bei den niedervoltigen Kabeln für Halogenlampen zudem durchaus bemerkbare Verluste auf.

Energiesparlampen sind genau genommen *Leuchtstoffröhren* einer

6.1 Licht ins Dunkle gebracht

besonderen Bauart. Leuchtstoffröhren bestehen aus einem Glasrohr, in das zwei Stromzuführungen eingeschmolzen sind. Das Rohr ist mit einem Gas gefüllt (Argon oder Neon) und enthält zusätzlich Quecksilber als Entladungsmaterial. Ein Glimmzünder erwärmt sich nach dem Einschalten so lange, bis sich ein Bimetallstreifen schließt und sich anschließend die Elektroden erwärmen. Dies erhöht den Quecksilberdampfdruck in der Lampe und eine Niederdruck-Bogenentladung kommt in Gang, die ultraviolettes Licht erzeugt. Dieses Licht wird in einer Leuchtpigmentschicht auf der Innenseite der Röhre in sichtbares Licht umgewandelt. Die Farbtemperatur der Leuchtstoffröhre kann durch die Wahl der Leuchtpigmente variiert werden.

Für die Energieeffizienz eines künstlichen Beleuchtungsmittels müssen wir als weitere Kennzahl die *Lichtausbeute* betrachten. Diese ist unserem in Abschnitt 5.2 eingeführten Wirkungsgrad recht ähnlich definiert (siehe Formel).

Der abgestrahlte *Lichtstrom* wird in Lumen gemessen und ist in der Regel auch auf den Verpackungen unserer Leuchtmittel angegeben. Der Lichtstrom ist das Pendant in der Photometrie zur physikalischen Größe der Strahlungsleistung, die in Watt gemessen wird. Er entspricht der Strahlungsleistung einer Lichtquelle, allerdings bewertet mit der spektralen Hellempfindlichkeitsfunktion des helladaptierten menschlichen Auges, und wird in Lumen gemessen. Lumen ist also in der Photometrie das Pendant zum Watt.

1 Lumen = 1 Candela * Steradiant.

Candela ist die Einheit der Lichtstärke und entspricht dem Lichtstrom, der in einen bestimmten Raumwinkel (Steradiant) abgestrahlt wird.

Die Erzeugungsleistung ist einfach die elektrische Leistung, die ein Leuchtmittel, z.B. eine 100-Watt-Glühbirne (Erzeugungsleistung = 100 W) verbraucht. Übrigens ist Lux als Einheit der Beleuchtungsstärke nichts anderes als der Lichtstrom in Lumen, der auf eine Fläche von 1 m^2 auftritt:

1 Lux = 1 Lumen / m^2.

Tabelle 6.1–2 fasst für wichtige Beleuchtungsmittel die typischen Lichtausbeuten zusammen. Sofort wird klar, dass die Glühbirne die schlechteste Stellung in der Auswahl der künstlichen Beleuchtungsmittel innehat.

Aus diesen Erläuterungen zum Thema Licht ziehen wir die folgenden Schlussfolgerungen.

- Die wichtigste Lichtquelle ist und bleibt die Sonne. Richten Sie daher Ihre Zimmer so ein, dass Sitzplätze, wo immer möglich, so dicht wie es geht an den Fenstern platziert werden. Dort benötigen Sie gar kein künstli-

$$\text{Lichtausbeute} = \frac{[\text{abgestrahlter Lichtstrom}]}{[\text{Erzeugungsleistung}]}$$

Tabelle 6.1–2: Beleuchtungsmittel und ihre typische Lichtausbeute

Beleuchtungsmittel	**Lichtausbeute** [Lumen/Watt]
Glühbirne (Wolfram-Doppeldraht)	10 .. 14
Halogenlampe	14 .. 16
Energiesparlampe	40 .. 50
Leuchtstoffröhre	40 .. 80

Tabelle 6.1–3: Die wichtigsten Charakteristika der üblichen Beleuchtungsmittel (nach [ENER1998] und eigenen Erweiterungen)

		Glühlampe	Halogen-glühlampe	Energie-sparlampe	Leucht-stoffröhre
Wirkungsgrad	[%]	6 %	10 %	25-30 %	>30 %
Lichtausbeute	[Lumen/ Watt]	10 .. 14	14 .. 16	40 .. 50	40 .. 80
Lebensdauer	[h]	1.000	2.000	8.000	16.000
Lichtfarbe		warmweiß	warmweiß	warmweiß	warmweiß neutralweiß tageslichtweiß
Farbwiedergabe (* abhängig von Qualität)		natürlich	natürlich	gut*	gut*
Lichtabgabe nach dem Einschalten		sofort	sofort	nach 0-1 Sekunden	nach 1-3 Sekunden
volle Leistung nach dem Einschalten		sofort	sofort	in kaltem Zustand nach 1-2 Minuten	nach wenigen Sekunden
Beeinflussung der Lebensdauer durch häufiges Ein-/Ausschalten		keine	keine	bei neuen Lampen kaum	starke Beeinflussung
Ruhezeit nach Ausschalten		keine	keine	0-2 Minuten	10 Minuten
Preis einer Lampe mit jeweils gleicher Lichtleistung (!)	[Euro]	1,00	4,00	7,50	9,00
elektrische Leistung	[Watt]	100	60	20	18
jährliche Kosten bei einer täglichen Brennzeit von					
1h	[Euro]	6,57	4,45	1,58	1,32
3h	[Euro]	18,98	11,90	4,07	3,56
6h	[Euro]	37,60	23,07	7,79	6,91
Amortisation des gegenüber der normalen Glühbirne höheren Preises bei einer täglichen Brennzeit von...					
1h	[Tage]		441	478	574
3h	[Tage]		147	159	191
6h	[Tage]		74	80	96

ches Licht, höchstens am Abend und an dunklen Wintertagen.

- Sorgen Sie für helle Wandbeläge, damit auch das Streulicht möglichst umfassend reflektiert werden kann. Vermeiden Sie dunkle Wandfarben in Räumen, die viel Licht benötigen, zum Beispiel im Wohnzimmer, Kinderzimmer und Küche. Diese absorbieren zu stark das Sonnenlicht.
- Setzen Sie, wo es geht, Energiesparlampen ein. Der Stromverbrauch sinkt auf ein Fünftel pro Lampe und die Lichtausbeute steigt entsprechend. Die Lichtstärke bleiben dabei aber gleich im Vergleich zu den Glühlampen.

Kosten und Amortisation – Lichtbetriebswirtschaft

Für die üblichen Beleuchtungsmittel fassen wir die wesentlichen Charakteristika in Tabelle 6.1–3 zusammen. Dort taucht auch der Begriff der *Amortisation* auf, der aus der Betriebswirtschaft kommt. Mit dem Zeitraum einer Amortisation bezeichnet man die Zeit, nach der sich ein Investment durch die Verwirklichung von Einsparungen selbst bezahlt gemacht hat. Beispiel Energiesparlampe: diese kostet in der Regel bei gleicher Beleuchtungsstärke mehr als eine herkömmliche Glühbirne, verbraucht aber weniger Strom und hat daher auch geringere Betriebskosten (und hält darüber hinaus auch noch deutlich länger). Wie Tabelle 6.1–3 zeigt, amortisiert sich eine Energiesparlampe, die eine 100-Watt-Glühbirne ersetzt und genauso pro Tag 3 h an ist, nach 159 Tagen, also nach weniger als einem halben Jahr. Danach beginnt das wirkliche Sparen :-).

Wer es genauer für seine Bedürfnisse wissen möchte, kann anhand von Abbildung 6.1–1 die Amortisationszeit für eine durchschnittliche tägliche Brenndauer ermitteln. Die Grafik ist folgendermaßen zu lesen: Auf der vertikalen Achse (»y-Achse«) ist die durchschnittliche tägliche Brenndauer

6.1 Licht ins Dunkle gebracht

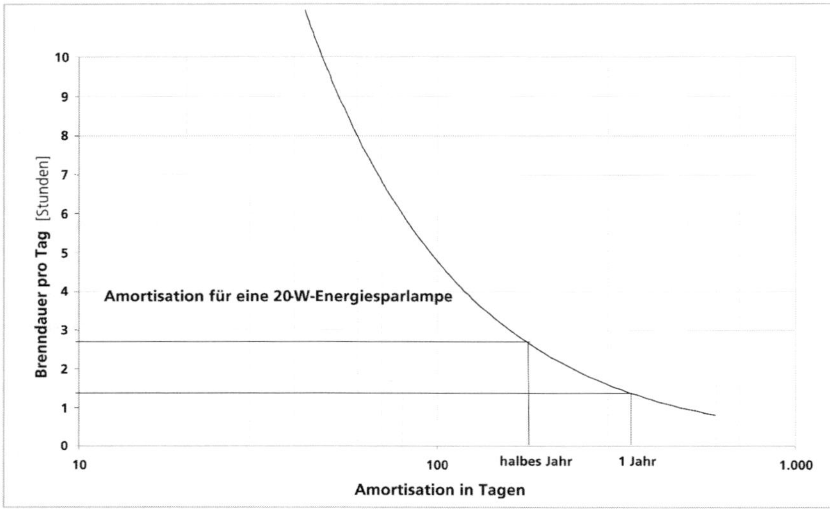

Abbildung 6.1–1: Amortisation einer Energiesparlampe mit 20 W in Abhängigkeit von ihrer täglichen Brenndauer

einer 20-W-Energiesparlampe in Stunden aufgetragen, auf der horizontalen Achse (der »x-Achse«) die Amortisationszeit in Tagen. Wir haben zwei Beispielwerte bereits eingetragen. (1) Brennt eine Energiesparlame im Mittel etwa 1,3 Stunden am Tag, dann amortisieren sich die höheren Anschaffungskosten aufgrund des geringeren Stromverbrauchs nach einem Jahr. Danach beginnt auch das wirkliche Geldsparen. (2) Ist die tägliche Brenndauer im Mittel sogar höher, nämlich 2,6 Stunden, dann hat sich die Anschaffung bereits nach einem halben Jahr amortisiert. Beachten Sie bitte, dass die horizontale Achse einen logarithmischen Maßstab hat.

Für andere Beleuchtungsstärken sieht die Kurve ganz ähnlich aus, natürlich sind die absoluten Einsparungen höher größer die elektrische Leistung eines Beleuchtungsmittels ist.

Mittlerweile haben übrigens Hersteller wie Osram besonders langlebige Energiesparlampen auf den Markt gebracht, deren Lebensdauer bis zu 15.000 Stunden betragen soll (bei 3 h Brennzeit pro Tag sind das etwas mehr als dreizehneinhalb Jahre).

Klassische Beleuchtung ist ein Auslaufmodell

Die Lichtfarbe sollte dem Gebrauchscharakter eines Raumes entsprechen (vgl. Abbildung 6.1–2), der normalen Wohnsituation entsprechen natürlich die klassischen Beleuchtungsmittel Glühbirne und Halogenstrahler, aber auch die modernen Energiesparlampen sind genau für diesen Einsatzbereich optimiert worden. Lassen Sie also klassisch klassisch sein und möglichst schnell auslaufen.

Weitere Fortschritte, auch in der Lichtausbeute, sind immer noch absehbar, werden sich aber eher im ein- bis zweistelligen Prozentbereich abspielen. Die theoretische Grenze der Lichtausbeute für weißes Licht liegt übrigens bei etwa 200 Lumen/Watt (vgl. Abbildung 6.1–3). Mit Leuchtstoffröhren ist

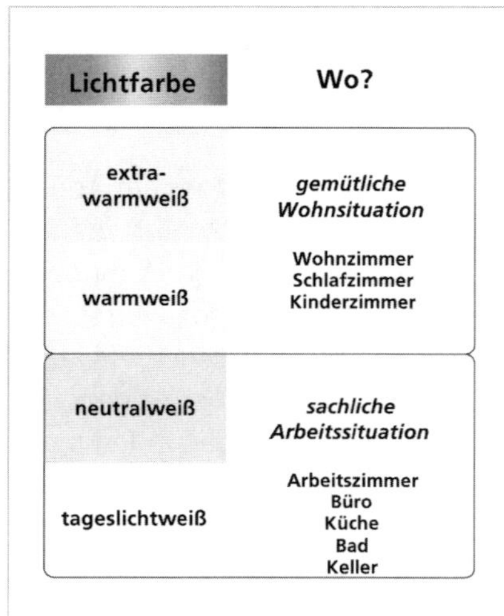

Abbildung 6.1–2: Welche Lichtfarbe ist für welchen Zweck geeignet?

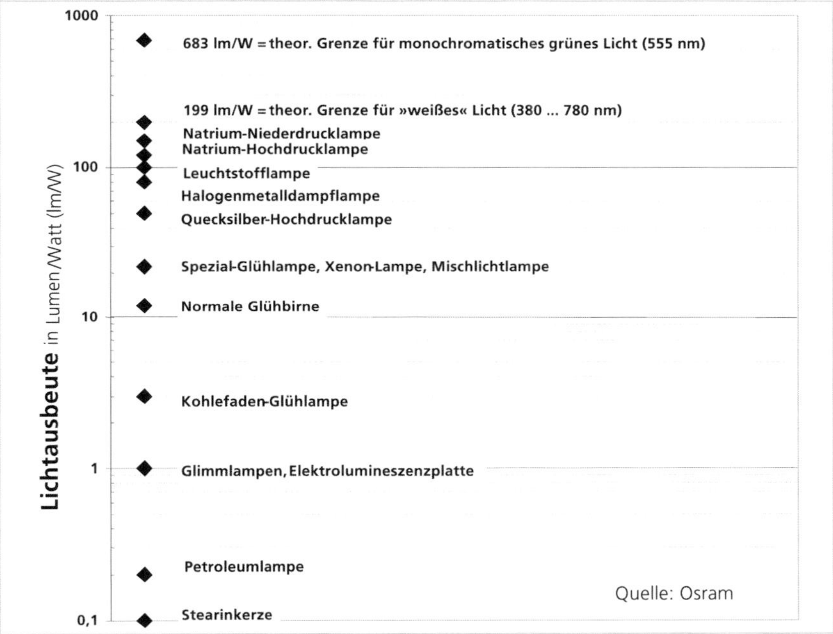

Abbildung 6.1–3: Übersicht über Lichtausbeute verschiedener Technologien

auch viel Wert auf gute und helle Beleuchtung gelegt wird, natürlich der beste Ort, um Sparmöglichkeiten zu realisieren. Allerdings trennt man sich nur ungern von einem hellen Halogen-Deckenfluter (300 W), jedoch der Esstisch kann natürlich mit guten Energiesparlampen beleuchtet werden.

Das ist vielleicht noch ein praktischer Tipp: Sparen Sie bei Kauf von Energiesparlampen nicht zu sehr. Oft ist es leider so, dass so genannte Preisbrecher in Baumärkten oder Discountern nicht unseren Qualitätserwartungen der Lichtfarbe und Lichtstärke entsprechen. Wenn die Energiesparlampe ein recht blaues

man heute etwa bei der Hälfte angekommen.

Zum Abschluss diskutieren wir eine reale Betrachtung des durch Licht verursachten Stromverbrauchs in einem Reihenhaus, in dem vier Personen leben, darunter zwei Kinder (Abbildung 6.1–4).

In der Abbildung sind die wichtigsten Zimmer und der in ihnen anfallende jährliche Strombedarf aufgrund von Lichtnutzung wiedergegeben. Klar ist, dass das Wohnzimmer den Löwenanteil hat und hier

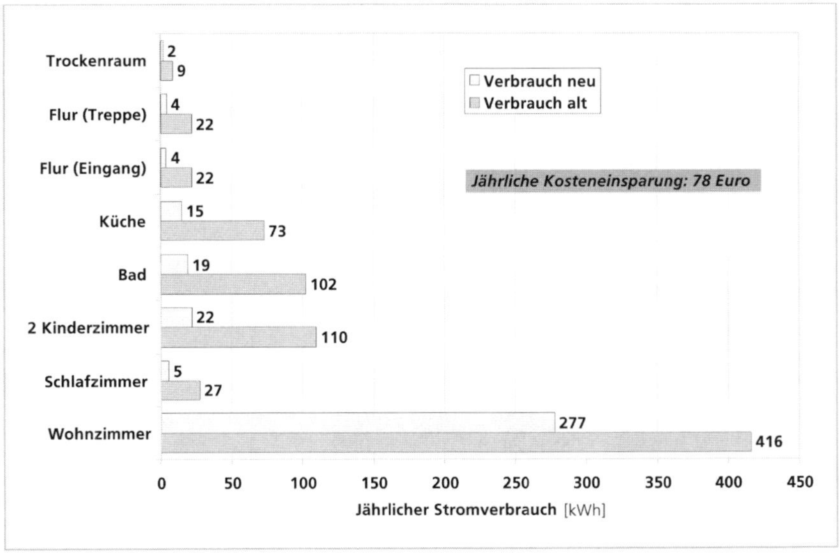

Abbildung 6.1–4: Jährlicher Stromverbrauch für Licht in einem Reihenhaus

6.1 Licht ins Dunkle gebracht

Licht produziert, dann hat der Hersteller minderwertige Farbpigmente in die Lampen eingebracht, die kein natürliches Licht produzieren. Qualitätsprodukte enttäuschten jedoch nie.

Eine relativ neue Entwicklung zeichnet sich übrigens durch die LED-Technologie ab (LED = light emitting diode) [WELT2005]. Das Beleuchtungssystem LED beruht auf der spontanen Emission von Lumineszenzstrahlung an einem so genannten p-n-Übergang in einem Halbleiter. Durch das Anlegen einer Spannung wandert eine erhöhte Anzahl von Elektronen (negative Ladungen in einem Halbleiter) und Löchern (positive Ladungen, hervorgerufen durch Elektronenfehlstellen) in die Richtung des p-n-Übergangs und rekombinieren. Dabei wird Strahlung in Form von Licht oder Infrarotstrahlung abgegeben. Üblicherweise haben LEDs sehr scharfe Spektrallinien, sind also weitab von einem von Menschen bevorzugt geforderten Weiß.

Aber mittlerweile beherrscht man auch die Herstellung von weißen LEDs. Der LED-Chip wird dazu mit einem Fluoreszenzfarbstoff bedeckt, so dass auf eine ähnliche Art wie bei einer Leuchtstofflampe oder Energiesparlampe das durch die LED erzeugte kurzwellige und damit energiereiche Licht in ein langwelliges, energieärmeres Licht umgewandelt wird. Durch die Wahl der Pigmentkomponenten kann additiv die Farbmischung weiß erzeugt werden.

Diese Technologie ist deswegen so interessant, weil damit Lichtsysteme zum Beispiel als Ersatz für die so beliebten Halogenstrahler aufgebaut werden können, die bei gleicher Lichtleistung deutlich weniger (80 %) elektrische Leistung benötigen. Erste Halogen-ähnliche Strahler auf Basis der LED-Technik sind bereits auf dem Markt erhältlich.

Wir schließen die Diskussionen über das Licht mit einer Zusammenfassung der wichtigsten Spartipps (Tabelle 6.1–4, Tabelle 6.1–5).

Tabelle 6.1–4: Licht – Nützliche Tipps 1 (z.T. nach [ENER1998])

Zimmer-Design
> Stellen Sie die Sitzmöbel, auf denen Sie die meiste Zeit sitzen, in die Nähe der Fenster.
> Bevorzugen Sie helle Farben für Vorhänge, Wände und Bilder. Vermeiden Sie möglichst lichtschluckende Materialien
> Arbeiten Sie mit gezielter Beleuchtung, z.B. in der Küche mit Licht direkt über der Arbeitsfläche. Dadurch vermeiden Sie es, unnötig helle Lampen anzubringen.
Wahl der Beleuchtungsmittel
> Wo immer es vom Design her möglich ist, setzen Sie Leuchtstoffröhren ein. Auf jeden Fall aber in den Arbeitsräumen wie Küche und Keller. Achten Sie aber auf die Lichtfarbe. Warmweiße 3-Bandenlampen vermeiden den kalten Neon-Effekt.
> Designerlampen mit Halogenglühmitteln sollten Sie höchstens in Wohnräumen einsetzen. Strahler sehen zwar gut aus, verteilen aber das Licht schlecht, also setzt man zu viele Strahler ein, jeder mit 35 Watt, da kommt schnell eine hohe elektrische Leistung zusammen.
> Sparen Sie beim Kauf von Energiesparlampen nicht zu sehr. Oftmals sind Billigangebote Lampen mit keiner sehr guten Lichtfarbe. Dadurch vermiesen Sie sich Ihre eigene Einstellung zu diesen modernen Leuchtmitteln sehr schnell und nachhaltig.
> Ideal für Energiesparlampen ist der Einsatz in Kinderzimmern, im Schlafzimmer und im Flur/Treppenhaus. Kinder vergessen oft und gerne, das Licht auszuschalten, und stören sich auch nicht daran, wenn die maximale Helligkeit der Lampe erst nach einer Minute erreicht ist. Zum Einschlafen benötigen sie oft auch Licht (z.B. im Flur).
> Auch eine Schreibtischlampe kann mit einer Energiesparlampe betrieben werden. Gerade diese Lampe ist bei häufigerem zu-Hause-Arbeiten oft sehr lange an.
> Setzen Sie die klassische Glühlampe nur in extremen Ausnahmefällen ein, z.B. in Räumen, die selten betreten werden und in denen das Licht schnell wieder ausgeschaltet wird.
> Verzichten Sie auf die in letzter Zeit so beliebt gewordenen Lichterketten zur Adventszeit. Auch wenn jede Birne nur 2 bis 5 Watt benötigt, verbraucht eine 50-birnige Lampe bis zu 250 Watt, so viel wie ein Deckenfluter im Wohnzimmer.

Tabelle 6.1–5: Licht – Nützliche Tipps 2 (z.T. nach [ENER1988])

Lichtbetrieb
> Leuchtstoffröhren mögen es nicht besonders, wenn sie zu häufig aus- und wieder eingeschaltet werden. U.U. bei nur kurzen Pausen die Lampe einfach an lassen (bei Pausen von mehr als 10 Minuten aber die Lampe immer ausschalten).
> Bei den neueren Energiesparlampen ist ein häufiger Schaltvorgang kein Problem mehr.
> Beim Einsatz von 12-V-Halogenlampen auf kurze Kabellängen zwischen Trafo und Lampe achten. Die Leitungsverluste sind sonst zu hoch.
> Was vergessen? Klar, Licht aus, wenn Sie es nicht mehr brauchen!

6.2 Nicht heißer essen als gekocht wird

Kochen ist eine Tätigkeit, die immer mehr in Verruf kommt, weil unsere Zeit durch wenig Zeit, durch so empfundenen Zeitmangel geprägt ist. Dennoch wird in vielen Familien, vor allem mit Kindern, noch eine Menge gekocht. Oft auch nur einen warmen Kakao (den man auch in der Mikrowelle erwärmen kann) oder einen Tee.

Wie wir oben gezeigt haben, besetzt Kochen ungefähr 18 % (zum Beispiel Abbildung 4.5–1) unseres persönlichen Stromverbrauchs, und da es zur Ernährung zählt, etwa 7 % unseres Lebens (Tabelle 5.4–1). Wie kommen wir zu 10 % Einsparung? Wo sind die Potentiale?

Beim Kochen wird die Endenergie (Strom oder auch Gas) in Wärme umgewandelt, und diese Wärme soll auf das Kochgut übertragen werden. Betrachtet man die gesamte Umwandlungskette von Primärenergie zur Nutzenergie, dann wird schnell klar, dass Gaskochen nicht zu schlagen ist.

(1) Verbrennung von Kohle: Erzeugung von Wärme (heiße Abgase)
(2) Wärmetausch mit Wasser: Transfer von Wärme (Wasserdampf)
(3) Antrieb einer Turbine: Umwandlung in mechanische Energie
(4) Transformation in Strom: Umwandlung in elektrische Energie
(5) Hochvoltiger Transport: Verlustarme Transformation
(6) Erhitzung von Heizstäben: Erzeugung von Wärme
(7) Übertragung der Wärme auf das Kochgut

Bei Gas spart man sich die Schritte (1) bis (4), der Transport (5) verläuft natürlich anders, aber geringe Verluste treten auch hier auf. Erhitzt wird also nur einmal, klar, dass das energetisch günstiger ist. In Summe verbraucht Kochen mit Gas nur etwa die Hälfte der Primärenergie (!), die Kochen mit Strom benötigt.

Diese qualitative Ableitung wird durch eine quantitative Bestimmung der Energie zur Erhitzung eines Topfes mit 1 Liter Wasser bestätigt ([ENER1998], siehe Abbildung 6.2–1). Für die Gesamtenergiebilanz sieht Kochen mit Gas also erheblich günstiger aus. Für Ihre Gesamtkostenbilanz ebenfalls, da 1 kWh Gas derzeit mit etwa 6 bis 7 Cent/kWh berechnet wird, Strom mit etwa 18 Cent/kWh. Für das Beispiel oben wäre der Preisvorteil etwa 37 %.

Aber bleiben wir beim Kochen mit Strom. Kochen heißt, wie gesagt, erwärmen, und leider ist das Kochgut nicht das einzige was erwärmt wird. Hier unterscheiden

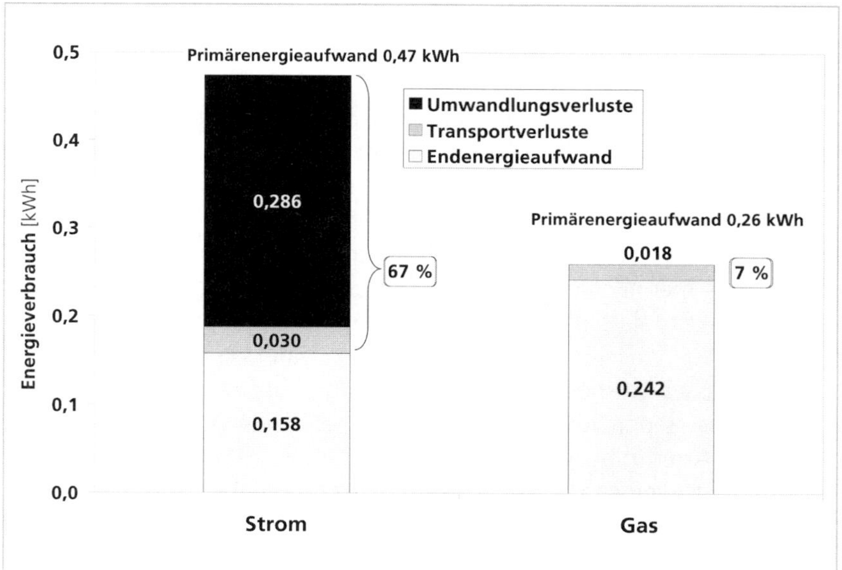

Abbildung 6.2–1: Primärenergieverbrauch beim Erhitzen eines Wassertopfes mit Strom und Gas (nach [ENER1998])

6.2 Nicht heißer essen als gekocht wird

sich auch die verschiedenen Herdtypen durchaus merklich (Abbildung 6.2–2).

Ausgekocht mit der richtigen Wahl des Ankochwirkungsgrades
Ein Ankochwirkungsgrad von unter 50 % bedeutet, dass nur weniger als die Hälfte der eingesetzten Endenergie Strom in Wärmeenergie umgesetzt wird, die direkt dem Kochgut zugute kommt. Dieser so genannte Ankochwirkungsgrad unterscheidet sich bei den einzelnen Herdtypen. Bei den gängigen Typen ist das Cerankochfeld dem klassischen gusseisernen überlegen. Dies gilt auch für die zweite Phase des Kochens, nämlich das am-Kochen-halten des Essens.

In Summe verbraucht ein Glaskeramikherd etwa 5-10 % weniger Energie als der Gusskochplattenherd ([ENER1998]). Leider sind viele Apartments, die mit einfachen Einbauküchen ausgestattet werden, in der Regel immer noch mit den billigeren Gusskochplattenherden ausgerüstet.

Wir müssen ausholen und erklären, dass es prinzipiell drei verschiedene Arten gibt, wie Wärme transportiert werden kann: Wärmestrahlung, Wärmeleitung (Diffusion) und Wärmekonvektion. Beim Kochen spielen alle drei Arten eine Rolle. Ziel sollte sein, beim Kochen

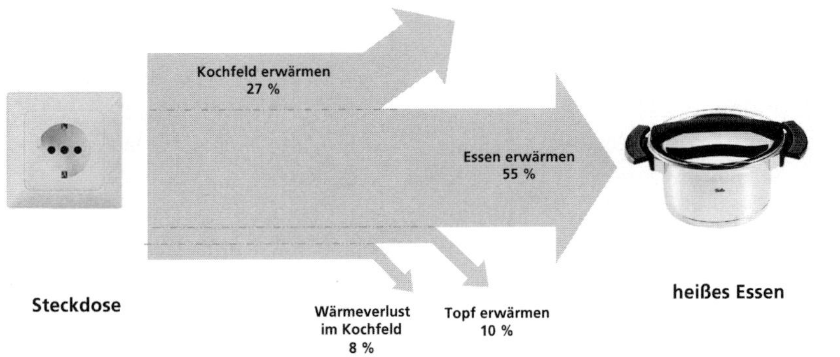

Ankochwirkungsgrad	
Glaskeramik	55 %
Gusseiserne Platte	40 %
Halogenkochstelle	55,5 %
Induktionskochstelle	70 %

Abbildung 6.2–2: Energiestrom beim Erwärmen eines Topfes mit Inhalt auf einem Elektroherd (Ceran) (nach [KURS1995])

alle drei Arten möglichst optimal zu nutzen: Steht ein zu kleiner Topf auf einer Platte, geht eine Menge Wärmestrahlung am Topf vorbei. Auch steht nicht die gesamte Platte für Diffusionsprozesse zur Verfügung. Hat der Topf einen unebenen Boden, dann kann die Wärme zum Teil nur über die Strahlung direkt oder über den Umweg der heißen Luft (Konvektion) auf den Topf und das Kochgut übertragen werden.

- ***Wärmestrahlung**: beruht auf der Wärmeübertragung durch elektromagnetische Strahlung (Infrarotstrahlung). Der aufnehmende Körper, z.B. ein Topf, absorbiert die auftreffende Strahlung und wandelt diese in Wärme wieder um.*
- ***Wärmeleitung**: beruht auf dem Energietransport durch die ungeordnete Wärmebewegung der Atome und Moleküle in einem Festkörper, einer Flüssigkeit oder einem Gas. Letztendlich wird die kinetische Energie der Teilchen durch Stöße an andere Teilchen im gleichen Körper/Stoff oder in einem anderen Körper übertragen.*

- ***Wärmekonvektion**: beruht auf der Wärmeübertragung durch strömende Flüssigkeiten oder Gase. Bei der Konvektion werden Materieteilchen verlagert, die Wärme wird also materiell übertragen. Dies passiert vor allem im Kochgut selbst.*

Das Ankochen ist zwar ein Teil der Wahrheit, aber noch nicht alles. Ist das Kochgut erst mal am Kochen, dann kann die Platte heruntergedreht (eigentlich schon früher!) und mit einer niedrigeren Leistung weitergekocht werden. Zum Beispiel werden für das Kochen von Kartoffeln etwa 85 % der Stromenergie für das Erhitzen aufgewendet und nur etwa 15 % für das Weiterkochen.

Kochen Sie auch nur mit Wasser – aber richtig

Wenn Sie oftmals einen Tee aufbrühen müssen oder einfach heißes Wasser benötigen, dann empfiehlt sich die Anschaffung eines separaten Wasserkochers, eines der wirklich sinnvollen kleinen Haushaltsnebengeräte. In einem Kochtopf Wasser zu erwärmen, ist eigentlich der Schuss aus einer Kanone (Herd) auf einen Spatzen (warmes/heißes Wasser). Ein separater Kocher verbraucht kaum mehr Strom, als zur Erhitzung des Wassers benötigt wird, weil die Kocher heutzutage aus Plastik bestehen und die Heizspirale direkt im Wasserbad liegt. Somit muss kaum mehr erwärmt werden als das Wasser selbst. Hinzu kommt, dass die Kocher oftmals eine Anzeige bezüglich der eingefüllten Wassermenge besitzen. Da lässt es sich leicht vermeiden, zu viel Wasser zu erwärmen. Im Vergleich zum Herd können Sie leicht die Hälfte an Energie einsparen. Wenn Sie es mit der Wassermenge im Topf normalerweise nicht so genau nehmen, noch einmal mehr. Zweiter Vorteil: das Wasser ist ruckzuck aufgeheizt, Sie sparen Zeit.

Achten Sie beim Kauf allerdings auf das Material. Der Kunststoff Acetal trübt das harte Wasser nicht ein, bei Polypropylen trübt sich das Wasser auch nach einiger Zeit noch ein. Edelstahlwasserkocher vermeiden das komplett, sie verbrauchen allerdings etwas mehr Strom.

Schauen Sie sich Ihr Verhalten an

Also, erst mal das eigene Verhalten reflektieren. Die Technologie, um eine Herdplatte heisszumachen, indem durch Heizspiralen, die in die Platte eingelassen sind und in die ein Strom eingespeist wird, der die Spirale aufgrund ihres Ohmschen Widerstands erhitzt, hat sich seit mehr als 100 Jahren vom physikalischen Gesichtspunkt aus kaum geändert. Die Verpackung ist ein bisschen schicker geworden, wie am zunehmenden Angebot von Designer-Herden zu beobachten ist. Überhaupt ist dies eine häufig anzutreffende Strategie, wenn sich technologisch kaum nutzbringende Vorteile verkaufen lassen, dass sich dann die Marketingstrategien auf die Hüllen stürzen. Unsere Verpackungsindustrie meldet auch oder gerade in generellen Krisen orbitante Steigerungsraten.

Zurück zur Profanität: Abbildung 6.2–3 zeigt das Einsparpotential durch verschiedene technologische (ebene Topfunterseite, also neuen Topf kaufen sowie Schnellkochtopf) und Verhaltensmaßnahmen. Die Grafik ist folgendermaßen zu lesen. Links steht der nachlässige Koch, der sich nur um sein Essen kümmert, aber von Zen (der Weg ist das Ziel) in der Energieverbrauchsbetrachtung noch nie etwas gehört hat.

Setzt er einen Topf mit ebener Unterseite ein, stellt diesen auf eine Platte mit gleicher Größe und benutzt einen Topfdeckel, dann kann er ca. 75 % Energie einsparen. Die Einzelmaßnahmen ergeben jeweils folgendes Potential:

- ***die ebene Unterseite*** bedeutet einen sehr guten Kontakt durch eine optimale Fläche des

6.2 Nicht heißer essen als gekocht wird

Topfes, die auf der Herdplatte aufliegt, ergibt eine Einsparung von 50 % zum nachlässigen Verhalten. Folglich lohnt es sich also, ein bisschen mehr Geld bei der Anschaffung der Töpfe zu investieren, weil sich dieses Geld schnell wieder durch einen geringeren Stromverbrauch rechnet.

- *eigentlich trivial* – ***die richtige Plattengröße***: Stellen Sie einen kleinen Topf (14,5 cm Bodendurchmesser) auf eine große Platte (18 cm Durchmesser), dann gehen 35 % der Energie am Topf vorbei. Das leuchtet ja sogar schnell ein, weil der Unterschied, speziell bei den leuchtenden Glaskeramik-Kochstellen, deutlich ins Auge fällt. Stellen Sie aber einen großen Topf (Bodendurchmesser 18 cm) auf eine Platte, die für Pfannen gedacht ist (Plattendurchmesser 21 cm), dann gehen immer noch 27 % der Wärme in die Luft und nicht in das Kochgut! Passen also beide, Platte und Topf, von der Größe her zueinander, dann geht kaum Energie an der Topffläche vorbei bei zu kleinen Töpfen, und es bleibt keine Topffläche unbestrahlt bei zu großen Töpfen. Im Mittel ist eine Einsparung von ca. 30 % möglich (vgl. auch Abbildung 6.2–4), das ist fast ein Drittel!
- ***der geschlossene Topfdeckel***: es gehen wenig Strahlungswärme und wenig Energie wegführender Wasserdampf verloren, spart noch einmal 25 % zum Verhalten ohne Topfdeckel. Wenn sich der Wasserdampf am Topfdeckel niederschlägt, der Dampf also wieder zu Wasser kondensiert, dann wird Kondensationswärme frei, die dem Kochgut wieder zugute kommt. Die Kondensationswärme ist vorher bei der Verdampfung des Wassers (Verdampfungswärme) aufgebracht worden. Die Verdampfungswärme ist notwendig, damit das Wasser vom flüssigen in den gasförmigen Zustand übergehen kann und erhöht nicht die Temperatur des Wassers. Öffnet man den Deckel, geht der Wasserdampf verloren und mit ihm die potentiell rückführbare Kondensationswärme. Der zweite Effekt ist, dass das Wasserdampf-Flüssigkeit-Gleichgewicht gestört wird, weil diesem Gleichgewicht Wasserdampf entzogen wird. Das kochende Wasser reagiert und produziert vermehrt Wasserdampf. Dazu wird wieder Energie benötigt, die nicht zur Temperaturerhöhung bzw. -stabilisierung ge-

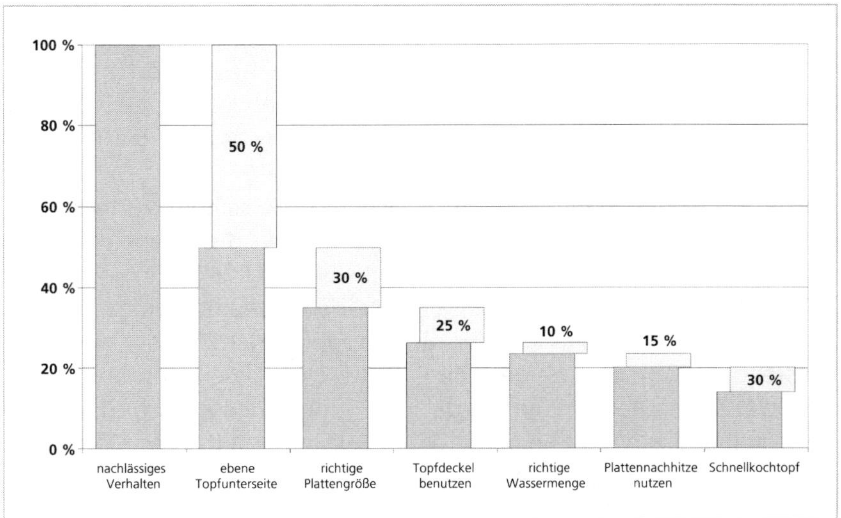

Abbildung 6.2–3: Effizienzverluste bei ungünstigem Kochverhalten

nutzt werden kann. Zur Größenordnung: 100 ml Wasser um 1 °Celsius zu erwärmen benötigt etwa 420 J. Um die 100 ml zu verdampfen, werden etwa 226.000 J benötigt, das ist 538-mal mehr als für die Temperaturerhöhung! Oder eine andere Rechnung: Wenn beim Erhitzen nur 1 % der 100 ml verdampfen, also 1 ml Wasser, dann benötigt man neben der Energie für das Erwärmen mit 420 J noch etwa 2.260 J, also etwa die 5-fache Energiemenge. Abbildung 6.2–5 fasst diese Erkenntnisse noch einmal grafisch zusammen. Wird ohne Deckel weitergekocht, dann verbraucht der Herd beim Weiterkochen bis zu 280 % mehr Strom. Vor allem in dieser Phase ist der Deckel kochwichtig!

- ***Die richtige Wassermenge***, die zum Kochen benutzt und erwärmt wird, kann ebenfalls noch einmal 10 % Energie einsparen. Dies ist eher ein Minimalwert, da üblicherweise zum Beispiel zum Kartoffelnkochen oder Eierkochen in einem Kochtopf deutlich zu viel Wasser eingefüllt wird. Probieren Sie es aus, Sie werden erstaunt sein, mit wie wenig Wasser man auskommen kann. Vergleichen Sie das auch mit einem Eierkocher, der eine genau definierte Wassermenge erfordert, die komplett verdampft werden muss, damit die Eier den gewünschten Härtegrad bekommen (dennoch lohnt sich ein separater Eierkocher ökologisch nicht, aber lesen Sie auch unsere Ausführungen zur grauen Energie, Abschnitt 5.4).
- Ein relativ einfaches Einsparpotential lässt sich durch die ***Ausnutzung der Nachwärme*** abschöpfen. Kaufen Sie sich für etwa 4 Euro eine elektronische Eieruhr, bei der Sie die Kochzeit leicht einstellen können. Die Uhr zählt dann die eingestellte

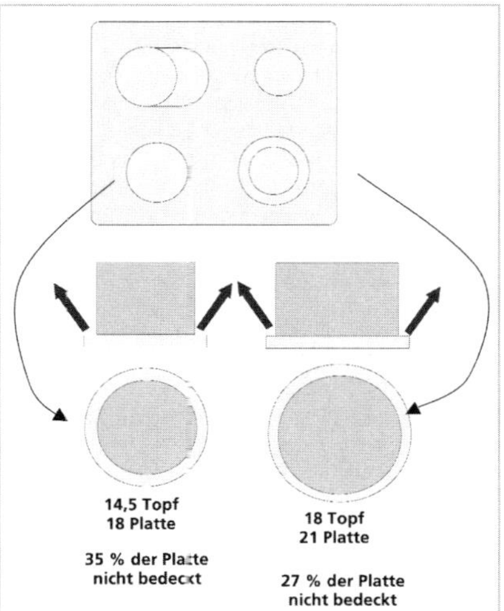

Abbildung 6.2–4: Unpassende Töpfe auf Kochfeldern

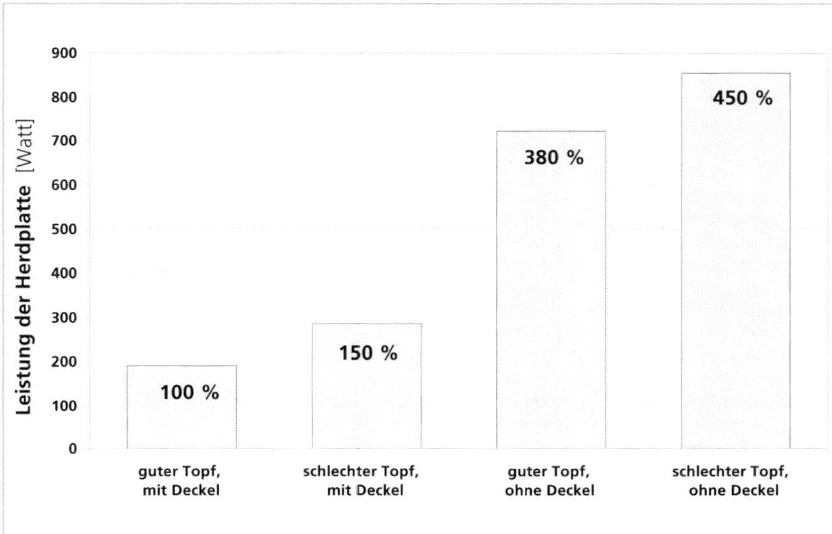

Abbildung 6.2–5: Am Herd erforderliche Leistung, um 1,5 Liter Wasser nach dem Erhitzen weiterkochen zu lassen (aus [ENER1998])

6.2 Nicht heißer essen als gekocht wird

Kochzeit rückwärts ab und gibt einen lauten Signalton nach Ablauf der eingestellten Zeit von sich. Stellen Sie wenigstens eine um 10 bis 15 % geringere Zeit ein (bis zu 3 Minuten). Schalten Sie die Platte ab, die Nachwärme der heißen Kochfläche besorgt den Rest und kocht Ihr Essen fertig. Ohne weitere Kilowattstunden.

- Der ***Schnellkochtopf*** schließlich kann noch ein weiteres Einsparpotential von ca. 30 % erschließen, weil zum Teil auch nur noch eine Platte zum Kochen mehrerer Speisekomponenten benutzt wird und weil automatisch kaum Wärme entweicht – allerdings ist das Schnellkochtopf benutzen auch eine gewisse Geschmacksfrage und leider auch mit vielen Vorurteilen behaftet.

Zusammengefasst demonstriert Abbildung 6.2–3, dass ein gutes Verhalten um bis zu 85 % weniger Strom beim Kochen benötigt als ein nachlässiges Verhalten. Der Gesamtverbrauch kann dadurch um bis zu 15 bis 17 % optimiert werden, und zwar durch eine Kombination der richtigen Technik und des richtigen Verhaltens. Fangen Sie mit der Eieruhr an, experimentieren Sie mit der Menge und sorgen Sie dafür, dass Ihre Töpfe gut zu Ihrem Herd passen. Den Topfdeckel lassen Sie eh immer auf dem Topf, oder?

Noch mehr lässt sich erschließen, wenn Sie die Möglichkeit wahrnehmen, auf Gaskochen umzustellen...

Wir fassen die wesentlichen Tipps zur Technik und zum Verhalten in Tabelle 6.2–1 und Tabelle 6.2–2 zusammen.

Tabelle 6.2–1: Tipps für die Anschaffung von Herd und Kochgeschirr

Anschaffungen
> Bedenken Sie den Einsatz eines Gasherdes. Erkundigen Sie sich nach den Möglichkeiten in Ihrem Ort oder Ortsteil.
> Wenn Sie sich für einen Elektroherd entscheiden, dann nehmen Sie einen mit einem Glaskeramikkochfeld. Diese sind energiesparender als die Gusseisenkochfelder. Andere Prinzipien (Induktionsherd, Halogenkochfelder) haben Vorteile, sind aber in der Anschaffung wesentlich teurer.
> Von einer pyrolytischen Selbstreinigung raten wir dringend ab. Diese mag zwar bequem sein, verbraucht aber erheblichen Strom.
> Schaffen Sie sich gut geeignetes Kochgeschirr mit ebenem Boden und gut sitzendem Deckel an. Topf- und Pfannenböden mit einer Stärke von drei bis fünf mm sind ideal, um eine gute Wärmeübertragung ohne große Wärmeverluste zu gewährleisten
> Gegebenenfalls besorgen Sie sich einen separaten Wasserkocher, der zum Teezubereiten und Wassererwärmen hergenommen werden sollte.
> Wenn Sie eine neue Kaffeemaschine anschaffen, dann besorgen Sie sich eine mit einer Thermoskanne, die direkt den frisch gebrühten Kaffee aufnimmt. So sparen Sie sich den Strom einer Warmhalteplatte.
> Besorgen Sie sich zwei elektronische Eieruhren, die die eingestellte Zeit rückwärts zählen und bei Erreichen der Null anfangen zu piepsen. Mit Hilfe der Uhren können Sie sich leicht antrainieren, die Herdplatten zwei bis vier Minuten vor Ablauf der Kochzeit abzuschalten.

Tabelle 6.2–2: Tipps für das Verhalten beim Kochen

Verhaltensweisen
> Seien Sie wählerisch mit der Plattengröße, immer nur Töpfe, deren Größe zur Plattengröße passt, einsetzen. Weder zu große Töpfe (Kochzeit!) oder zu kleine Töpfe sollten zum Einsatz kommen.
> Schalten Sie die Herdplatte erst ein, wenn der Topf drauf steht.
> Werden Sie zu einem Deckel-Kocher. Glasdeckel erlauben Ihnen den Blick auf das Kochgut, ohne den Deckel anheben zu müssen. Kochen Sie grundsätzlich nur mit Deckel, vor allem während der Zeit, in der das Kochgut auf Kochtemperatur gehalten werden muss.
> Seien Sie sparsam mit dem Sieden. Das Essen (Wasser) sollte nur eben so sieden, auf keinen Fall aber wild brodeln. Die Energie wird dann im Wesentlichen zur Erzeugung des Wasserdampfes eingesetzt, nicht zum Ausgleich von Wärmeverlusten. Regeln Sie also die Leistung der Platte entsprechend zurückhaltend.
> Verwenden Sie Wasser so sparsam wie möglich. Vor allem Gemüse und Kartoffeln müssen nicht im Wasser schwimmen. Das hat auch Einfluss auf den Geschmack und die Auslaugung der Vitamine.
> Den Bratofen kann man in der Regel bestücken, ohne ihn vorzuheizen (alle Gebäcke, Braten, Pizza).
> Nutzen Sie die Nachwärme Ihrer Herdplatten. Zwei bis drei Minuten vor Ablauf der vorgesehenen Kochzeit können die Platten komplett ausgeschaltet werden. Das Kochgut köchelt weiter. Benutzen Sie die Eieruhren zum Erinnertwerden.
> Schalten Sie auch Ihren Ofen bei längeren Back-/Bratdauern vorzeitig (10 Minuten) aus. Nutzen Sie die Nachwärme.
> Öffnen Sie die Backofentür während des Backens nie, erst, wenn Sie das Backgut herausnehmen wollen.

6.3 Alles ins Reine bringen

Waschen ist wie Kochen und Beleuchtung eine der elementaren Dienstleistungen, die uns das Leben durch Ausnutzung der Endenergie Strom einfacher machen. Eine Waschmaschine ist eines der Großgeräte in einem Haushalt, deren Benutzung maßgeblich den jährlichen Stromverbrauch mitbestimmt.

Nicht zu verkennen ist allerdings der Fortschritt mit dem Aufkommen der Waschmaschinen. In meiner Kindheit hat meine Mutter die Wäsche noch im Keller (in der Waschküche) in einem großen Kessel heißgemacht (daher der berechtigte Name Wasch*küche*), also gekocht und auf einem metallenen Waschbrett geschrubbt – eine sehr mühsame und aufwändige Tätigkeit. Diese Zeit haben wir glücklicherweise hinter uns gebracht.

Aber wie das so ist, mit der Bequemlichkeit im Waschen kam auch die Bequemlichkeit im Nachdenken. Waschmaschinen werden heute, wie alle elektrischen Geräte, in der Regel ohne große Gedanken benutzt. Strom ist ja immer da.

Aber ist es wirklich notwendig, so viel Strom für das Waschen zu verbrauchen? Es gibt ein paar sehr einfache Regeln, wie der Stromverbrauch beim Waschen reduziert werden kann. Dazu ist es hilfreich zu wissen, dass Strom vor allem, wie beim Kochen, für das Aufheizen des Wassers benötigt wird (vgl. Abbildung 6.3–1).

Wenn es also gelingt, entweder die benötigte Wassermenge zu optimieren (pro kg zu waschender Wäsche) oder die zum Erwärmen notwendige Energie zu reduzieren, dann können schnell erhebliche Einsparungen erzielt werden. Das ist nicht schwer.

Also, immer mit einer vollen Maschine waschen. Bei möglichst geringer Temperatur. Kochen tut man heutzutage nur noch in der Küche, bei Wäsche ganz ausnahmsweise nur. Krankheitserreger werden auch durch das Waschmittel bei 60 °C abgetötet.

Wagen Sie eine Wäschewiegung

Wissen Sie, was voll ist? Wiegen Sie mal nach (Tabelle 6.3–1), damit Sie ein Gefühl dafür bekommen, was alles in eine Maschine hineingestopft werden darf. Sicherlich hat Ihre Maschine auch eine Spartaste bei halber Beladung. Aber Vorsicht, diese täuscht. Wie Sie der Abbildung 6.3–1 entnehmen können, wird nur etwa 36 % weniger Strom bei halber Beladung benötigt, weil sich zwar die Wäschemenge und die notwendige Wassermenge halbiert haben, die Maschine selbst halbiert sich aber ja nicht. Also, Beladung halbieren und Spartaste benutzen bedeutet, dass nur ein Drittel weniger Strom benötigt wird. Das lohnt sich nicht.

Alle Waschmaschinen sind natürlich mit dem Energielabel versehen, das den Stromverbrauch bei 60 °C angibt. Versuchen Sie aber, bei 30 oder 40 °C zu waschen, das

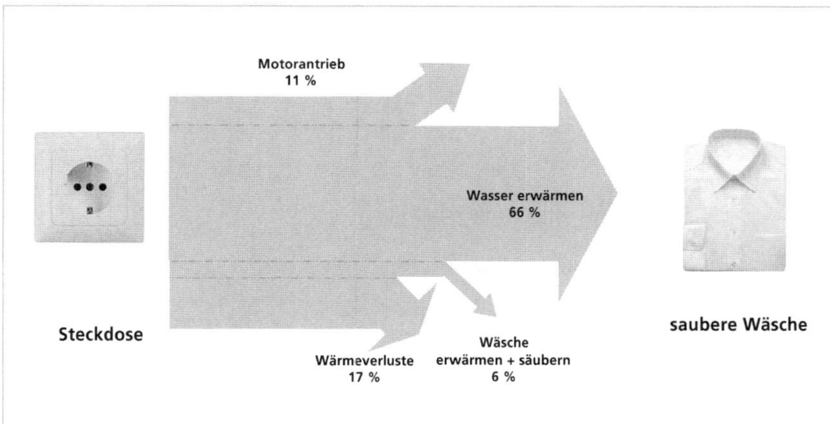

Abbildung 6.3–1: Beispielhafte Aufteilung der Energie beim Waschen

6.3 Alles ins Reine bringen

Tabelle 6.3–1: Wieviel Wäsche paßt in eine Maschine? Wiegen Sie nach!

Wäschegewicht **Trommel faßt 4,5 kg**	**Anzahl**	**Gewicht** **[kg]**
Frotteehandtücher, normale Größe	7	1,5
Bettbezug + Kopfkissen	1	2
Geschirrtücher	6	0,3
Socken aus Baumwolle (Paar)	7	0,3
Garnituren Unterwäsche (Slip + Unterhemd)	5	0,5

Tabelle 6.3–2: Beispielhafter Energieverbrauch einer Waschmaschinenladung bei unterschiedlichen Temperaturen

Waschgang **Beispiel für eine sparsame Maschine**	**Verbrauch** **in %**	**Verbrauch** **[kWh]**
30 Grad	33 %	0,3
40 Grad	44 %	0,4
40 Grad bunt	56 %	0,5
60 Grad Normalprogramm, ohne Vorwäsche	100 %	0,9
90 Grad ohne Vorwäsche	178 %	1,6
90 Grad mit Vorwäsche	206 %	1,85

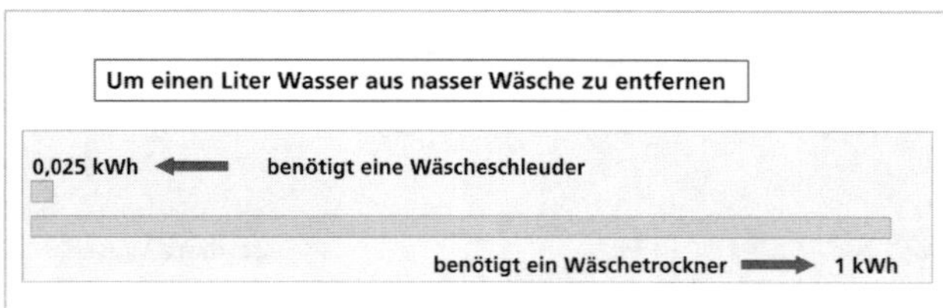

Abbildung 6.3–2: Energieverbrauch beim Wäschetrocknen in einer Schleuder und in einem Wäschetrockner

reduziert den Stromverbrauch um die Hälfte oder sogar zwei Drittel (vergleichen Sie unsere Auflistung beispielhafter Energieaufwände in Tabelle 6.3–2). Die sinnvolle Einstellung des richtigen Programms und Temperaturbereichs lohnt sich also.

Der Grund für diese großen Verbrauchsunterschiede liegt natürlich wiederum am Wasser. Für die Erwärmung von Wasser muss extrem viel Energie aufgebracht werden, und da die Wassererwärmung etwa zwei Drittel der Energie in einer Waschmaschine schluckt, fallen die längeren Motor- und Pumpenlaufzeiten bei höheren Temperaturen nicht so stark ins Gewicht. Daher lohnt es sich auch, nach Möglichkeit einen Warmwasseranschluss an die Waschmaschine zu installieren. Sinn macht das, wenn das Warmwasser nicht durch Strom aus Großkraftwerken erwärmt wird, am besten natürlich über Solarkollektoren auf dem Dach.

Waschen Sie warm, aber laufen Sie nicht heiß

Die Voraussetzung für einen Warmwasseranschluss an eine Waschmaschine ist ein Vorschaltgerät, an dem dieselbe Temperatur wie an der Waschmaschine eingestellt wird. Das Gerät mischt dann das von Warmwasser- und Kaltwasserleitung kommende Wasser entsprechend vor und gibt es an den Anschluss der Waschmaschine weiter. Am Schluss wird zum Ausspülen wieder kaltes Wasser genutzt. In der Nähe der Waschmaschine werden dazu nur ein Kalt- und ein Warmwasseranschluss benötigt. Darauf sollte man beim Bau von Häusern und Wohnungen prinzipiell gleich achten.

Grundsätzlich sind alle Maschinen mit zwei getrennten Schaltknöpfen für Temperatur- und Programmwahl geeignet. Die Geräte kosten derzeit ca. 250 Euro, der Stromverbrauch kann bis zu 85 % reduziert werden (vgl. Abbildung 6.3–1).

6.3 Alles ins Reine bringen

Tabelle 6.3–3: Energiesparende Anschaffungstipps beim Waschen

Anschaffungen	
>	Kaufen Sie sich keine Geräte mit eingebauter Uhr. Diese läuft, elektrisch versorgt, auch weiter, wenn die Geräte ausgeschaltet sind. Waschmaschinen benötigen für ihre Aufgabe kein Wissen um die aktuelle Uhrzeit.
>	Überlegen Sie, ob Sie die Waschmaschine mit einem Warmwasseranschluss versehen können. Dieser ist dann lohnenswert, wenn die Warmwasserbereitung mittels einer Solaranlage erfolgt. Auch im Falle, dass das warme Wasser über die Heizungsanlage oder durch einen Gasdurchlauferhitzer erzeugt wird, kann sich ein Warmwasseranschluss lohnen. Sie benötigen aber kurze Leitungswege und gut isolierte Leitungen.

Tabelle 6.3–4: Energiesparende Verhaltenstipps beim Waschen

Verhaltensweisen	
>	Benutzen Sie wenigstens im Sommer keinen Trockner, sondern gönnen Sie sich fünfzehn Minuten pro Waschmaschine an der frischen Luft, um die Wäsche auf einen Ständer aufzuhängen. Trocknen Sie an der Wäscheleine.
>	Waschen Sie nur mit vollen Maschinen. 30 % weniger Beladung bedeutet 43 % mehr Strom (der meiste Strom wird zum Aufheizen des Wassers benötigt.
>	Waschen Sie bei so niedrigen Temperaturen wie möglich. Machen Sie die Waschtemperatur und die Waschdauer vom Verschmutzungsgrad und der Art der Verschmutzung abhängig. In der Regel reichen 30 bis maximal 60 Grad Celsius. Kochwäsche ist out (außer bei Haushalten mit kleinen Kindern oder Kranken!). Alle relevanten Bakterien werden bereits bei 60 Grad Celsius getötet.
>	Wenn Sie waschen, benutzen Sie keine Koch- und Vorwaschprogramme.
>	Machen Sie sich klar, was 4,5-5 kg Wäsche bedeuten (= Füllmenge einer Waschmaschine): 7 Frotteehandtücher (Standardgröße) etwa 1,5 kg 1 Bettbezug und 1 Kopfkissen und ein Leintuch (Baumwolle) knapp 2 kg ein halbes Dutzend Geschirrtücher rund 300 g 7 Paar Baumwollsocken ca. 300 g 8 Slips und 3 Herrenunterhemden gut 500 g. Waschen Sie immer mit voller Maschine!
>	Schleudern Sie Ihre Wäsche mit möglichst hoher Drehzahl, bevor Sie sie trocknen. Dann tut sich Ihr Trockner leichter und Ihr Geldbeutel bleibt dick.
>	Kontrollieren und reinigen Sie den Luftfilter Ihres Wäschetrockners am Ende des Betriebs. Am besten nach jedem Trocknergebrauch, so erhalten Sie die Trocknerleistung.
>	Beladen Sie Ihren Trockner immer vollständig. Eine halbe Ladung verbraucht nicht die Hälfte des Stromes, sondern mehr als Zwei Drittel einer vollen Ladung.
>	Bügeln Sie nur Sachen, die unbedingt notwendig sind (z.B. Hemden, Blusen, T-Shirts).

Das bedeutet etwa die Einsparung von 210 bis 300 kWh pro Jahr in einem Vier-Personen-Haushalt, also etwa 39 bis 54 Euro jährlich. Die Kosten amortisieren sich demnach nach ca. 5 bis 7 Jahren, die Umwelt wird aber sofort entlastet. Allerdings sollte man natürlich berücksichtigen, dass auch Warmwasser nur mit Energie erzeugt werden kann. Das verschlechtert diese Energiebilanz wieder – einer Einsparung von 210 kWh an Strom ständen etwa 150 kWh an Ölenergie gegenüber. Am besten wäre es natürlich, wenn das warme Wasser durch Solarkollektoren erzeugt würde. Da fallen gar keine Emissionen mehr an!

Diese Vorschaltgeräte können prinzipiell auch bei Spülmaschinen eingesetzt werden. Allerdings verbrauchen moderne Spülmaschinen nur sehr wenig Wasser, und wenn die Zuleitung des Warmwasseranschlusses zu lang ist, dann fließt zu viel kaltes Wasser in die Maschine, bis das warme Wasser kommt. Die gewünschte Betriebstemperatur kann nicht mehr durch Mischung erreicht und muss elektrisch erzeugt werden.

Nach dem Waschen muss die Wäsche getrocknet werden. Das geschieht am besten mit Solar- und Windenergie unter freiem Himmel auf einer Wäscheleine, bedeutet aber einen gewissen Zeitaufwand. Gerade im Winter werden daher oft Trockner eingesetzt, die natürlich in ihrer Funktion als Fön für die Wäsche wahre Stromfresser sind (etwa 3,5 kWh pro Waschmaschinenfüllung). Hier hilft in jedem Fall sehr gutes Schleudern, denn Feuchtigkeit kann mit einer guten Wäscheschleuder energetisch extrem viel günstiger entfernt werden als durch Wärme in einem Wäschetrockner (Abbildung 6.3–2). Also, immer im höchst möglichen Schleudergang schleudern, außer vielleicht bei extrem empfindlicher Wäsche.

Wir fassen in Tabelle 6.3–3 und Tabelle 6.3–4 alle Tipps noch einmal zusammen.

6.4 Gut gespült ist halb gewonnen

Geschirrspüler sind Maschinen, die in der Küche eine wesentliche Arbeitserleichterung bedeuten, vor allem bei Haushalten mit mehreren Personen, wo vergleichsweise viel Geschirr anfällt. Daher sind sie aus vielen Haushalten gar nicht mehr wegzudenken. Geschirr muss ja auch sauber werden, nicht nur aus ästhetischen, sondern auch aus hygienischen Gründen.

Wie bei einer Waschmaschine müssen zur Reinigungswirkung Wasser erwärmt und chemische Schmutzlöser hinzugefügt werden. Im Gegensatz zur Waschmaschine benötigen moderne Geschirrspüler pro Beladung aber deutlich weniger Wasser (etwa 15 Liter statt 40 Liter), daher muss auch weniger Wasser erwärmt werden. Infolgedessen ist die Aufteilung der benötigten Energie auf die einzelnen Komponenten eines Geschirrspülers auch etwas anders aufgebaut (vgl. Abbildung 6.4–1) als bei der Waschmaschine.

Dadurch ist der Vorteil eines Warmwasseranschlusses auch nicht mehr so frappant und sollte gut überlegt werden. Üblicherweise stehen Geschirrspüler in der Küche und damit normalerweise nicht di-

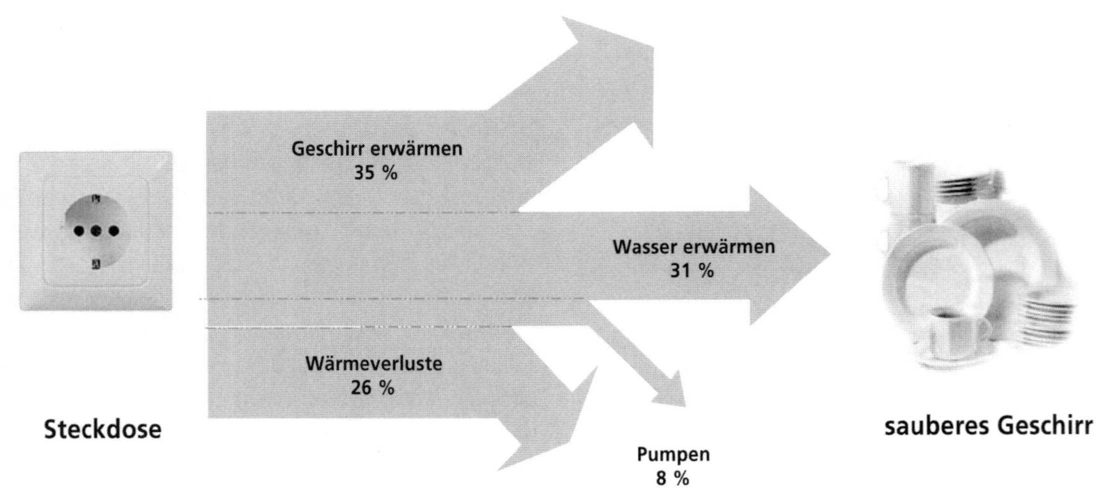

Abbildung 6.4–1: Beispielhafter Energiefluss bei einer Spülmaschine
(Quelle [KURS1995])

rekt in der Nähe des Warmwasserreservoirs in einem Haus. Das bedeutet, dass schnell ein paar Liter kaltes Wasser zuerst in die Spülmaschine einfließen, bevor das warme Wasser kommt, so dass der energetische Vorteil des externen Warmwasserzugangs nur zu einem Teil wirksam wird und den energetischen Vorteil des Vorschaltgerätes reduziert. Finanziell wird sich das Gerät während der Lebensdauer eines Geschirrspülers kaum amortisieren.

Tabelle 6.4–1: Tipps zum Energiesparen beim Geschirrspülen mit der Maschine

Anschaffungen	
>	Prüfen Sie, ob sich ein Warmwasseranschluss für Ihre Spülmaschine lohnt. Der Weg zur Warmwasserquelle muss möglichst kurz sein, das warme Wasser sollte natürlich auf keinen Fall elektrisch erzeugt werden.
Verhaltensweisen	
>	Füllen Sie den Geschirrspüler so voll wie es geht. Schalten Sie das Gerät erst an, wenn es voll ist.
>	Wenn notwendig, spülen Sie Geschirr vorab nur mit kaltem Wasser ab. Nehmen Sie statt warmen Wassers lieber eine Bürste, um beispielsweise Eierreste von Tellern abzuwaschen, bevor Sie die Teller in die Spülmaschine stellen.
>	Spülen Sie Töpfe von Hand. Das geht relativ schnell und lässt in Ihrer Spülmaschine Platz für viele Kleinteile wie Teller, Gläser, Tassen. Dadurch kann die Spülmaschine seltener laufen, ohne dass Ihre Bequemlichkeit zu sehr leidet.
>	Einen Trockengang in der Spülmaschine können Sie eigentlich umgehen. Öffnen Sie nach dem Spülvorgang die Spülertür einen Spalt (Kochlöffel eventuell einlegen). Das warme Geschirr sorgt selbst dafür, dass es trocknet. Die Feuchtigkeit entweicht durch den Spalt.
>	Setzen Sie die Spülprogramme intelligent ein. Leicht verschmutztes Geschirr benötigt nur ein (Bio-) Sparprogramm. Wegen eines Topfes müssen Sie nicht das ganze Geschirr heißduschen. Waschen Sie den Topf lieber mit der Hand ab. Dann reicht für den Rest eine niedrigere Temperatur. 50 °C statt 65 °C spart 25 % Strom!

Spülen mit Hand spart natürlich Strom, solange das benutzte Wasser nicht mit Strom erwärmt wird. Unter Umständen wird aber mehr Wasser als in einer Geschirrspülmaschine benötigt, das kann sich primärenergetisch ungefähr aufs Gleiche kompensieren. Eher spricht der Gewässerschutz für das Handspülen, weil dabei vor allem Tenside in den Spülmitteln eine Rolle spielen, die aber in biologischen Kläranlagen relativ gut abbaubar sind. Maschinenspülmittel enthalten Salze und zunehmend Phosphate, was in Summe bedenklicher ist.

Allerdings kostet Handspülen eine Menge Zeit und Disziplin, die Erleichterung durch einen Geschirrspüler ist schon deutlich fühlbar und erzeugt viel Zeit für andere Dinge.

Aus strategischer Sicht sehr wichtig ist, dass vor allem abends gespült wird. Dort sind dann keine Spitzenbelastungen mehr im Stromnetz zu erwarten, und es kann auf vorhandene Stromerzeugungsressourcen im Kraftwerkspark für die Grundlast zurückgegriffen werden (vgl. Kapitel 5.6). Spülen sehr viele tagsüber zu ungünstigen Zeiten (Montag vormittag beispielsweise), kann die absolute Spitzenlast auf den Kraftwerkspark steigen, was unter Umständen dazu führen kann, dass Energieversorger deswegen neue Kraftwerke planen wollen.

Die wichtigsten Tipps zum Energiesparen fasst Tabelle 6.4–1 zusammen.

6.4 Gut gespült ist halb gewonnen

6.5 Unterhaltung ohne Schlummerschlaf

Der gesamte Bereich Unterhaltung oder Entertainment ist einer der Hauptverursacher dafür, dass der durchschnittliche Stromverbrauch in Haushalten in den letzten Jahren gestiegen ist. Die durchschnittliche Ausstattung mit diversen Unterhaltungsgeräten hat, auch bedingt durch den ständigen Preisverfall, dazu geführt, dass immer mehr Geräte in Haushalten stehen. Was haben wir heutzutage nicht alles: Fernseher, klar; Zweitfernseher im Schlafzimmer oder bei den Kindern, auch fast schon Standard. Natürlich Video oder neuerdings auch DVD-Spieler. HiFi-Anlage sowieso, auch eine Zweit- oder sogar Drittanlage. Jeder will seine Musik hören. Radio in Küche und Bad gehören auch dazu. Dann hat jeder ein Handy. Mit Ladegerät, das natürlich immer am Netz ist. Auch Faxgeräte sind mittlerweile in vielen Haushalten schon vorhanden, Anrufbeantworter, schnurloses Telefon, das ständig geladen wird. Und natürlich einen PC mit Bildschirm, Drucker, DSL-Modem, eine Spielekonsole, diverse Akku-Spielgeräte, Heimkino mit fest installiertem Beamer an der Decke und einem Multi-Sound-Lautsprechersystem.

Finden Sie sich wieder?

Da der Tag nur 24 Stunden hat und wir in der Regel 8 Stunden schlafen, 10 bis 12 Stunden wegen der Ar-

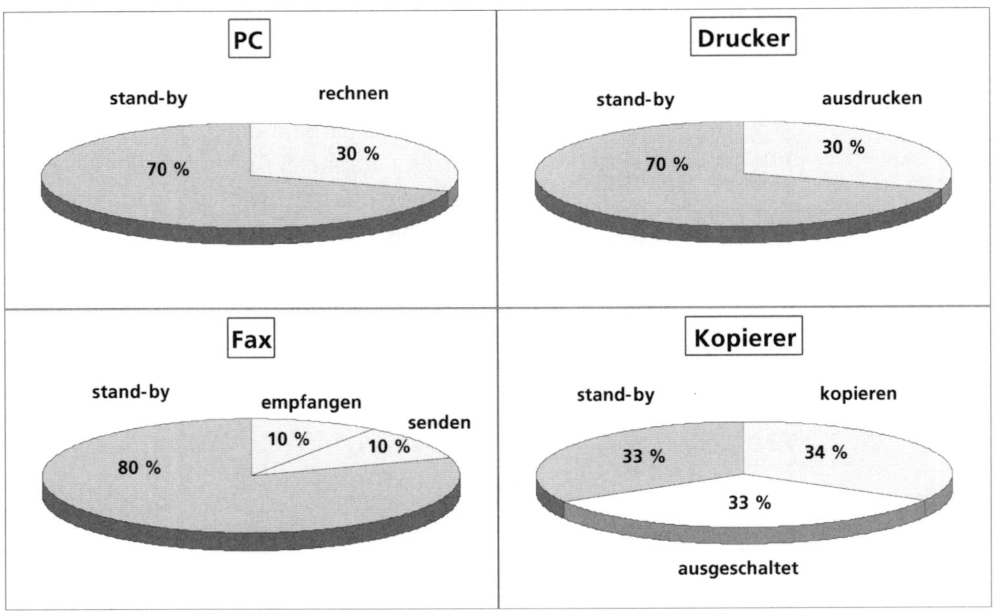

Abbildung 6.5–1: Verteilung Energieverbrauch bei Informations- und Kommunikationssystemen im Haushalt

6.5 Unterhaltung ohne Schlummerschlaf

Tabelle 6.5–1: Tipps zum Stromsparen bei der Anschaffung von Computer-Geräten

Anschaffungen	
>	Fragen Sie beim Kauf von HiFi-Geräten nicht nur nach der Musik-Sinusleistung, sondern auch dem Stand-by-Verbrauch. Kaufen Sie nur Geräte, deren Stand-by-Verbrauch maximal 5 % vom normalen Verbrauch ist.
>	Achten Sie bei der Anschaffung eines Computers auf den Stromverbrauch, so banal es klingt. Leistung um jeden Preis muss nicht sein. Oft reicht auch ein PC vom Discounter oder sogar ein Notebook. Diese verbrauchen oft nur halb so viel Strom wie ein Power-PC.
>	Für die Dauerverbindung zum Internet können leistungsschwache Maschinen Verwendung finden, oft in ebay zu einem günstigen Preis erhältlich. Deren elektrischer Verbrauch kann bis nur zu einem Zehntel des Power-PC-Verbrauchs betragen. Dann freuen Sie sich nicht nur über die günstige DSL-Rate, sondern auch über den geringen Stromverbrauch.
>	Sie sollten beim Kauf neuer Geräte grundsätzlich auch den Stromverbrauch als ein wichtiges Kaufkriterium heranziehen, und nicht nur die Bildschirmdiagonale oder die Druckgeschwindigkeit und Druckerauflösung (dots per inch).
>	Wenn Sie sich einen neuen Monitor zulegen möchten, dann machen Sie Nägel mit Köpfen: gönnen Sie sich einen Flachbildschirm. Der ist nicht nur schicker, sondern verbraucht 50 bis 75 % weniger Strom!
>	Schaffen Sie sich schaltbare Steckerleisten an. Stecken Sie dort die Geräte hinein, die den Stand-by-Modus aus Kostengründen des Herstellers haben und nicht für die Bequemlichkeit des Benutzers (z.B. Fernseher, Computer). Schalten Sie die Steckerleiste nach Benutzung der Geräte wieder aus.

beit unterwegs sind, bleiben noch 4 bis 6 Stunden freie Zeit. Diese ändert sich durch mehr elektrische Verbrauchsgeräte auch nicht, wenn aber die nicht benutzten ihrerseits schlafen, saugen sie dennoch oft Strom aus dem Netz (Stand-by-Betrieb).

Wir haben diesem wirklich wichtigen Thema ein ganzes Kapitel gewidmet (siehe 5.5 *Da sein, aber nichts tun – Das Stand-by-Fiasko*) und wollen uns hier nicht wiederholen.

Wir fassen aber wichtige Tipps zusammen, wie Sie Strom sparen beim Musik hören, Fernsehen, im Internet surfen usw. und was Sie bei Anschaffungen beachten sollten.

Tabelle 6.5–2: Tipps zum Stromsparen bei der Benutzung von Computer-Geräten

Verhaltensweisen	
>	Optimieren Sie den Stromverbrauch Ihres PCs durch die Aktivierung der Stromsparfunktion/modi im Bios Ihres Rechners (zu finden im power management setup).
>	USB ist zwar ein universelles und bequemes Interface zu externen Geräten. Wenn Sie diese aber nicht benötigen, dann ziehen Sie den Verbindungsstecker. Sonst beziehen die Geräte über USB unnötigerweise Strom.
>	Periphere Geräte, wie Scanner, Drucker, Boxen usw. werden in der Regel nicht immer benötigt. Trennen Sie diese gründsätzlich vom Netz, weil sie sonst oft genug automatisch im Stand-by-Modus laufen, was unnötige Energie frisst.
>	Am besten betreiben Sie Ihr gesamtes PC-System über eine schaltbare Steckerleiste, über die Sie zentral alle angeschlossenen Geräte ausschalten können.
>	Fahren Sie den Rechner bei Pausen über 30 Minuten grundsätzlich komplett herunter oder versetzen Sie ihn in kurzen Pausen (WC) wenigstens in den Stand-by-Modus.

6.6 Betriebswirtschaftlicher Exkurs

Vier von drei Leuten können nicht rechnen.
Graffito, gesehen in Frankfurt

Für die Einsparung von Strom gibt es zwei wesentliche Motivationen: zum einen natürlich die Reduzierung von umweltbelastenden Schadstoffemissionen, zum anderen aber ganz profan das Einsparen von Euro, die ohne Komfortverluste und Komforteinbußen für andere Zwecke wirklich freigesetzt werden können.

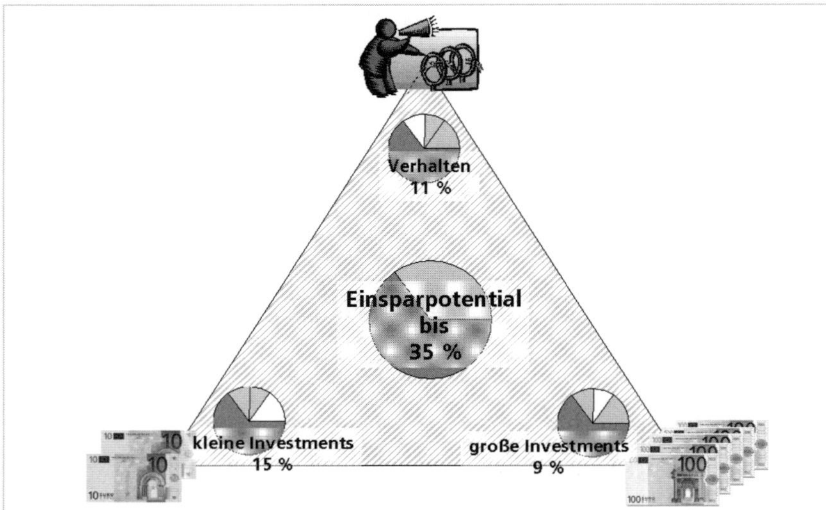

Abbildung 6.6–1: Aufteilung des Stromeinsparpotentials in einem Haushalt nach Investitionen und Verhalten

Weißbier statt Strom

Wenn die Beträge, um die es geht, Ihnen zu klein erscheinen, dann machen Sie sich einfach Ihre eigene Währung zu Strom, z.B. 1x Essen gehen mit der Frau, 1x ins Kino (z.B. in Emmerichs Film The Day after Tomorrow, das motiviert zusätzlich).

Welches ist Ihre Währung fürs »*Stromsparen wollen*«? Meine war ziemlich schnell das Weißbier, bei einer Stromrechnung von etwa 700 Euro im Jahr entsprachen 10 % etwa 6 Kästen Weißbier, also ein halbes Jahr, für daheim oder (in München!) 6 Biergartenbesuchen mit einem Freund, bei denen üblicherweise jeder etwa 2 Maß trank (das sind etwa 1,6 l Weißbier, die üblichen Einschenkriten in München Biergärten berücksichtigt). Na, das ist doch was.

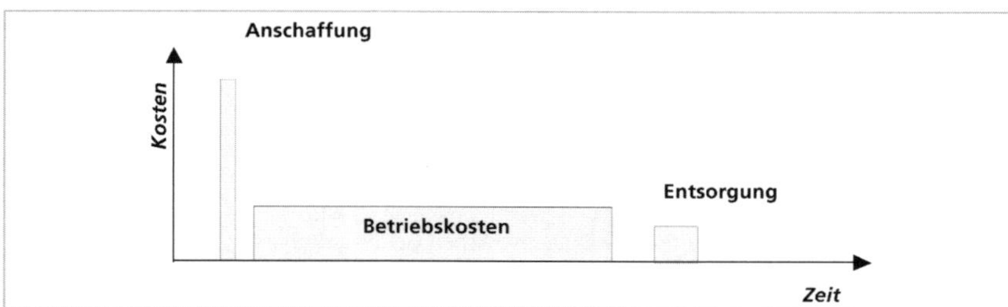

Abbildung 6.6–2: Kostenblöcke bei einem Investment (im Text als ABE-Kosten verwendet)

Betrachten wir das Ganze aber einmal ein bisschen ernsthafter. Betriebswirtschaftliche Wirtschaftlichkeitsrechnungen werden üblicherweise leider im privaten Umfeld wenig durchgeführt, höchstens bei größeren Anschaffungen.

Direkt, ohne Investitionen in eine neue Technologie, kann man natürlich durch Verhaltensänderungen einsparen. Licht aus, Strom aus. Deckel drauf, Strom zurück. Wassermenge optimiert, Strom gespart. Maschine ganz voll, Portemonnaie auch.

Aber wir alle wissen, wie schwierig es ist, eingefahrene Verhaltensweisen zu ändern. Das geht entwe-

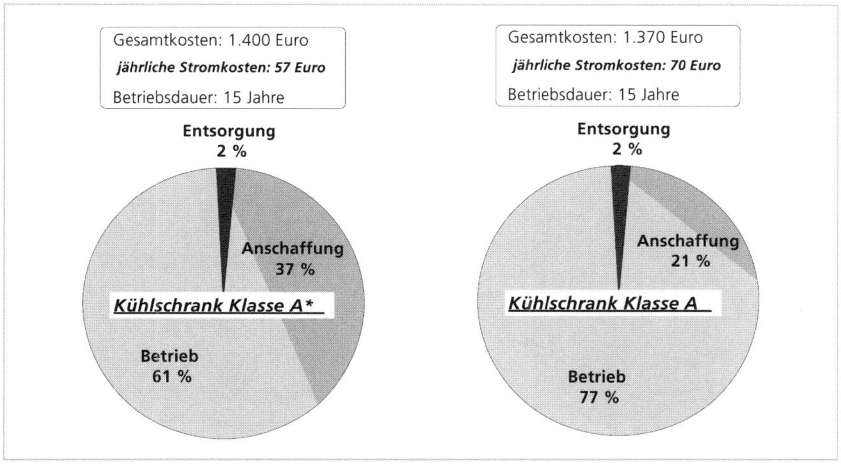

Abbildung 6.6–3: Anschaffungs-, Betriebs- und Entsorgungskosten bei einem Kühlschrank der Klasse A* (vgl. Tabelle 6.2–2)

der sehr schnell über einen Schock, aber den des Klimas wollen wir ja gerade vermeiden. Oder über ein konsequentes Training, mit Motivationsschüben, Rückschlägen, guten Ratschlägen und dem eigenen Willen. Wer kennt das nicht von der Schule, Universität oder vom Sport.

Das sollte man auch tun. Verhalten analysieren, verstehen, anpassen.

Aber auch intelligent investieren. Dazu muss man allerdings die Gesamtkosten eines Investments gegen die erzielten Einsparungen gegenrechnen, damit wir feststellen können, ob sich das Investment rentiert.

Abbildung 6.6–2 stellt die drei prinzipiell unterschiedlichen Kostenblöcke bei einer Investition dar: Sie müssen etwas kaufen (A = Anschaffung), um beispielsweise eine Energiedienstleistung (Licht, Kühlen usw.) zu ermöglichen, Sie haben Betriebskosten (B = Betriebskosten) (z.B. durch Wartung oder Energieverbrauch) und Sie müssen für eine umweltgerechte Entsorgung (E = Entsorgung) sorgen. Machen wir es konkret: Eine Energiesparlampe kostet etwa 6 Euro (A = 6 Euro), sie hält laut Hersteller bis zu 8.000 Stunden und verbraucht in dieser Zeit (bei 12 Watt) 96 kWh, die Betriebskosten betragen also 17,28 Euro (B = 17,28 Euro). Wenn Sie defekt ist, kommt sie in den (Sonder-) Müll, wir rechnen mit Kosten von etwa 0,05 Euro (E = 0,05 Euro).

In der Abbildung entsprechen die Flächen der Rechtecke genau den Kosten.

Je nach Gerät sehen die ABE-Kosten relativ zueinander unterschiedlich aus. Für die Anschaffung eines neuen Kühlschranks (Abbildung 6.6–3) zeigt der Vergleich, dass ein sehr sparsamer Kühlschrank über die Betriebsdauer nicht mehr kostet als ein weniger sparsamer, der in der Anschaffung aber relativ günstig ist. Vermeintlich günstig, weil die hohen Betriebskosten diesen anfänglichen Kostenvorteil spätestens nach Ende der Betriebsdauer (Lebensdauer) wieder aufgefressen haben. Wir sind dabei von realistischen jährlichen Preissteigerungen für den Strom von 4 % ausgegangen.

Großgeräte wie ein Kühlschrank erfordern ein relativ großes Anfangsinvestment (im Modell A* 515 Euro) und verbrauchen über die Einsatzdauer (ca. 15 Jahre) etwas mehr als das Eineinhalbfache an Strom (in Kosten gerechnet). Die Entsorgungskosten spielen aus heutiger Sicht keine sehr große Rolle. Kauft man sich einen Kühlschrank mit wesentlich schlechteren Stromverbrauchswerten, dann werden zwar die Anschaffungskosten geringer, die Betriebskosten, die zur Zeit der Anschaffung nur sehr unscharf prognostiziert wer-

6.6 Betriebswirtschaftlicher Exkurs

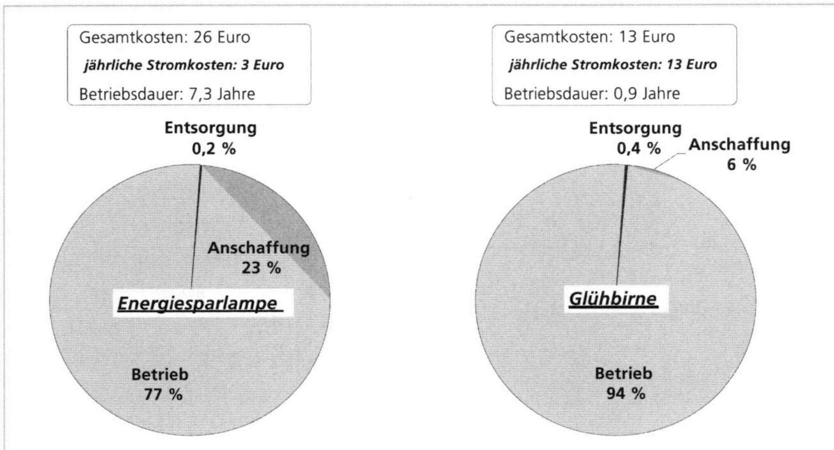

Abbildung 6.6–4: Anschaffungs-, Betriebs- und Entsorgungskosten bei Leuchtmitteln (vgl. Tabelle 6.6–1)

den können, steigen aber entsprechend.

Etwas anders sieht das bei Verbrauchsgütern wie einer Energiesparlampe oder einer Glühbirne aus (Abbildung 6.6–4). Die Betriebskosten tragen drei Viertel (Energiesparlampe) oder sogar mehr als 90 % der Gesamtkosten (Glühbirne). Mehr Geld in die Technologie kann sowohl die Gesamtkosten wie auch die Umweltbelastung deutlich absenken. Eine Glühbirne kostet im Betrieb im Vergleich zur Anschaffung mehr als das 15-fache. Bei beiden Leuchtmitteln ist von einer 3-stündigen Brenndauer pro Tag ausgegangen worden, daher hält die Glühbirne nur 0,9 Jahre oder knapp 11 Monate. Das erklärt, warum in Abbildung 6.6–4 die jährlichen Stromkosten genau so hoch angegeben sind wie die Gesamtkosten einer Glühbirne.

Eine Glühbirne hat also relativ bescheidene Anschaffungskosten (80 Cent) und im Vergleich zu den Anschaffungskosten deutlich höhere Betriebskosten über die Lebensdauer.

Der Toaster ist ein Sonderfall, da bei ihm »kaum« Betriebskosten anfallen. In dem modellierten Szenario haben wir mit ca. 1340 Toastbroten pro Jahr gerechnet, das sind ca. 25 pro Woche, also etwa eine Packung Toastbrot. Damit kommen wir auf einen Stromverbrauch von 10 kWh pro Jahr, das ist keine große Belastung für unsere Stromrechnung.

Beachten Sie aber, wie schon in Abschnitt 5.4 erläutert, dass bei einer »volkswirtschaftlichen« Energiegesamtrechnung auch die graue Energie zu berücksichtigen ist, die zur Herstellung eines Gerätes benötigt wird. Bei vielen Haushaltsgeräten, die oft selten benötigt werden, kommt schnell eine erkleckliche Summe und damit Umweltbelastung zusammen.

Leider schauen wir im privaten Umfeld oft nur auf die Anschaffungskosten, oder ist das bei Ihnen anders? Betriebskosten werden in der Regel nicht unmittelbar wahrgenommen, da sie gewöhnlich automatisch jeden Monat abgebucht werden, die merken wir gar nicht. Außerdem ist ihre Ratenhöhe natürlich in der Regel deutlich geringer als die Höhe der Anschaffungskosten, erst die Summe macht es nämlich. Und die Entsorgungskosten, na ja, in den letzten Jahren haben die Kommunen bei den Müllgebühren ganz schön zugelangt, das haben wir schon bemerkt. Aber wer weiß schon, was die Abfuhr einer ausrangierten Glühbirne zum Beispiel kostet?

Spar statt Glüh

Wir möchten die detaillierte Kostengegenüberstellung am Beispiel Glühbirne versus Energiesparlampe exemplarisch ausführlich diskutieren.

Wenn zwei Lösungen miteinander verglichen werden, dann müssen die Rahmenbedingungen identisch sein, bei Licht insbesondere der betrachtete Zeitraum und die gewünschte Beleuchtungsstärke. Wir wollen uns auf die Lebensdauer einer Energiesparlampe von 8.000 Lichterntestunden als Zeitraum einigen. Die gleiche Brenndauer schaffen wir mit einer einzigen Glühbirne nicht, da in der Regel der Glühdraht nach etwa 1.000 Stunden an das Ende seiner voreingestellten Lebensdauer kommt und durchbrennt. Wir müssen daher im Vergleich den Einsatz von 8 Glühbirnen gegenüber einer Energiesparlampe berücksichtigen.

In Tabelle 6.6–1 sind die Gesamtkosten zusammengefasst. Wir benötigen, wie gesagt, 8 Glühbirnen, jede wurde mit 80 Cent veranschlagt. Der Preis für eine Kilowattstunde wurde im Mittel mit 20 Cent angenommen, das berücksichtigt eine jährliche Preissteigerung von 4 % über etwas mehr als sieben Jahre (heute 18 Cent). Die Kosten für die Entsorgung hängen stark von den Müllgebühren ab. Wir haben mit monatlich 30 Euro für die zweimalige Leerung einer 80-l-Tonne gerechnet und die Birne mit einem Volumen von ca. einem Viertelliter angenähert.

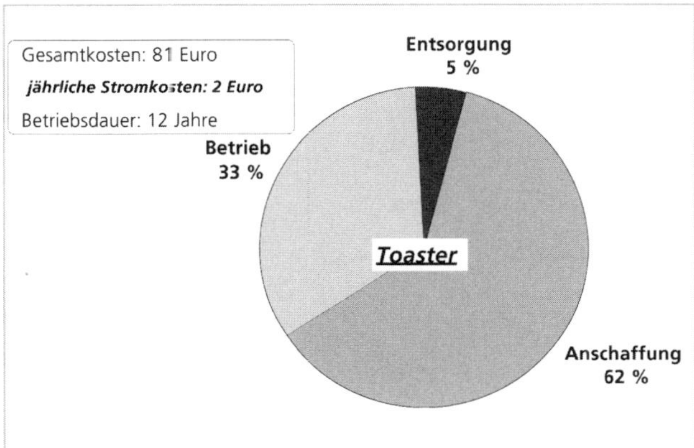

Abbildung 6.6–5: Anschaffungs-, Betriebs- und Entsorgungskosten bei einem Toaster

Wie man sieht, ist die Energiesparlampe betriebswirtschaftlich um mehr als einen Faktor vier (vgl. [FAKT1995]) überlegen: die Gesamtkosten betragen weniger als ein Viertel der Kosten beim Einsatz von Glühbirnen. Worauf also noch warten? Zu viele Vorbehalte wegen der neuen Technologie und ihrer Eigenschaften? Auch wenn Sie die Glühbirnen quasi geschenkt bekämen, zum Beispiel bei einem Discounter, machen Sie damit nicht wirklich einen guten Schnitt!

Jede Weltreise beginnt mit einem ersten Schritt

Wieviel sind 8.000 Stunden? Rechnen Sie mit einer dreistündigen Brenndauer pro Tag, dann sind das 7 Jahre und 4 Monate. Das Investment muss also langfristig gesehen werden, dadurch ist die persönliche Belohnung nur sehr indirekt spürbar, das ist sicherlich einer der Gründe, warum solche Betrachtungen bewusst durchgeführt werden müssten und selten durchgeführt werden. Außerdem »merken« wir ein kleines Investment nicht so richtig, wir denken nicht darüber nach, wenn wir eine Glühbirne kaufen, ob wir uns das gesamtwirtschaftlich leisten können. Ökologisch gesehen sollten wir uns den Kauf von Glühbirnen grundsätzlich zweimal überlegen und auf keinen Fall leisten, auch wenn das nur ein kleiner Schritt ist. Aber beginnt nicht jede Weltreise mit einem ersten Schritt?

Tabelle 6.6–1: Vergleich der Gesamtkosten bei einer Glühbirne und einer Energiesparlampe (konstanter Strompreis)

	Glühbirne	Energiesparlampe
Leistung	8 * 60 Watt	1 * 12 Watt
Betriebsdauer	8 * 1000 h	1 * 8000 h
A nschaffungskosten	6,40 €	4,00 €
B etriebskosten	98,10 €	19,62 €
E ntsorgungskosten	0,40 €	0,05 €
Zinseffekt	*0,65 €*	*8,87 €*
TOTAL	**104,90 €**	**23,67 €**

6.6 Betriebswirtschaftlicher Exkurs

Genau genommen sind zugunsten der 8 Glühbirnen auch noch die Zinsen für das Geld zu berücksichtigen, das erst nach und nach in den Nachkauf von Glühbirnen investiert wird und bis zu dieser Zeit gewinnbringend angelegt sein könnte (Zeile Zinseffekt). Auch wenn das ein wenig für Glühbirnen spricht, sparen wir uns angesichts der Kleinheit der Größen (etwa 65 Cent bei 3 % Verzinsung) für dieses Beispiel diese genauere Betrachtung.

Umgekehrt spricht für die Energiesparlampe der Zusatzeffekt, der sich durch die Stromeinsparungen selbst ergibt. Auch dafür fällt im Vergleich zur Glühbirne Kapital an, das nicht an den Stromversorger abzuführen ist, sondern ebenfalls gewinnbringend auf einer Bank angelegt werden kann. Auch dieser Effekt ist natürlich aufgrund der Summen relativ klein (etwa 8,90 Euro bei 3 % Verzinsung, vgl. ebenfalls Zeile Zinseffekt in Tabelle 6.6–1), aber schon bemerkbar und könnte sofort in eine neue Energiesparlampe investiert werden.

Wir haben den Zinseffekt in Tabelle 6.6–1 jeweils kursiv markiert und auch nicht bei den Gesamtkosten berücksichtigt, weil dieses Geld aufgrund der geringen Größenordnung in unserem Geldbeutelrauschen verschwindet. Der Effekt sollte aber bekannt sein, weil er bei Großgeräten natürlich auch größere Dimensionen annimmt.

Effizient statt Billig

Zum Schluss dieser wirtschaftlichen Diskussionen wollen wir noch mal die Kosten für einen sparsamen und einen sehr sparsamen Kühlschrank gegenüberstellen. Denn eigentlich heißt es doch: Bei der Anschaffung von Neugeräten sollte man primär auf den Energieverbrauch und sekundär auf den Preis schauen. Viele der Leistungsmerkmale von Neugeräten sind für den eigenen Gebrauch kaum von Vorteil, also lieber auf unnötige Leistungsmerkmale verzichten, dafür aber lieber in ein verbrauchsärmeres Gerät investieren.

Machen Sie daher vor dem Kauf eine Kostenanalyse entsprechend dem Muster von Tabelle 6.6–2 (wir folgen hier im Wesentlichen den Ausführungen in [ENER1998]). Wir interessieren uns für die jährlichen Kosten, in die wir auch die Anschaffungskosten einrechnen. Die jährlichen Kosten setzen sich aus Betriebskosten (Strom) und Kapitalkosten (Abschreibung, Zinsen auf das eingesetzte Kapital und Zinsen auf das durch den geringeren Verbrauch entstehende Kapital) zusammen.

Die Stromkosten ermitteln Sie mit dem in der Bedienungsanleitung hoffentlich angegebenen täglichen Stromverbrauch und Ihrem Strompreis pro kWh (multipliziert mit 365!). Sie können diesen

Tabelle 6.6–2: Wirtschaftlichkeitsabschätzung zweier Kühlschrankmodelle

	sparsames Modell Energieklasse A	**sehr sparsames Modell Energieklasse A***
Grunddaten		
Nutz-Kühlvolumen	231 Liter	267 Liter
Anschaffungspreis	288 €	515 €
jährlicher Stromverbrauch	292 kWh	237 kWh
Spezifischer Verbrauch pro Nutzinhalt u. Tag	1,26 kWh/Liter	0,89 kWh/Liter
Betriebskosten		
jährlich bei einem Strompreis von 0,25 Euro/kWh*	73,00 €	59,25 €
Kapitalkosten		
lineare Abschreibung über 15 Jahre	19,20 €	34,33 €
jährliche Zinsen, im Durchschnitt 3 % auf das im Mittel gebundene Kapital (50 % des Anschaffungspreises)	3,60 €	6,44 €
Zinsen auf das Kapital, das durch den sparsameren Verbrauch angesammelt wird	0,00 €	-0,55 €
Gesamtkosten		
Gesamtkosten pro Jahr	95,80 €	99,47€
Spezifische Gesamtkosten pro Nutzinhalt	0,41 Euro/Liter	0,37 Euro/Liter

* ein mittlerer Strompreis von 25 Cent pro kWh ergibt sich, wenn wir von einer jährlichen Strompreissteigerung von 4 % ausgehen (auf 15 Jahre gerechnet)

Stromverbrauch auch messen, indem Sie sich ein entsprechendes Messgerät für 10 Euro kaufen. Diese gibt es im Elektronikfachgeschäft und manchmal sogar im Discounter. Oft können solche Geräte auch von der Gemeinde oder dem Elektrizitätswerk ausgeliehen werden. Die Bedienung ist problemlos. Aber zurück zu den Kosten.

Die Kapitalkosten spiegeln den Wert des eingesetzten Kapitals wider. Sie müssen den Anschaffungspreis bezahlen und teilen diesen jeweils anteilig auf die einzelnen Betriebsjahre auf – das ist dann die Abschreibung. Also, wenn Sie ein Gerät 15 Jahre lang benutzen wollen, dann schreiben Sie jedem Benutzungsjahr ein 15tel der Anschaffungskosten als Kapitalkosten zu. Die dann jeweils verbliebene Restsumme könnte auch gewinnbringend am Finanzmarkt angelegt werden, würde also Zinsen erwirtschaften. Diese entgangenen Zinsen sind dann ebenfalls als Kapitalkosten anzusetzen. Um diese Rechnung zu vereinfachen, setzen wir als zu berücksichtigende Summe das im Durchschnitt über die Benutzungsdauer gebundene Kapital an (das ist die Hälfte der Anschaffungskosten). Als Zinssatz muss entweder der Habenzinssatz angesetzt werden, wenn Sie eigenes Kapital für den Kauf einsetzen. Oder aber der Kreditzinssatz, wenn Sie sich den Kauf eines neuen Gerätes von einer Bank finanzieren lassen.

Tabelle 6.6–2 fasst die Ergebnisse einer beispielhaften Vergleichsrechnung zusammen. Es hängt natürlich von den einzelnen Einstellgrößen ab, welches der Modelle sich in Bezug auf die jährlichen Betriebskosten als vorteilhaft erweist. Trotz höherer Anfangsinvestitionen kann sich ein verbrauchsärmeres Gerät unter Kostengesichtspunkten lohnen. So rechnen im Prinzip Firmen grundsätzlich bei Investitionen. Wir als Privatleute tun dies nur in Ausnahmefällen und nur bei wirklich großen Investitionen. Denken Sie aber in jedem Fall an die Umwelt, und sehen Sie die Vermeidung von Schadstoffen als wesentlich entscheidenderes Kriterium für einen Kauf als ein vergleichsweise moderater Kostenvor- oder -nachteil.

Überdies wird in Tabelle 6.6–2 auch die Unschärfe der derzeit vorgeschriebenen Energielabel sichtbar. Beide Kühlschrankmodelle gehören der gleichen Energieeffizienzklasse A an. Denn Energieeffizienzklasse A ist bei neuen Kühlschrankmodellen mittlerweile Standard. Kühlschränke sind etwas so Selbstverständliches geworden, dass jetzt auch der Energieverbrauch als ein wichtiges Unterscheidungsmerkmal verdienterweise ausgezeichnet wird. Daher versuchen die Hersteller extrem sparsame Modelle bereits mit weiteren Kennzeichen auszuzeichnen (etwa Energieeffizienzklasse A*).

Die Rechnung zeigt beispielhaft, dass unter Kostengesichtspunkten kaum Unterschiede zwischen Produkten des gleichen Herstellers mit deutlich unterschiedlichen Verbrauchswerten auftreten können, auch wenn aufgrund der höheren Anschaffungskosten das sparsamere Modell wesentlich teurer erscheint. Pro Liter Nutzinhalt ist das sparsame Modell sogar 10 % preiswerter, als das vermeintliche Billigmodell.

Also, es spricht nichts (!) dafür, ein Gerät mit einem vergleichsweise höheren Verbrauch anzuschaffen. Denken Sie an Ihre Zukunft. An Ihre Kinder. An unsere Erde. Je weniger Emissionen, je weniger Strom Sie verbrauchen, desto günstiger werden die zukünftigen Umweltbedingungen sein. Gerade bei Gebrauchsgütern mit einer hohen Lebensdauer ist ein möglichst niedriger Stromverbrauch hochprior.

Übrigens: Die angestellten Betrachtungen können Sie auch bei allen anderen Großgeräten analog anstellen.

6.7 Eine Kilowattstunde errechnet sich

Energie ist Leben, Energie sparen ist bewusstes Leben.

gesehen in München auf einer Stofftasche, 2005

Erinnern Sie sich an Abbildung 5.1–10 und Abbildung 5.1–11, wo wir in einer logarithmischen Darstellung zusammengestellt haben, was man mit einer Kilowattstunde alles machen kann. Wir möchten in diesem Abschnitt die Rechenbasis für die Abschätzungen erläutern.

Physikalisch hängen Energie und Leistung über die Zeit zusammen. Eine Leistung, die eine bestimmte Zeitdauer erbracht wird, entspricht einer Energie:

Energie = Leistung * Zeit

Damit kann die Energie 1 kWh folgendermaßen dargestellt werden:

1 kWh = 1000 W * 1 h
= 100 W * 10 h
= 50 W * 20 h

Mit einer Kilowattstunde

1,2	*...fahren Sie mit dem Auto 1,2 km*	Benzinverbrauch pro 100 km 8 l; ein Liter Benzin entspricht etwa 10 kWh
2	*...kochen Sie für 2 Personen ein vollständiges Menü mit Kartoffeln, Gemüse und Steak.*	Pro Komponente rechnen wir überschlagsmäßig folgendermaßen: wir wollen einen Liter »Wasser« (d.h. Wasser + Gemüse) auf 100 °C erhitzen, dazu benötigen wir etwa 0,143 kWh. Der Topf (700 g Metall) muss ebenfalls erwärmt werden (0,01 kWh). Es ist jeweils für den Herd ein Wirkungsgrad von etwa 70 % angenommen worden. Das Köcheln lassen für 20 min benötigt für beides etwa 0,16 kWh, in Summe macht das pro Komponente etwa 0,313 kWh.
2	*...nehmen Sie 2 Duschbäder*	Wir duschen mit 45 °C warmen Wasser und verbrauchen pro Duschvorgang etwa 11 Liter Wasser. Die Erwärmung des Wassers kostet (45-12) * 11 * 4,187 kJ = 1.520 kJ, das sind 0,42 kWh. Mit den Leitungsverlusten im Haus kommen wir auf etwa 0,5 kWh pro Duschbad.
3	*...trocknen und bügeln Sie 3 Herrenoberhemden*	Ein Bügeleisen leistet z.B. 1.900 Watt. Pro Hemd benötigen wir 5 min Bügeln, also 0,159 kWh. Ein Trockner verbraucht etwa 2 kWh pro Füllung, die getrocknet werden soll. 11 bis 12 Hemden passen in einen Trockner, ergo verbrauchen wir pro Hemd etwa 0,33 kWh für trocknen und bügeln.
4	*...beleuchten Sie einen Raum 4 Tage mit einer 60-W-Glühbirne und jeweils 4 h am Tag*	Eine 60-Watt-Glühbirne, verbraucht pro Tag, wenn sie jeweils etwa 4 Stunden in Betrieb ist, 240 Wh = 0,24 kWh.
5, 6	*...waschen Sie 5,6 kg Schmutzwäsche*	Eine Waschmaschine verbraucht bei 40 °C-Wäsche etwa 0,8 kWh pro Füllung, bei 60 °C etwa 1,1 kWh. Wenn wir davon ausgehen, dass 2/3 der Füllungen bei 40, 1/3 bei 60 °C gewaschen werden, bedeutet das im Mittel etwa 0,9 kWh pro Füllung. Eine Füllung fasst etwa 5 kg.
6	*...schauen Sie 6 Filme im Fernsehen an*	Annahmen: Fernseher mit 60 Watt. Ein Film dauert, inklusive Werbung, etwa 2,5 Stunden.
8	*...surfen Sie 6 Stunden mit ihrem Computer im Internet*	Monitor und PC verbrauchen etwa 170 Watt, also pro Stunde 0,17 kWh.
8	*...brühen Sie 8 Liter Tee auf*	Wir nehmen einen Wasserkocher mit 2 kW Leistung, pro Liter benötigen wir etwa 225 Sekunden, bis das Wasser kocht, das sind dann 0,125 kWh pro Teekanne (1 Liter). Man kann das auch anders abschätzen: das Wasser kommt mit etwa 12 °C aus dem Hahn und soll auf 100 °C erhitzt werden. Dazu werden etwa (für 1 Liter) 4,186 * 88 kJ = 368 kJ benötigt. Für 8 Liter folglich 2,947 kJ. Das entspricht 0,82 kWh. Die Differenz ergibt sich daraus, dass Wasser verdampft, was zusätzlich Energie benötigt (0,18 kWh).
10	*...fönen Sie sich 10-mal die Haare mit einem Fön*	Annahmen: der Fön hat eine Leistung von 1.200 Watt. Einmal Haare fönen dauert ca. 5 Minuten.

6.7 Eine Kilowattstunde errechnet sich

10	*...laufen Sie (80 kg Gewicht) 10 Kilometer*	Wir nehmen eine Geschwindigkeit von 12 km/h an. Bei der Geschwindigkeit verbrauchen wir etwa 1 kcal pro kg Körpermasse und km Laufstrecke, also in Summe 1 * 80 * 10 = 800 kcal. Umgerechnet in kWh sind das 0,93 kWh (wir haben frech nach oben gerundet). Eine etwas physikalischere Betrachtung könnte folgendermaßen argumentieren: Ein Läufer macht in diesem Tempo etwa 80 cm weite Schritte, der gesamte Körper wird bei jedem Schritt um 10-15 cm nach oben gehoben (im Mittel 12 cm). Dabei muss er gegen die Erdanziehung eine Arbeit verrichten (Energie aufbringen): m * g * h mit m = Masse des Läufers, g = Erdbeschleunigung (9,81 m/s^2) und h = Höhe (12 cm). Pro Schritt muss er also die Arbeit von 94,2 Joule verrichten. Bei 10 km wird der Läufer 12.500 Schritte machen, macht als aufzubringende Gesamtenergie 1,178 kJ = 0,33 kWh. Natürlich erwärmt sich der Körper des Läufers beim Laufen, er schwitzt. Auch dafür ist Energie aufzubringen. Wenn wir etwa 1 Liter Wasser durch Schwitzen und Verdunsten beim Laufen verlieren, dann entspricht das einer Energie von 0,67 kWh, und in Summe kommen wir etwa wieder auf 1 kWh!
12	*...reinigen Sie Geschirr für ein 12-Personen-Menü*	Ein 12-Personen-Menü benötigt 12 Salatteller, 12 große Teller, 12 Besteckgarnituren, wenigstens 12 Gläser und 12 Dessertschalen. Damit füllt man leicht eine komplette Spülmaschine, pro Spülgang verbrauchen wir 1 kWh. Die Töpfe spülen wir mit der Hand.
14	*...empfängt Ihr Anrufbeantworter 14 Tage Anrufe während ihrer Abwesenheit*	Der Anrufbeantworter hat eine Leistung von 3 Watt. 14 Tage sind 336 Stunden.
17	*...beleuchten Sie einen Raum 17 Stunden ununterbrochen mit einer 60-W-Glühbirne*	Eine 60-Watt-Glühbirne verbraucht in 1 Stunde 0,06 kWh.
19	*...hören Sie 19 CDs an ihrer Wohnzimmerstereoanlage*	Wir haben mit einer 40-Watt-HiFi-Anlage und einem 12-Watt-CD-Spieler gerechnet, zusammen also 52 Watt. Jede CD haben wir mit einer Spieldauer von 60 Minuten kalkuliert.
23	*...beleuchten Sie einen Raum 23 Tage mit einer 11-W-Sparbirne und jeweils 4 h am Tag*	Eine Energiesparlampe von 11 Watt, die von der Lichtleistung einer 60-Watt-Glühbirne entspricht, verbraucht pro Tag, wenn sie jeweils etwa 4 Stunden in Betrieb ist, 44 Wh = 0,044 kWh.
25	*...hören Sie 25 Stunden Ihren Lieblingssender im Radio*	Wir haben mit einer 40-Watt-Anlage gerechnet. Pro Stunde verbraucht diese 0,04 kWh.
32	*...kochen Sie 32 Tassen Kaffee mit einer modernen Kaffeemaschine*	32 Tassen Kaffee mit jeweils 0,25 Liter Volumen ergeben genau 8 Liter; es wird also der gleiche Energieaufwand wie beim Herstellen von 8 Kannen (Liter) Tee benötigt wird (Rechnung siehe dort).
62	*...putzen Sie sich mit einer elektrischen Zahnbürste 62-mal die Zähne (3x täglich)*	Wir sind von einer elektrischen Zahnbürste ausgegangen, die permanent auf der Akkuladestation (2 Watt) liegt. 1 kWh wird in etwas mehr als 20 Tagen verbraucht, bei 3x Zähneputzen pro Tag entspricht das 62-mal Zahnreinigung.
91	*...beleuchten Sie einen Raum 91 Stunden ununterbrochen mit einer 11-W-Sparbirne*	Eine 11-Watt-Energiesparlampe, die von der Lichtleistung einer 60-Watt-Glühbirne entspricht, verbraucht in einer Stunde 0,011 kWh.
116	*...kochen Sie 116 Frühstückseier*	Ein Eierkocher mit 350 Watt benötigt für jeweils 4 Eier etwa 6 Minuten (Eigelb hart, Eiweiß weich, so mögen wir die Eier). Pro Frühstück benötigen wir also 0,035 kWh für unsere Eier.
122	*...kühlen Sie 122 Flaschen Bier*	Zum Kühlen müssen sowohl dem Bier (spezifische Wärmekapazität etwa gleich der vom Wasser, nämlich 4,187 kJ/Liter) als auch der Flasche aus Glas (spezifische Wärmekapazität etwa 0,7 kJ/kg) Wärmeenergie entnommen werden. Kommt das Bier aus dem Keller, gehen wir von einer Temperatur von 16 °C aus, im Kühlschrank soll es auf 6 °C heruntergekühlt werden. Einer 0,5-Liter-Flasche Bier (das Glas wiegt 0,37 kg) muss also folgende Energiemenge entzogen werden, um sie auf die Kühlschranktemperatur abzukühlen: 10 * (4,187 * 0,5 + 0,7 * 0,37) kJ = 23,5 kJ = 0,0065 kWh. Wenn wir von einer Effizienz von 80 % ausgehen, d.h. 80 % der elektrischen Energie eines Kühlschrankes wird in die Kühlung gesteckt, dann benötigt eine kühle Flasche Bier 0,0082 kWh elektrische Energie.
134	*...toasten Sie 134 Toastbrote*	Wir haben einen Toaster mit 900 Watt, der gleichzeitig zwei Toastbrote fassen kann. Eine Toastung dauert etwa 1 Minute, also für 2 schmackhafte Toastbrote verbrauchen wir damit etwa 0,015 kWh.
1.200	*...bohren Sie mit einer Schlagbohrmaschine 1200 Löcher*	Annahmen: Bohrmaschine hat eine Leistung von 300 Watt; jedes Loch dauert etwa 10 Sekunden Bohrzeit, pro Loch sind das damit 0,00083 kWh.
2.500	*...rasieren Sie sich 2.500 mal Ihren Eintagesbart elektrisch*	Annahmen: der Rasierer hat eine Leistung von 8 Watt, ein Rasiervorgang dauert etwa 3 Minuten und verbraucht 0,0004 kWh.
4.800	*...pressen Sie 4800 Zitronen aus*	Eine elektrische Fruchtpresse hat 80 Watt, jede Zitrone benötigt etwa 8-10 Sekunden zum ausgepresst werden, also pro Zitrone etwa 750 Ws oder 0,00021 kWh.
10.000	*...telefonieren Sie 10.000 Stunden mit einem modernen Handy*	Eine Handy-Ladegerät verbraucht 4,8 Watt, ein Ladevorgang dauert im Mittel 2 Stunden. Ein Ladevorgang verbraucht somit 0,0096 kWh. Bis zu 100 Stunden könnten mit einem voll geladenen Handy telefoniert werden. Wenn natürlich zwischen Gesprächen längere Pausen im Bereitschaftsmodus liegen, dann reduzieren sich die Gesprächsstunden pro kWh.

6.8 Eine Kilowattstunde kostet

Ob etwas billig oder teuer ist, hängt davon ab, ob man es kaufen oder verkaufen möchte.

Deutsches Sprichwort

In allen Berechnungen und Beispielen haben wir in diesem Buch mit einem Preis von 18 Cent pro Kilowattstunde gerechnet. Dies mag in Einzelfällen entweder ein zu hoher oder zu niedriger Preis sein als derjenige, den der einzelne von uns jährlich an den Energieversorger zahlt. Der Grund dafür liegt zum einen in der Höhe des Stromverbrauchs, da die Energiekosten sich in der Regel aus einem Basiswert und einem verbrauchsabhängigen Wert zusammensetzen. Zum anderen liegt es daran, dass sich der Strompreis selbst aus mehreren verschiedenen Komponenten zusammensetzt, von denen die Konzessionsabgabe von Gemeinde zu Gemeinde unterschiedliche Werte haben kann.

Abbildung 6.8–1 zeigt die unterschiedlichen Kostenblöcke, die den Gesamtpreis des Stromes bestimmen.

Durch das Kraft-Wärme-Kopplungsgesetz von 2002 soll der Einsatz der umweltfreundlichen Kraft-Wärme-Kopplung gezielt gefördert werden. Die Kraft-Wärme-Kopplung koppelt zum Beispiel in Blockheizkraftwerken die Erzeugung von Strom und von Wärme und erreicht so Gesamt-Wirkungsgrade bis zu

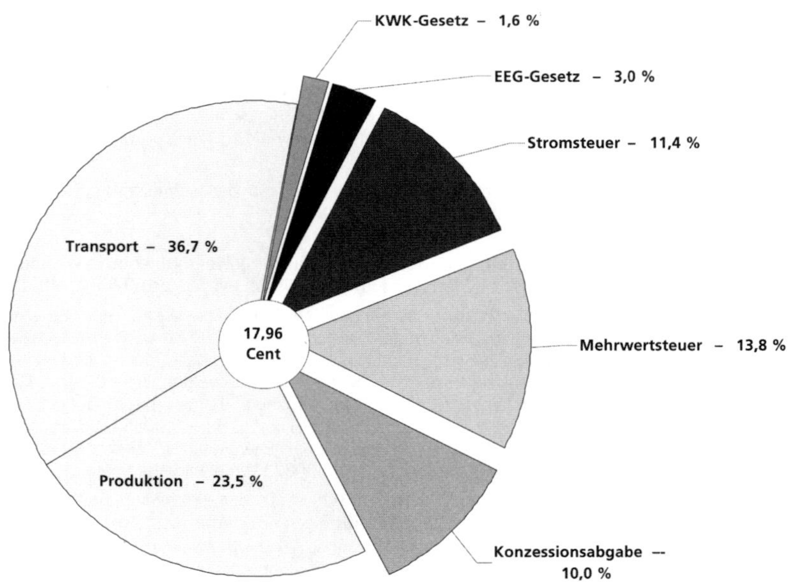

Abbildung 6.8–1: Preiszusammensetzung des Strompreises 2004, je Kilowattstunde in Cent, bei 3500 kWh Jahresverbrauch inklusive Grundbetrag, Quelle: Der Spiegel 35/2005, VDEW

70 % im Vergleich zu fossilen Kraftwerken mit einer reinen Stromerzeugung mit Wirkungsgraden bis vielleicht 45 %.

Diese Kraftwerke dienen primär der Wärmeerzeugung zum Beispiel für Fernwärme. Die Prozesstemperaturen werden dabei so eingestellt, dass sowohl über eine Turbine Strom generiert wird, aber auch mit der im Vergleich zu reinen Stromkraftwerken heißeren Restwärme (um die 130 °C) eine effiziente Wärmebereitstellung ermöglicht ist. Da Wärme verlustarm nicht weit transportiert werden kann, müssen solche Kraftwerke immer in der Nähe der Verbraucher lokalisiert sein. Dies widerspricht ein wenig der Strategie der großen Energieversorger, die große monoenergetische Anlagen bevorzugen, obwohl die Kraft-Wärme-Kopplungsanlagen in Bezug auf die Umweltbelastung deutliche Vorteile besitzen. Durch die Abgabe möchte der Gesetzgeber die Ausweitung dieser umweltfreundlichen Technologie und damit indirekt auch das Geschäftsmodell der dezentralisierten Energieerzeugung und -versorgung gezielt fördern.

Ähnlich ist die Abgabe aufgrund des Erneuerbare-Energien-Gesetzes angelegt. Betreibern von Anlagen, die mittels erneuerbarer Energien (Wind, Sonne, Bio) zur Versorgungssicherheit beitragen, wird ein bestimmter kWh-Preis garantiert und dieser derzeit noch recht hohe Preis auf alle Energieverbraucher umgelegt. Im dem Beispiel der Abbildung 6.8–1 hätte dieser Haushalt mit 18,90 Euro in 2004 die Einführung der Wind- und Solarenergieerzeugung »zwangsweise« unterstützt. Eigentlich ein recht kleiner Beitrag für die Zukunftssicherung unserer Umwelt und die politische Unterstützung einer potentiellen Energiewende zum Solarzeitalter hin, oder?

Der Konzessionsabgabe entspricht das Entgelt, das die Energieversorgungsunternehmen (EVUs) an Gemeinden als Gegenleistung für die Einräumung von Wegerechten zahlen. Dies erlaubt den EVUs für die Verlegung und den Betrieb von Strom- (und Gasleitungen) zur Versorgung von Haushalten öffentliche Verkehrswege bzw. Flächen zu benutzen. Dieses Geld fließt also in die Gemeinde, in der jeder von uns lebt.

Für Haushalte in Gemeinden sind folgende Konzessionsabgaben relevant:

- bis 25.000 Einwohner 1,32 Ct/kWh;
- bis 100.000 Einwohner 1,59 Ct/kWh;
- bis 500.000 Einwohner 1,99 Ct/kWh;
- über 500.000 Einwohner 2,39 Ct/kWh.

Die Hauptkostenblöcke beim Strompreis sind natürlich die Herstellung und der Transport inklusive des Gewinns der EVUs. Es ist auch noch ganz interessant zu wissen, dass der Transport des Stromes mit etwa 6,60 Cent zum Strompreis beiträgt, die Herstellung aber »nur« mit 4,21 Cent. Damit wird eigentlich ein weiterer Vorteil der dezentralen Stromerzeugung sichtbar: nämlich der Verzicht auf den weiten Transport mit allen Hoch-, Mittel- und Niederspannungstransformationen und den Strommasten, die zuweilen ja mal umfallen, wie jüngst in Nordrhein-Westfalen. Und damit auch der Verzicht auf diese Kosten.

6.9 Technik zum Stromsparen

Die beste Methode, um eine gute Idee zu haben, besteht darin, viele Ideen zu haben.
Linus Pauling, San Diego

Für diejenigen von uns, die es genau wissen möchten und gerne moderne Technik einsetzen, hat die Industrie eine Reihe von speziellen Produkten entwickelt, die unterstützend eingesetzt werden können. So kann man sich beispielsweise das Rechnen sparen, wenn man sich einen relativ preiswerten Energiemonitor leiht (viele Stadtwerke verleihen diese) oder auch im Versandhandel kauft. Dieser »Monitor« wird einfach in eine Steckdose zwischen einem Großverbraucher (z.B. dem Kühlschrank) und der eigentlichen Steckdose gesteckt. Das Gerät misst dann relativ genau den Strombedarf bzw. den Leistungsverbrauch. Diese Ergebnisse können anschließend mit denen aus Produktübersichten sparsamer Geräte verglichen werden, um zu entscheiden, ob sich eine Neuanschaffung lohnt.

Fortschrittliche Systeme erlauben es mittlerweile sogar (z.B. www.elv.de), den Stromverbrauch über Funksysteme zu erfassen und an eine Sammeleinheit zu übertragen. Von dort können die Daten dann über eine USB-Schnittstelle auf einen Computer übertragen und mittels einer Auswerte-SW ausgewertet werden. Das ist sicherlich für elektronisch Versierte eine spannende Alternative.

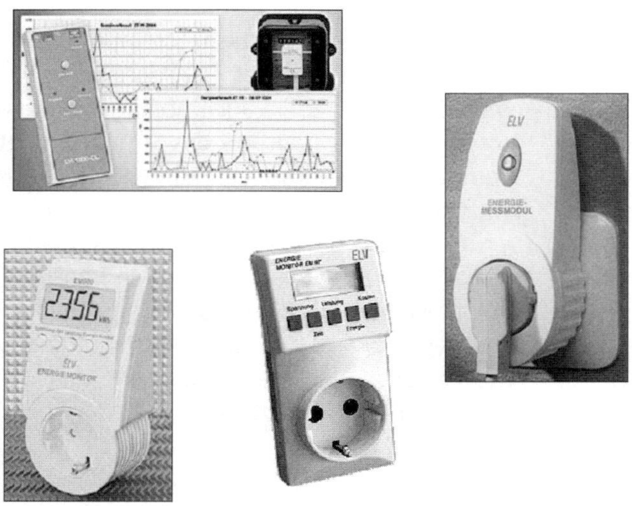

Abbildung 6.9–1: Beispiele für Komponenten der intelligenten Stromermittlung

Es gibt aber auch eine Reihe von intelligenten, solarbasierten Systemen, die kleine Aufgaben autark übernehmen. Die Gartenlampen, die sich tagsüber über eine Solarzelle aufladen und abends ein angenehmes Licht spenden, hat fast jeder schon mal gesehen. Es sind aber auch komplette Klingelanlagen erhältlich, die sich über eine Solarzelle und einen Akku mit der fürs Klingeln notwendigen Energie versorgen und nicht wie die 40 Millionen anderen Klingeln in Deutschland permanent den Strom aus dem Netz ziehen, damit viermal am Tag jemand klingeln kann.

Oder Pflastersteinen nachempfundene, solarbetriebene LEDs, die nachts einen Weg ausreichend hell beleuchten können. Und und und. Die Möglichkeiten sind da, wir alle müssen sie nur nachfragen, damit innovative Hersteller weitere Komponenten auf den Markt werfen.

7 Glossar

7 Glossar

Die Zeit wird kommen, wo unsere Nachkommen sich wundern, dass wir so offenbare Dinge nicht gewußt haben.

Lucius Annaeus Seneca, Rom

Hier sollen die wichtigsten verwendeten Begriffe noch einmal kurz erläutert werden. Für eine umfassende Erklärung von Begriffen aus dem Umfeld der Energie möchten wir das Buch von Michael Bockhorst empfehlen [ABC2002].

Amortisation

Vollständiger Rückfluss des Investitionsbetrages. Eine Investition hat sich ab dem Zeitpunkt amortisiert, ab dem die Einsparungen vom Volumen her die Investitionssumme übertreffen (vgl. Abschnitt 6.2 Betriebswirtschaftlicher Exkurs).

Atomkraftwerk

Andere, eigentlich etwas fälschliche Bezeichnung für Kernkraftwerk (siehe dort).

Brennstoffzellen

In einer Brennstoffzelle wird chemische Energie in elektrische Energie umgewandelt, recht analog zur Batterie. Die chemischen Energieträger liegen jedoch gasförmig vor (Wasserstoff und Sauerstoff) und erlauben daher einen kontinuierlichen Betrieb. Bei der Verbrennung (Oxidation) wird Strom freigesetzt und als Abfall entsteht Wasser.

Eine gute Einführung und einen relativ aktuellen Überblick gibt [BREN2002].

Energie

Physikalisch versteht man unter Energie die in einem physikalischen System gespeicherte Arbeit, also die Fähigkeit des Systems, bei Bedarf Arbeit zu verrichten. Energie tritt in ganz unterschiedlichen Erscheinungsformen auf: (1) sie kann an die Existenz von materiellen Körpern, ihren Bewegungen und Wechselwirkungen gebunden sein, z.B. in der Mechanik die potentielle und kinetische Energie von Körpern, die elektrische Stromenergie durch den Transport von elektrischen Ladungen, die Wärmeenergie, chemische Energie, Kernenergie. (2) sie kann mit physikalischen Feldern verknüpft sein (Feldenergie) (nach [BROK2003]).

Energieeffizienz

Die Energieeffizienz betrachtet das Verhältnis von gewonnener (z.B. Nutz-) Energie und eingesetzter (z.B. Primär-) Energie. Berücksichtigt werden müssen dabei sowohl die Wirkungsgrade der beteiligten Umwandler als auch der Energieerntefaktor über die Lebensdauer der Anlagen hinweg. Eine detaillierte Diskussion der Energieeffizienz wird in Abschnitt 5.2 dargestellt.

Energieeinheiten

In der Physik ist 1978 als Standardeinheit das Joule (= $kg*m^2/sec^2$) als Einheit für die Energie festgelegt worden. Dennoch hatten und haben sich im Gebrauch weitere Einheiten daneben etabliert (Kilowattstunde, Kalorie, Steinkohleneinheit), die letztendlich alle ihre Berechtigung haben, nebeneinan-

der zu existieren. Da Energie in verschiedenen Formen auftreten kann (chemisch, elektrisch, mechanisch, thermodynamisch, nuklear, solar) und alle Formen äquivalent sind, muss man nur die Umrechnungsfaktoren zwischen den Energieeinheiten kennen (vgl. Tabelle 5.1–4).

Energielabel

In Europa von der EU geforderte Information in graphischer Form, um möglichst schnell und prägnant über die wichtigsten Kennzahlen eines Haushaltsgerätes zu informieren, vor allem wichtig bei Großgeräten wie Waschmaschinen und Kühlschränke.
Vorteile: einheitlicher Standard der Kennzeichnung, schnelles Erfassen auch für den mit z.B. Energiefragen ungeübten Konsumenten.
Nachteile: bei vielen Großgeräten ist mittlerweile fast immer die Energieeffizienzklasse A (minimal B) erreicht, dieser Vergleich hilft also auch nicht mehr viel. Weitere wichtige Kennzahlen (z.B. Stand-by-Verbrauch) sind nicht gefordert, werden daher auch nicht von den Herstellern angegeben.
Auch Glühbirnen tragen dieses Label auf der Verpackung, und obwohl F als Energieeffizienzklasse angegeben ist, werden diese nach wie vor aufgrund des niedrigen Anschaffungspreises viel gekauft.
Weitere Informationen mit ausführlichen Gerätelisten (relativ aktuell) im Internet:
http://www.energielabel.de

Graue Energie

Herstellungsenergie von Produkten. Nicht nur beim Betrieb von beispielsweise Kühlschränken wird Energie verbraucht, sondern auch bei der Herstellung (Gewinnung und Transport der Rohstoffe, Herstellung der Gebäude, Maschinen und Transportmittel für den Produktionsprozess, Transport und Verteilung der Produkte). Da Energiesparen ja die Umwelt entlasten soll, muss bei der Anschaffung neuer Geräte berücksichtigt werden, ob die Energieeinsparungen durch ein neues Gerät auch die graue Energie bei der Herstellung des neuen Gerätes rechtfertigen (vgl. Abschnitt 5.4 Energieverbrauch in einem Haushalt).

Grundlast

Die permanent benötigte Leistung im Stromversorgungssystem. Wird bestimmt durch permanent Strom verbrauchende Anlagen (24-Stundenbetrieb in der Industrie) und Geräte (Kühlschrank, Stand-by-Betrieb von HiFi und Fernsehen, Heizungspumpen, Klimageräte und Beleuchtung in öffentlichen Einrichtungen).
Der Strombedarf der Grundlast beträgt in Deutschland etwa 70 % des Spitzenbedarfs und zwischen 80 % und 90 % des mittleren Strombedarfs, das entspricht etwa 45 GW (GigaWatt) Kraftwerkskapazität.
Die Grundlast wird durch Grundlastkraftwerke abgedeckt, vor allem Kernkraftwerke und Braunkohlekraftwerke, die stabil laufen, geringe Stromproduktionskosten haben und sich nur sehr langsam

7 Glossar

regeln lassen. Fällt der Strombedarf dennoch einmal unter die Grundlastgrenze, muss die Last mit besonderen Mitteln wieder erhöht werden, zum Beispiel durch das Anfahren von Pumpspeicherkraftwerken oder durch den Export von Strom in andere Länder (vgl. Abschnitt 5.6 Energie und Verbraucherkraft).

GUD-Kraftwerk

Gas- und Dampfturbinen-Kraftwerk. Fossiler Kraftwerkstyp, in dem Erdgas (oder über eine vorgeschaltete Kohlevergasungsanlage auch Kohle) in einer Gasturbine verbrannt wird, um Strom zu erzeugen. Der Strom wird sowohl direkt über die Gasturbine wie auch über eine Dampfturbine erzeugt, die von den heißen Abgasen der Verbrennung und einen Dampferzeuger gespeist wird. Die Wirkungsgrade von GUD-Kraftwerken liegen bei 50-60 % und damit über denen von Kohlekraftwerken (43-46 %).

Joule

*Physikalische Einheit für die Energie. 1 Joule ist die Energie, die eine Leistung von 1 Watt in einer Sekunde erbringt. Daher ist der Zusammenfang zwischen Energie und Leistung: Energie = Leistung * Zeit bzw. Joule = Ws.*

Kalorie

Eigentlich veraltete Einheit für die Wärme. Die Abkürzung lautet cal. 1 cal Energie wird benötigt, um 1 g Wasser von 14,5 °C auf 15,5 °C zu erwärmen. Für einfache Abschätzungen kann auf diese Einschränkung des Temperaturbereiches verzichtet werden. Der Umrechnungsfaktor zu Joule ist: 1 cal = 4,1868 Joule.

Kernkraftwerk

Kraftwerk, in dem die aus der Kernspaltung freigesetzte Wärme zur Erzeugung von elektrischem Strom über Dampfturbinen herangezogen wird. Im Kernspaltungsprozess entstehen schnelle Neutronen, die in einem Bremsmedium (Wasser) abgebremst werden und dabei ihre kinetische Energie an das Medium abgeben und dadurch erwärmen. In deutschen Kernkraftwerken wird als Wärmequelle ein Leichtwasserreaktor eingesetzt. Im Moment werden ca. 30 % des elektrischen Energiebedarfs durch nuklear erzeugten Strom abgedeckt. Die rot-grüne Bundesregierung hat den Ausstieg aus dieser Technologie zur Energieerzeugung innerhalb der nächsten 20 Jahre beschlossen.

Kilojoule

1000 Joule.

Kilowatt

1000 Watt. Abkürzung kW. Ein Fön hat z.B. 1,2 kW. Die Platten eines Herdes üblicherweise 0,6 kW bis 1,2 kW. Ein Bügeleisen hat bis zu 1,8 kW. Wird ein Fön mit 1,2 kW an einer 220 Volt-Steckdose betrieben, fließt ein Wechselstrom von 1200/220 A = 5,5 Ampere (A).

Kilowattstunde

Einheit für die Stromenergie. 1 kWh sind 3.600 kJ (Kilojoule)

Kohlendioxid

Verbrennungsprodukt des Kohlenstoffs und damit auch ein Abfallprodukt fossiler Energieträger (Steinkohle, Braunkohle, Erdgas, Öl), chemisch CO_2. CO_2 kommt auch natürlich in der Atmosphäre vor (Anteil derzeit 0,035 %) und verhindert, dass zuviel Wärme in den Weltraum zurückgestrahlt wird, was an sich für das Leben positiv ist. Steigt allerdings der Anteil von CO_2 in der Atmosphäre zu stark an, dann kommt es zum nachteiligen Treibhauseffekt, der das Klima relativ sicher deutlich erwärmen wird. Daher sind alle Versuche zu unternehmen, die Emissionen von CO_2 zu reduzieren. Stromsparen ist ein sehr gut geeigneter Ansatz dazu.

Kohlekraftwerk

Thermisches fossiles Kraftwerk, in dem durch die Verbrennung von Kohle (Braun- oder Steinkohle) Wärme erzeugt wird, die nachgeschaltet über einen Wärmetauscher aus Wasser heißen Wasserdampf herstellt. Dieser Dampf treibt eine Dampfturbine an, und erzeugt dadurch über einen Generator elektrischen Strom. In Deutschland werden etwa 2/3 des Stromes in Kohlekraftwerken erzeugt. Hauptprobleme: unvorteilhaft niedrige Wirkungsgrade (nur bis zu 46 %) und die Emission von Treibhausgasen (Kohlendioxid) und anderen Schadstoffen (Stickstoffoxide, Schwefeloxide).

Kraftwärmekopplung

Gleichzeitige Erzeugung von Strom und Wärme in einem Kraftwerk. Durch die Ausnutzung derjenigen Wärme als Brauchwärme, die nicht zur Erzeugung von Strom in der Turbine bzw. dem Generator genutzt werden kann, erhöht sich der Gesamt-Wirkungsgrad der Anordnung. Der Stromerzeugungswirkungsgrad ist zwar niedriger als in für die Stromerzeugung optimierten fossilen Kraftwerken. Durch die Kombination von Strom- und Wärmeerzeugung sind KWK-Kraftwerke aber die ökologisch zu bevorzugende Option.

Nutzenergie

Bezeichnung für die Energie, die letztendlich die erwünschte Dienstleistung erbringt (z.B. Licht für Beleuchtung, Wärme für heißes Essen, Schall für Musik aus der HiFi-Anlage).

MegaWatt

Eine Million (Mega) Watt Leistung. Großkraftwerke werden oft in MegaWatt (MW) gemessen, z.B. das Kernkraftwerk Biblis B mit 1.300 MW (das sind 1,3 GigaWatt (GW)).

Mittellast

Mittellast bezeichnet den Bereich der Tageslastkurve, in dem über die Grundlast hinaus zusätzlicher Strom verbraucht wird.

Ökostrom

Strom, der mit Hilfe regenerativer Primärenergiequellen erzeugt wurde (Wasser, Wind, Sonne, Biomasse).

7 Glossar

Photovoltaik

Direkte Umwandlung von Sonnenstrahlung in elektrische Energie mit Hilfe von Solarzellen. Die Solarzellen bestehen aus einem Halbleitermaterial, das das Sonnenlicht absorbiert und dadurch freie Elektronen erzeugt, die eine elektrische Spannung hervorrufen. Diese kann einen Gleichstrom erzeugen, der genutzt werden kann. Aus physikalischen und technischen Gründen kann nicht die gesamte einfallende Sonnenenergie in Strom umgewandelt werden. Industriell werden heute Wirkungsgrade von bis zu 15 % erreicht, Prototypen schaffen aber auch schon bis zu 20 %.

Primärenergie

Alle Energieträger, die von der Natur zur Verfügung gestellt werden und noch keiner energetischen Umwandlung unterworfen worden sind. Dazu zählen Braunkohle, Steinkohle, Uran, Wasser, Wind, Sonne, Erdgas, Holz und andere.

Regenerativ

Wiedererzeugbar. Regenerativ heißen Energieträger dann, wenn sie Rohstoffe verbrauchen (z.B. Wasser, Wind), die »automatisch« wieder ersetzt werden bzw. in beliebiger Anzahl vorhanden sind (z.B. Sonnenlicht) oder sie in anderen Prozessen, die nicht der Energieerzeugung dienen, wiedererzeugt werden können (z.B. Biomasse). Regenerativ heißt nicht, dass keine Schadstoffe bei der Energieerzeugung freigesetzt werden, Beispiel Bioenergie. Allerdings binden solche Energie-Rohstoffe in relativ kurzer Zeit die gleiche Menge an Schadstoffen (der Raps wächst auf dem Feld), so dass es zu keiner Nettobelastung der Atmosphäre kommt.

Schadstoffe

Bei der Erzeugung von Strom in Kohlekraftwerken werden fossile Energieträger verbrannt. Dabei entstehen die Gase Kohlendioxid (verantwortlich für den Treibhauseffekt), Schwefeloxide (saurer Regen) und Stickoxide (saurer Regen) sowie Staub.

Solarenergie

Bezeichnung für End- und Nutzenergie, die aus dem Licht der Sonne gewonnen wurde.

Solarzelle

Technisch ausgeführter Energieumwandler, der die elektromagnetische Strahlung der Sonne in leitungsgeführten Strom umwandelt. In Deutschland lassen sich im Durchschnitt mit heute verfügbaren Solarmodulen etwa 120 kWh/m^2 jährlich an Stromenergie produzieren.

Sonnenenergie

Die auf die Erde einfallende Sonnenenergie hat das Potential, unsere gesamte Energieversorgung abzudecken. Sie übersteigt jährlich den Weltenergieverbrauch um einen Faktor 7.000! Sie kann über verschiedene Umwandlungstechnologien (Solarzellen, Solarkollektoren, Aufwindkraftwerke) gewonnen werden. In Deutschland werden beispielhaft folgende Energiedichten gemessen: Hamburg 930 kWh/m², Berlin 1.000 kWh/m², Freiburg/Breisgau 1.270 kWh/m². Die Sonnenenergie ist eine elektromagnetische Strahlung und besteht zu 37 % aus sichtbarem Licht, 14 % ultraviolettem Licht und 49 % Infrarotstrahlung (Quelle:[BROK2003]).

Spitzenbedarf

Wie in der Telekommunikation, wo man von einer busy hour spricht, gibt es im Tagesverlauf einen Spitzenbedarf an Strom (Spitzenlast). Dieser, zuzüglich einer besonderen Reserve, muss durch die deutschen Kraftwerksbetreiber bereitgestellt werden können.

Spitzenlast

Spitzenlast bezeichnet die kurzzeitig auftretende hohe Energieabnahme im Stromnetz. Da der Verlauf der Nachfrage über den Tag bekannt ist, können die Energieversorger den Leistungsbedarf in der Regel gut voraussagen. Bei unvorhersehbaren Ereignissen, beispielsweise Kraftwerksausfällen, müssen die Energieversorger aber reagieren und schalten Spitzenlastleistung zu, bis der Spitzenbedarf wieder abgeklungen ist oder Kraftwerke für den Mittellastbetrieb übernehmen können.

Zur Abdeckung der Spitzenlast kommen schnell regelbare Kraftwerke zum Einsatz, so genannte Spitzenlastkraftwerke, die kurzzeitig hohe Leistungen zur Verfügung stellen können, Spitzenlast wird häufig an Strombörsen gehandelt, wo sie bis zu einem Euro pro kWh kosten kann. (Quelle: [WIKE-2005]).

stand-by

Bereitschaftszustand elektrischer Geräte wie HiFi-Anlage, Videorekorder, Fernseher, Fax oder PC. Eingeführt von der Industrie, um den Konsumenten einen höheren Bedienungskomfort (Fernbedienung) oder Dienste während der Abwesenheit des Konsumenten (z.B. Fax) zu ermöglichen. Ist in der Regel mit einem eigentlich nicht notwendigen Stromkonsum verbunden (vgl. Abschnitt 5.5) und wird als eines der am leichtesten zu erschließenden und größten Einsparpotentiale im Haushalt bzgl. des Stromverbrauchs angesehen.

Steinkohleeinheit

Energieeinheit, die ihre Herkunft dem fossilen Zeitalter verdankt. Eine Steinkohleneinheit (SKE) entspricht dem Energieinhalt von einem Kilogramm typischer Steinkohlen in Deutschland. 1 kg SKE = 8,14 kWh = 29,3 MJ.

Strom

In der Physik Begriff für den Ladungsträgertransport in einem Medium, z.B. einem elektrischen Leiter. Energetisch gesehen ist Strom der Energieträger für die elektrische Energie.

In der Umgangssprache Begriff für sowohl die Elektrizität wie die elektrische Energie.

Stromverbrauch

Umgangssprachlich für den Verbrauch von elektrischer Energie.

7 Glossar

Tera, Penta,...

Griechische Vorsilben, die zum leichteren Hantieren von großen und kleinen Zahlen gerne in Wissenschaft und Technik benutzt werden. Sie beziehen sich immer auf Zehnerpotenzen (Penta = 10^{15};Tera = 10^{12}; Giga = 10^{9}; Mega = 10^{6}, kilo = 10^{3}, milli = 10^{-3}, mikro = 10^{-6}; vgl. auch Tabelle 5.1–4)

Watt

Einheit für die Leistung, wobei unter Leistung die Energieänderung pro Zeit zu verstehen ist. 1 Watt leistet man, wenn man 1 kg in 1 Sekunde um 10 cm anhebt. Dies entspricht auch einem Energiefluss von 1 J pro Sekunde.

Wasserkraftwerk

Kraftwerk, in dem die Bewegung des Wassers ausgenutzt wird, um über eine Turbine und einen Generator Strom zu erzeugen. Es gibt prinzipiell zwei verschiedene Typen von Wasserkraftwerken: Durchflusskraftwerke, die in den Lauf eines Flusses oder Baches gebaut sind und die Strömung ausnutzen, um die Turbine zu drehen. Oder Speicherkraftwerke, die über einen Pumpstrom ein Wasserreservoir in einem höheren Energiezustand speichern, der dann bei einem Spitzenbedarf abgerufen werden kann.

Windkraftwerk

Kraftwerk, in dem die Bewegung des Windes ausgenutzt wird, um eine Turbine anzutreiben und über einen Generator Strom zu erzeugen. Windkraftwerke haben mittlerweile eine typische Leistung von 5 MW und sind in den letzten 5 Jahren in einer hohen Anzahl in Deutschland installiert worden.

8 Nützliches Internet

8 Nützliches Internet

Wer nicht glaubt, dass er alles weiß, was er wissen sollte, weiß auch, dass er nicht alles weiß, was er glauben sollte.

Karl Heinz Karius, gefunden im Internet

Listen von Internet-Links (URLs – ...) haben leider immer einen sehr temporären Charakter, da in der Dynamik des Internets sowohl Inhalte von Webseiten wie deren Adressen häufigen Änderungen unterworfen sind. In einem Druckmedium wie diesem Buch, das doch einen mehr langfristigen Charakter hat, bereitet das natürlich in Hinblick auf die Aktualität der unten gelisteten Links gewisse Probleme. Aber um das zu umgehen, gibt es ja Suchmaschinen (z.B. *http://www.google.de*).

Die wichtigsten Internetauftritte mit vielen weiterführenden Links sind:

http://www.umweltbundesamt.de

Homepage des Umweltbundesamtes mit vielen Informationen und weiterführenden Links im Internet

http://www.impulsprogramm.de

Sehr informativer Internet-Auftritts des Impulsprogramms in Hessen. Viele weitere Informationen zum Thema Energie- und Stromsparen, auch viele weitere Internetlinks.

http://www.ea-nrw.de/haushalt/

Wissensportal Energie der Energieagentur Nordrhein-Westfalen, speziell für Haushalte.

http://www.no-e.de/html/unglaublich.html

Portal auf Gerätelisten für Haushalte (HiFi, Computer und Peripherie) und ihr Stromverbrauch (Aktion No-Energy)

http://www.blauer-engel.de

Überblick auf Geräte, die mit dem blauen Engel ausgezeichnet worden sind

http://www.energielabel.de

Link auf die Informationsseite zum Energielabel, betrieben von der Gemeinschaft Energielabel, einem Zusammenschluss von Umweltverbänden und Energieagenturen einzelner Bundesländer. Hilfreich sind Listen mit energiesparenden Haushaltsgeräten.

http://www.initiative-energieeffizienz.de

Homepage der Initiative Energie-Effizienz, die von der Deutschen Energieagentur dena und den größten deutschen Energieversorgern »vorangetrieben« wird. Details zu Stromeeffizienz finden Sie auf http://www.stromeffizienz.de/

http://www.deutsche-energie-agentur.de/

Homepage der Deutschen Energie-Agentur, die von der Bundesregierung gegründet worden ist.

http://de.wikepedia.org

Freie Enzyklopädie im Internet, mit mittlerweile etlichen Beiträgen zum Thema elektrische Energie.

http://www.energieinfo.de/

Internetseite mit vielen Informationen zum Thema Energie, betrieben von Michael Bockhorst, dem Autor des empfehlenswerten Buches ABC Energie [ABC2002].

Einige weitere interessante Links:

http://www.upi-institut.de/atomauss.htm

Internetseite des UPI – Umwelt- und Prognose-Institut e.V. – gemeinnütziges Forschungsinstitut. U.a. Übersicht über die in Deutschland laufenden Kernkraftwerke mit Angaben zur Leistung und Arbeitsverfügbarkeit.

http://www.energieeffizienz.ch/d/IndexEnergybox.html

Link auf einen Stromrechner der Schweizer Energieagentur, der Schritt für Schritt Ihren Haushaltstyp und Gerätepark erfasst und Tipps für effizientes Investieren und Verhalten individuell vorschlägt.

http://www.strom.de

Internet-Auftritt des Verbands der deutschen Elektrizitätswirtschaft VDEW.

http://www.greenpeace-energy.de

Seite von Greenpeace Energy, die grünen Strom anpreist.

http://www.greenpeace.de/themen/energie/energiesparen_energieeffizienz/

Themenseite im Greenpeace-Auftritt Energie zu Energiesparen

8 Nützliches Internet

http://www.energie-fakten.de

Private Initiative einiger Wissenschaftler zum Thema Energiesparen. Die genaue Quelle der Informationen bleibt ein bisschen unklar.

http://www.energiewelten.de

Seite, über die eine Doppel-CD zum Gesamtthema Stromwirtschaft bestellt werden kann mit vielen Bildern und einem guten Energielexikon. Gesponsert von ENBW, einem großen Energieversorger in Baden-Württemberg.

http://www.ag-energiebilanzen.de/

Die Arbeitsgemeinschaften Energiebilanzen stellt Zahlen und Informationen zu Energiebilanzen dar.

9 Nützliche Literatur

9 Nützliche Literatur

Wissen, dass man nichts weiß, ist wahre Weisheit.
Nichtwissen für Wissen achten ist Leid.
Laozi, China

[ABC2002]
Michael Bockhorst. ABC Energie. 2002

[AUT2005]
Hermann Scheer. Energieautonomie. Eine neue Politik für erneuerbare Energien. 2005.

[BDW2005]
Bild der Wissenschaft Oktober 2005, Schwerpunkt Energie.

[BREN2002]
Martin Pehnt. Energierevolution Brennstoffzelle? Perspektiven, Fakten, Anwendungen. 2002.

[BROK2003]
Der Brockhaus Naturwissenschaften und Technik. 3 Bände. 2003.

[ENER1998]
Till Böhmer, Lutz Wicke: Energiesparen im Haushalt. 1998.

[FAKT1995]
Ernst Ulrich von Weizsäcker, Amory B. Lovins, L. Hunter Lovins. Faktor Vier. Doppelter Wohlstand – halbierter Naturverbrauch. 1995.

[GRENZ1972]
Donella H. Meadows, Dennis L. Meadows, Jørgen Randers, William W. Behrens III. Die Grenzen des Wachstums. 1972

[GRÜN2005]
Europäische Gemeinschaft. Weniger kann mehr sein. Grünbuch über Energieeffizienz. 2005.

[ISI2005]
Fraunhofer Institut für Systemtechnik und Innovationsforschung: Technische und rechtliche Anwendungsmöglichkeiten einer verpflichtenden Kennzeichnung des Leerlaufverbrauchs strombetriebener Haushalts- und Bürogeräte. 2005

[KURS1995]
Kurt Langbein. Kursbuch Lebensqualität. 1995.

[LOV20059]
Amory B. Lovins. Weniger Energie – mehr Gewinn. Spektrum der Wissenschaft 10/2005.

[MIPS1994]
Friedrich Schmidt-Bleek. Wieviel Umwelt braucht der Mensch? mips – Das Maß für ökologisches Wirtschaften. 1994.

[SOL2002]
Hermann Scheer. Solare Weltwirtschaft. 5. Auflage 2002.

[TIME2006]
Special Report Global Warming. Be Worried. Be Very Worried. TIME April 3, 2006.

[WELT2005]
Peter Hennicke, Michael Müller. Weltmacht Energie. 2005.

[WEND2005]
Craig Morris. Zukunftsenergien. Die Wende zum nachhaltigen Energiesystem. 2005

[WETT2006]
Tim Flannery. Wir Wettermacher. 2006

[WIKE2005]
Wikipedia, die freie Enzyklopädie. *http://de.wikipedia.org*

[WUPP2002]
Thomas, Wissner, Kristof, Irrek. Die vergessene Säule der Energiepolitik. Energieeffizienz im liberalisierten Strom- und Gasmarkt in Deutschland. 2002.

[ZEIT2006]
Michael Thumann, Fritz Vorholz. 80 Millionen Verschwender. in Die ZEIT, 13/2006.

Stichwortverzeichnis

Stichwortverzeichnis